ブランコ・ミラノヴィッチ

不平等について

経済学と統計が語る26の話

村上彩 訳

みすず書房

THE HAVES AND THE HAVE-NOTS

A Brief and Idiosyncratic History of Global Inequality

by

Branko Milanovic

First published in the United States by Basic Books,
a member of the Perseus Books Group, 2011

N.とG.に

この［賃金、利潤、地代への］分配を規定する諸法則を確定することが政治経済学の主要問題である。

——D・リカード『経済学および課税の原理』（1817年）

健全な経済学にとって、有害であり、最も魅惑的であり、そして私の見方では最も毒性を持った傾向というのは、分配問題に焦点を当てることである。

——R・E・ルーカス「産業革命　過去と未来」（2004年）

不平等について◆目次

はじめに

所得と富の不平等――この問題を現代から過去の歴史にまで遡って考えるのが、本書のテーマである。人間社会が誕生するのとほぼ同時に、不平等も生じた。なぜなら、富と権力における差を見せつけることは、あらゆる人間社会に付きものだからだ。[1] 不平等とは、その定義上、社会的なものである。なぜなら、不平等は人間関係を示す現象だからである。他人がいなければ、不平等になりようがない。社会が存在すればこそ、不平等も存在する。ロビンソン・クルーソーひとりでは、平等の概念は持ちようがない。ロビンソン・クルーソーとフライデーがいてこそ、平等の概念は生じるのである。さらに、社会が個人を機械的に寄せ集めたものではなく、政府、言語、宗教、歴史的記憶などの特徴を共有する人々の集合体である場合に、不平等の意味はより明確になる。

本書の目的は、ユニークで堅苦しくない切り口で、いかに所得と富の不平等が、日常生活のさまざまな場面――日々の出来事や、家庭の食卓、学校、オフィスで交わす議論――に満ち満ちているかを示すことである。日常のありふれた現象でも、別の角度から注目すれば、不平等がはっきりと見えてくる。所得と富の格差、すなわち富裕と貧困の意味する重要性を、日常生活の側面から、さらには歴史的な側面から明らかにしていきたい。

本書では、不平等を三種類に分けて考察する。第1章では、単一のコミュニティ（その典型が国家である）の内部における、個人間の不平等について考える。この種の不平等は、たいていの人々が容易に認識できる。なぜなら、「不平等」という言葉を聞いて、まず最初に思いつくのが、この類の不平等だからだ。第2章では、国や民族の間の所得の不平等を取り上げたい。この種の不平等もまた、旅行や国際ニュースを通じて気付くことができるという意味で、世間一般の人々が直感的に認識できるものである。自分たちと比較して、ほとんどの国民が貧しく見える国もあれば、多くの国民がとても裕福に見える国もある。この種の国家間の不平等は移民というかたちでも現れ、労働者がより多くの賃金とより高い生活水準を享受するために、貧しい国々から豊かな国々へと移動する。次いで、第3章では、その重要性と関連性が最近になって表面化してきた問題——すなわちグローバルな不平等、つまり、世界のすべての市民の間に存在する不平等について取り上げたい。このグローバルな不平等は、先に述べた一国内の不平等と国家間の不平等を合算したものである。しかし、グローバルな不平等は新しい問題でもある。なぜなら、グローバリゼーションが起きたからこそ、世界中の人々の財産を自分自身の財産と比較、対照することができるようになったのだ。グローバリゼーションのプロセスが進展するにつれて、このグローバルな不平等がこれから最も重要な問題となっていくだろう。

本書では「1の1」などの番号を付した短いエピソードを通じて、さまざまな不平等をわかりやすく解説する。古代ローマまで遡る話もあれば、新聞記事から引用した話（バラク・オバマ家、グローバルな中間層、マグレブ諸国からヨーロッパへの移民など）もある。それぞれの話は別々に読むことができるので、順番に読む必要もないが、テーマによっては、相互に関連性のある話もある。それらの話は続けて読んだほうが面白いだろう。とはいえ、すべての話は、それぞれに独立した一編である。

各章の冒頭でその章で取り上げる不平等について経済学的な視点から論じている。これらは関心のある読者なら理解できる内容だが、ちょっとばかり注意深く読まなければならないという点で、後につづくエピソードよりは敷居が高いかもしれない。これらの目的は、そのあとで論じる問題を読者がより深く専門的に理解するための手助けをすることである。また、もっと詳しく知りたい読者のためには導入にもなるだろう。加えて巻末の「参考文献」でも、各問題に関する重要かつ興味深い書籍や論文を目次順にリストアップした。

個人的な話をさせてもらうと、著者にとって本書の執筆は非常に楽しく、筆の進む作業だった。四半世紀以上、不平等の問題に取り組んできたので、大量のデータと情報、そして興味深いエピソードを蓄積してありすぐに利用できたので、それらを読者と共有する価値があると考えたのだ。本書の執筆に着手してからも、内容や構成に迷うことはなかった。長年にわたって考え抜いた事柄や、既成データの裏付けのある事柄を、わかりやすく書きさえすればよかった。著者にとって、本書は二つの情熱を融合させるまたとない機会となった。すなわち、数値と分布に対する情熱と、歴史に対する情熱である。

本書には三つの目的がある。第一の目的は、読者に楽しい読書の時間を過ごしてもらい、読書の喜びを通じて新しい事実を知り、新たな視点から物事を見てもらうことである。第二の目的は、富と所得の不平等の問題に対して、世間の関心を向けさせることである。さまざまな理由から（その理由には「客観的」なものもあれば、富める者の利益にかなうように押し付けられたと思われるものもある）、富と所得の不平等の問題は、世間を混乱させないように、臭いものにはふたの扱いを受けがちであるからだ。第三の目的は、この危機の時代に貧富の問題を社会的論争の中心に据えることによって、旧態依然とした社会運動に一石を投じることである。言い換えると、人々には疑問の声を上げる権利があるということだ――所得の妥当性について、ほとんどの国に存在する著しい貧富の差について、世界の富める国と貧しい国の格差について。多くの論客は、不平等は概ね市場によって決定されるものであり議論の対象にはならないと主張して、これらの問題をあまりにも安易に無視しがちである。しかし、多くの不平等は市場ではなく、むしろ政治的な力によって決定付けられるものであることは、世界金融危機など数多くの実例で示されている通りであり、「市場」を引合いに出すことによって、不平等の問題を社会的な議論の場から排除することはできない。市場経済とは、人々に奉仕するために創造された、あるいは見つけ出された社会的な概念であり、市場経済の機能の仕方について疑問を呈することは、あらゆる民主主義社会において至極正当なことである。

「はじめに」を締め括るにあたって、技術的な注意点についても言及しておきたい。本書を読み進んでいくと、さまざまな計算結果が掲載されていることに気付くだろう。注で出典が明示されていない計算は、著者自身の未発表の計算である。その基となった情報源はさまざまだが、主に世界銀行と世界の所得分布（World Income Distribution）のデータベースに基づいている。これらのデータベースには多くのマクロデータと、世界の大多数の国々の数百件に上る家計調査が含まれている。冗長さを避けるために、著者の計算の基となった情報源は記載していないが、その内容や計算に特に関心がある場合は、喜んで正確な情報源を提供するので（著者のラップトップにすべて収めてあります！）、次のメールアドレスまで連絡していただきたい（bmilanovic@worldbank.org または branko_mi@yahoo.com）。他の公開著作物から引用したデータについては、その出典はすべて本文中で明示してある。

最後に、支援と助力を寄せてくれた多くの人々に謹んで感謝申し上げる。本書は20余年にわたる研究の成果であり、感謝すべき人々はあまりにも多く、ときには知遇を得て直々に学ばせてもらったこともある。残念ながら、すべての人々に謝辞を伝えることはできないが、特に本書の執筆にかかわった人たちに感謝を捧げたい。それぞれの文章の冒頭で、アドバイスやコメント、提言を求めた人々に対して謝辞を呈してある。また、次の方々にも感謝を捧げたい。編集者として本著の制作に尽力してくれたティム・サリヴァンとメリッサ・ヴェロネージ、校正担当者として原稿を細心にチェックしてくれたアネット・ウェンダ、実質的かつ美意識にあふれたアドバイスで著者を大いに助けてくれたミシェル・アレスヴィッチとバレンティナ・カルク、7年来の同僚であるゴウタミ・パダム、中国の家計調査に際して大いに助力してくれた陳紹華、政治哲学の諸問題や本著でたびたび引用したジョン・ロールズの著作に対する解釈について貴重な助言を提供し、さらには本著の内容についても優れたコメントを寄せてくれたライフ・ウェナー、アラブとイスラム世界に関する膨大な知識を披歴してくれたスラヘディン・ヘニッシに心から感謝する。いうまでもなく、本書の内容に対する責任は、すべて著者自身が負うものである。

第1章　不平等な人々――国家内の個人の不平等

20世紀初頭まで、個人間の所得の不平等は、国民所得の機能的分配という問題の下位に位置付けられていた。つまり、いかにして国家全体の所得を広範な社会階級間で分配するかが問題であり[1]、それが政治経済学の主要なテーマだと、多く人々が考えていた。資本主義の黎明期だった19世紀、社会はいくつかの階級にはっきりと分かれているのが普通だった。すなわち、労働を売って賃金を得ている比較的貧しい労働者階級、資本を所有して利益を得ている比較的豊かな資本家階級、そして土地を所有して地代を得ている、やはり豊かな地主階級である。この3階級間での所得の分配は、社会の未来を決定するものであり、極めて重要だと考えられていた。英国の経済学者デイヴィッド・リカードは、政治経済学の基礎を築いた人物だが、人口の増加によって多くの食糧が必要となるにつれて、あまり肥沃でない土地も耕作地となって地代が上昇し、地主の取り分が増加すると考えた。「賃金財（食糧）」の価格と、地主が得る地代は急上昇すると予想したのである。最終的には、食糧価格と地代の上昇によって利益が低く抑え込まれて、貯蓄と投資を行う意欲のない定常状態になると、リカードは考えた[2]。一方、カール・マルクスが予想したのは、機械化の進展によって、資本労働比率が上昇して、投下資本に対する収益が減少し、長期的には利益率が限りなくゼロに近づき、投資が途絶するというものだった。

このように、社会階級のプリズムを通して所得分配に注目する手法は、経済学の歴史が重要な転換点を迎えても、大して変化しなかった。古典的な「政治経済学」に代わって、「限界革命」が１８７０年代に始まり、社会階級の幅広い経済発展よりも個々の最適化に焦点を合わせるようになっても、あるいは古典派と限界効用理論が統合されて、「新古典派マーシャル経済学」（ケンブリッジ大学の経済学者アルフレッド・マーシャルに因む）の名の下に主流派となった後でも、社会階級の観点から所得分配に注目する手法は変化しなかった。スイスのローザンヌ大学で教鞭をとっていたフランス生まれのイタリア人経済学者、ヴィルフレド・パレートが、階級間ではなく個人間の所得の分配に注目したのは、１９００年代初頭になってからのことだ（パレートの功績については、1の10で詳しく取り上げる）。

個人の所得分配に関するデータが初めて入手可能になったのも、同じ時期だった。これと連動していたのが、裕福になりつつある国々の経済発展と、国家の財政的役割の拡大だった。所得分配に関する初期の統計情報が出現した理由は、国民国家が直接税を「より公平な」やり方、すなわち所得に応じて徴収するとともに、税収総額を増やして、公共教育や労働者の傷病手当、そして何よりも戦争の経費に回す必要があったからだ。さらに重要なのは、イデオロギーが変化したことで、すべての個人は法の下で平等であるとみなされて、富める者はその財産と所得に応じてより多く貢献する義務を負うようになったことだ。税をより厳密に所得と連動させなければならないことから、所得とその世帯間分布に関するより充実した情報が求められた。こうした理由から、パレートが個人間の所得分布を研究するために使用したデータが、すべて19世紀末のヨーロッパ諸国の財務資料であることは驚くにはあたらないだろう。そしてまさにこの19世紀末に、本書のテーマも生じたのである。

不平等という問題について、経済学者と社会科学者は三つの疑問を抱いている。第一の疑問は「単一

読者カード

みすず書房の本をご愛読いただき，まことにありがとうございます．

お求めいただいた書籍タイトル

ご購入書店は

・新刊をご案内する「パブリッシャーズ・レビュー　みすず書房の本棚」（年４回
３月・６月・９月・12月刊，無料）をご希望の方にお送りいたします．

（希望する／希望しない

★ご希望の方は下の「ご住所」欄も必ず記入してください

・「みすず書房図書目録」最新版をご希望の方にお送りいたします．

（希望する／希望しない

★ご希望の方は下の「ご住所」欄も必ず記入してください

・新刊・イベントなどをご案内する「みすず書房ニュースレター」（Ｅメール配信
月２回）をご希望の方にお送りいたします．

（配信を希望する／希望しない

★ご希望の方は下の「Ｅメール」欄も必ず記入してください

・よろしければご関心のジャンルをお知らせください．
（哲学・思想／宗教／心理／社会科学／社会ノンフィクション／
教育／歴史／文学／芸術／自然科学／医学）

（ふりがな） お名前　　　　　様	〒
ご住所　　都・道・府・県　　市・区・郡	
電話　　（　　　　）	
Ｅメール	

ご記入いただいた個人情報は正当な目的のためにのみ使用いたします

ありがとうございました．みすず書房ウェブサイト http://www.msz.co.jp では
刊行書の詳細な書誌とともに，新刊，近刊，復刊，イベントなどさまざまな
ご案内を掲載しています．ご注文・問い合わせにもぜひご利用ください．

郵便はがき

料金受取人払郵便

本郷局承認

7914

差出有効期間
平成28年9月
1日まで

113-8790

505

東京都文京区
本郷5丁目32番21号

みすず書房営業部
行

通信欄

（ご意見・ご感想などお寄せください．小社ウェブサイトでご紹介させていただく場合がございます．あらかじめご了承ください．）

国家内で、個人間の不平等を決定しているものは何か」ということである。社会が発達するにつれて不平等を生じさせる何らかの規則性が存在しているのだろうか。経済が拡大するにつれて、不平等も増大するのだろうか。それは周期的なものか、あるいは非周期的なものだろうか。この種の疑問では、不平等は説明がついてしかるべき問題である。つまり、不平等は従属変数なのだ。一方、第二の疑問では、不平等は他の経済現象を説明する変数である。経済成長、より良い統治、海外からの投資の促進、国民教育の普及などを実現するためには、不平等は大きいほうがいいのか、それとも小さいほうがいいのだろうか。こうした事例においては、不平等は純粋に手段と見なされている。不平等は何らかの望ましい経済的成果を促進するのか、あるいは阻害するのかが関心事である。社会科学者が不平等に関して抱く第三の疑問では、倫理の問題が絡んでくる。この場合、関心の対象は、不平等の量が異なる社会の仕組みの公正さである。貧しい人々の絶対所得が増えるなら、増大する不平等を受け入れることはできるのだろうか。家庭環境の良さに起因する不平等は、優秀な仕事ぶりや努力に起因する不平等とは区別して扱うべきなのだろうか。

社会の所得水準に応じて、不平等はどのように変化するのか

パレートは、19世紀後半のヨーロッパ諸国および諸都市の租税に関するデータという限られたサンプルに基づいて、「個人間の不平等の鉄則」の存在を確信し、社会制度が異なっても（封建制、資本主義、社会主義のいずれであろうと）所得分布は大して変わらないと考えた。エリート集団は社会ごとに異なるかもしれないが、エリートたちがそれぞれのやり方で社会をコントロールしたとしても、所得分布は——したがって不平等のレベルは——それほど影響を受けないだろう。今日では一般に「80対20の法

則」と呼ばれているこの法則によると、20パーセントの人々は結果の80パーセントに責任があり、逆に80パーセントの人々は結果の20パーセントにしか責任がない、という規則性が見られるという。「80対20の法則」は品質管理やマーケティング、ビジネス・アプリケーションにあてはまると言われているが（つまり、問題の80パーセントは20パーセントの製品に起因する、といったこと）、同様の法則は世界的な所得分布にもあてはまる（第3章冒頭参照）。結局、国内の所得分布に関しては、パレートはその変化の理論を定義することに失敗した。もっとも「失敗」という言い方は必ずしも正しくはない。その理由は単純明快、パレートは次のことが経験的に実証済みだと信じたからである。すなわち、所得分布は多少なりとも固定されているはずで、したがって発展を伴う「変化」には法則は存在しない、というわけだ。存在するのは「不変性の法則」だけであると、パレートは主張したのだ。

ようやく1955年になって初めて、ロシア系米国人の経済・統計学者サイモン・クズネッツが、所得分布に変化をもたらす要因に関する厳密な理論を提唱した（クズネッツについては、パレートとともに1の10で、その人となりを解説する）。クズネッツはパレートよりも多くのデータに当たったわけではなかったが、そのデータは国家財政ではなく家計に関するものだった。クズネッツが主張したのは、個人間の不平等は社会のタイプに関係なく一様だということではなく、むしろそれは社会の発展に応じて、予測できる形で変化していくということだった。極めて貧しい社会における不平等は小さくなければならない。なぜなら、人口の大多数の所得は必要最低限の水準にあり、人々の間に経済的な相違点はほとんどないからである。しかし、経済発展に伴い、労働人口が農業から工業に移動すると、比較的豊かな工業労働者と比較的貧しい農民の間で平均所得の差が生じるようになる、とクズネッツは断定した。近代工業が必要とする業務はますます多様化するので、工業労働者同士の所得の差は、農民同士の場合よりも大きくなる。このように、工業と農業の間で平均所得の差が拡大し、工業労働者同士の不平等も拡大するので、所得の不平等は増大する。最終的に、先進的な社会では、国家が再分配の役割を担うようになり（1の7参照）、教育はより広く普及し、不平等は低減する（1の1および1の2参照）。こうして、経済成長の過程における所得の不平等を逆U字カーブで示す、有名な「クズネッツ仮説」が考案された。すなわち、不平等は増大してから縮小するのである。

この考え方は、必ずしも目新しいものではなかった。すでに１２０年ほど前に、フランスの社会科学者で政治家でもあったアレクシ・ド・トクヴィルが表明しており、ここでその全文を引用する価値があるだろう。

> 社会が誕生して以来の世の出来事を詳細に見るならば、歴史上の文明の極地においてのみ、平等は普及することが容易にわかるだろう。野蛮人たちは、等しく脆弱で無知であるがゆえに平等である。極めて文明化した人間たちは、誰もが同じ手段を意のままに用いて、快適と幸福を獲得できるがゆえに平等である。これらの両極の間に、境遇、財産、知識の不平等が見出される。ごく少数の者が権力を握り、その他の者たちは貧しく、無知で、脆弱である。（「貧困に関する手記」１８３５年）

もちろん、トクヴィルはクズネッツのような経済学者ではないし、逆U字型が現れるメカニズムについて、この手記以上のことは述べていない。

クズネッツ仮説は１９５５年に初めて出版されて以来、経済学者たちによって幾度も実証的に検証されてきた。家庭の所得と消費についての国別調査結果という所得分布に関わる重要な情報源が、以前よりも格段に入手しやすくなったおかげで、クズネッツ仮説の実証的検証は大いに進展した。理論的には、この仮説が最も有効に当てはまるのは、一国家における不平等の拡大に関する研究、それも農業国から工業国へと急激に変容して、最終的にサービス産業中心の経済となった国に関する不平等研究のはずである。しかし、そういう意図で仮説を当てはめても、結果は千差万別だ。一定期間以上、逆U字パターンを示す国もあれば、そうはならない国もある。

クズネッツ仮説の実証性や予見性への不満から、所得の不平等が及ぼす作用をより巧みに説明できるような新たな仮説が登場した。この改訂版は、「拡張的」クズネッツ仮説として知られている。金融の発展度、財政支出規模、国家セクターによる雇用の大きさ、経済の開放性などの経済的諸要素は、不平等な状況の動向を説明し得る追加的変数として、いまや所得水準と同等に重視されている。多くの経済学者たちによれば、これらの追加的な要素のおかげで、不平等な状況の動向をより良く理解できるようになったという。その理論的根拠となる例を挙げると、より効率的で幅広い金融セクターが貧しい個人に教育資金を貸し付けて、富裕者に限らずすべての人に対してより高い教育を受ける道を開くことにより、不平等は緩和される。また、国内総生産（GDP）の一部としての財政支出や、総労働力の一部としての政府による雇用には、第一に貧困層を支援し、第二に賃金の不平等に限度を設定することから、不平等を軽減する効力があると考えられている。貧しい国々に対して貿易の門戸をより広く開放すれば、貧しい国々が得意とする、高い技術がなくても製造できる製品（たとえば繊維製品）への需要が高まることで、不平等は軽減される。そうすることで、熟練労働者の賃金や資本家の利益よりも、非熟練労働者の賃金が上昇する方向に向かうだろう。これに対して、ハイテク製品を輸出する豊かな国々では、貿易の開放性は正反対の効果をもたらす。ハイテク製品は高度な技能を有する労働者（例えばコンピュータ技術者やエンジニア）を必要とするので、大卒者の賃金は初等または中等教育しか受けていない者の賃金よりも高くなり、不平等は深刻化する。今日、標準的なクズネッツ仮説を検証する経済学者は、所得に加えて、これらの要素を考慮に入れている。さらに目的に応じて、例えば調査対象の年齢構成や土地所有権の分布など、できる限り多くの要素を加えている。とはいえ、所得水準だけを判断材料とするよりはましだが、素晴らしい成果を上げるには至っていない。

近年、フランスの経済学者トマ・ピケティが、エマニュエル・サエズ、アンソニー・アトキンソン、アビジット・バナジーなどの経済学者と共同で、十数カ国を対象に数々の実証的研究を行ったが、その結果はクズネッツ仮説と拡張的クズネッツ仮説の双方を否定するものだった。ピケティが示した見解は、ヨーロッパ各国における不平等は、かつては長期的に縮小傾向にあったのに、ここ25年間は明らかに拡大しているというものだ。この事実は以前から知られていたことだが、ピケティは「政治的」説明を行った。つまり、現在の所得と相続財産に対する直接税を引き上げるか、あるいは引き下げるかといった政府の決定や、戦争の影響（物理的資本の破壊や資本家の所得減など）といった観点から説明したのである。これは所得分布に関する政治的理論と言っていいだろう。この理論によれば、正義不正義を判断する社会の姿勢、および経済的利益は投票行為や支持政党を通じて表明され、経済にとっての戦争の必要性などともあいまって、不平等が時間の経過とともにたどる道筋を決定する。

ピケティの研究は、20世紀全体という長期間にわたって不平等な状況を動かしてきたものは何かを説明するために、古いというより、とうの昔に打ち捨てられた情報源に目を向けた。すなわち財政統計である。当初、パレートが着目した財政統計に家計調査が取って代わった理由は、ほとんどの国では貧困層は直接税を支払わないので、財政統計が対象とするのは所得分布の一部にすぎない高所得層であるためだ。これに対して、家計調査はすべての人間を対象とする。財政データを用いる際の問題点は、このデータから導き出される結論が有効であるのは、次の二つの前提条件が満たされる場合に限られるということだ。（1）被課税所得は、家計の実質所得を十分に反映している。そして、高額納税者は富裕層である。（2）社会全体の不平等がどう変化するかは、高所得層の変化と密接にかかわっている。つまり、納税額の上位1パーセント層は世帯所得の上位1パーセント層と一致すると考えられる。これら二つの前提条件の妥当性は、いずれも完璧ではない。まず、第一の前提条件の問題点を上げると、ピケティとその共同執筆者たちが用いた課税所得は、いわゆる市場所得つまり課税前所得であり、支払われた税金や政府による所得移転を考慮していない[3]。しかし一般に関心の対象となるのは、可処分所得における不平等の状況であり、税金を払って給付金を受け取った後の家庭や個人の所得である。したがって、税や給付金の額が変化すれば、市場所得と可処分所得の不平等は違った方向に変化する。第二の前提条件の問題点は、不平等に関する統計は原則としてすべての人々の所得を対象とすべきであり、富裕層だけに焦点を絞るべきではない、ということだ。たとえば、所得分布に占める富裕層の割合が増加するとともに、貧困層の割合もまた増加して、その代りに中間層の割合が減少するという状況もあり得る。所得分布に占める富裕層の割合が増加したことを根拠に、社会全体の不平等が拡大しているとの結論が出されがちだが、必ずしもそうとは言い切れない。ピケティ流の研究は特定の前提条件に依拠しており、それらの条件が時と場合によって変わることは周知のことであるから、その研究結果には疑問の余地が生ずる。だが、所得や消費に関する調査を過去に遡って十分な期間行えば、問題は解決されるだろう。正確さに欠ける断片的な財政データを用いる必要はないのである。しかし残念なことに、こうした十分な調査は、先進国でも一般には第二次世界大戦以降、多くの発展途上国では過去20―30年間しか行われていない（この件については、後で詳述する）。

これが、不平等研究の現状である。これらの異なる見解のいずれが理論的に正しいか、簡単に結論を出すことは公正さを欠くし、不可能と言っていいだろう。しかし、単純に不平等を測定したり、不平等の変化を理解することの先には、もっと核心的な疑問が待っている。すなわち、不平等は経済成長に必要なのか、もしそうなら、どの程度必要なのかという疑問である。

不平等は経済効率にどのような影響を及ぼすのか

われわれが不平等の問題を考察するのは、不平等は経済成長という重要な経済現象に影響を及ぼすと見なされているからである。不平等になればなるほど、国の成長は速まるのだろうか、それとも遅れるのだろうか。歴史的に見ると、かつては単純に不平等は成長にとって望ましいとされていたが、徐々にその正反対を支持するより繊細な見解がとられるようになってきた。

なぜそうなったのか。これを理解するために、経済効率という側面における不平等をコレステロールとみなしてみよう。善玉コレステロールと悪玉コレステロールがあるように、「善玉」の不平等と「悪玉」の不平等があるのだ[4]。「善玉」不平等は、人々のやる気をかき立てて、勉学や勤勉、リスクを伴う起業などに向かわせるために必要である。そうした行動のどれ一つとして、何らかの不平等をもたらさずに実行することは不可能である（所得の「不合理な」平準化の影響については、1の5を参照）。一方、不平等が抜きん出ようとするインセンティブを与えるのではなく、既得の地位を維持するための手段を与えるとき、厳密な定義は難しいが、不平等は「悪玉」となる。こうした事態が起きるのは、財産や所得の不平等が社会にとって経済的に望ましい政治改革（例えば農地改革や奴隷制度の廃止）を事前に阻害したり、富裕層だけが教育を受けて最良の仕事に就けるようにする場合である。こうした行為はすべて、経済効率を阻害する。良い教育を受けられるのは、ひとえに親の財産のおかげということになると、広範な階層、つまり貧困層の技能と知識を社会から奪うに等しい。そういう意味では、相続された所得に基づく差別は、性別や人種に基づく差別と何ら変わりがない。いずれにせよ、誰の技能を用いないかを決定するのは、社会だということになる。経済学的に言えば、そうした社会は成功しそうにない。インセンティブに必要な「善玉」と、富裕層の独占を保証する「悪玉」の、いずれの不平等が優勢であるかによって、その国と時代の不平等は有益にも有害にもなり得るのである。

人々のインセンティブを刺激するという経済的不平等に対して好意的な見解が大勢を占めていたのは、極めて富裕な人々だけが貯蓄できて、富裕な人々がいなければ投資も富の創造もありえないと、経済学者たちが考えていた時代である。一方、労働者=貧困層はその日暮らしをするものだと考えられていた。だから、もし誰もがほぼ同じように低所得であったなら、貯蓄も投資も経済成長もあり得ないだろう、というわけだ。富裕層そのものは重要ではないが、富裕層に貯蓄させ、資本を拡大させ、経済成長のエンジンを動かすための資金を提供させることが重要だった。富裕層は個人による貯蓄の担い手であると考えられていた。富裕層は他の階層と同様、金銭を使い楽しくすごそうとするだろうが、余剰分はすべて貯蓄されて、投資されるだけだとされた。マックス・ヴェーバーが述べているように、禁欲生活は「資本主義の精神」の根幹だった。「この道徳観における最高善は、より多くの金銭を稼ぐことであり、同時に人生を気ままに楽しむことを厳格に回避し、何より快楽主義が絶対に紛れ込まないようにすることである。そうすること自体が目的そのものであると、あまりにも純粋に考えられているため、個々の人間にとっての幸福または有用性の観点からすると、極めて不合理な様相を呈している」(5)

高所得は投資に使われるという条件において不平等を正当化するような、ほんの少し薔薇色の見解が最良のかたちとなって現れたのが、有名な英国の経済学者で現代マクロ経済学の創始者であるジョン・メイナード・ケインズが1920年に書いた次の文章だ。

（1914年以前のヨーロッパの）社会は、増大する所得の大部分を、それを消費する可能性が最も少ない階級の手に委ねるように構築されていた。19世紀の新しい富者たちは、莫大な出費をするようにしつけられておらず、目の前の消費の喜びよりも、投資が彼らに与えてくれる権力を選んだ。実際、富の分配の不平等こそが、この時代の固定した富と資本増大分の蓄積を、他の時代とはケタ違いの規模で可能にしたのである。まさにこのことが、資本主義体制を正当化する最大の理由であった。もし、富裕層が新たに得た富を自分たちの楽しみのために費やしていたならば、世界はとうの昔にこの体制を耐えがたいものと断じていただろう。しかし、富裕層はミツバチのように貯め込んで蓄積した。富裕層自身の目的はごく限られた範囲内にあったにもかかわらず、コミュニティ全体のためにならなくもなかったのである。(6)

これは、資本家を「貯蓄機関」や起業家とする見方である。

しかし、世の中には利子生活を送っている資本家が大勢いた。彼らは何もせずにのんびりと座り込み、自分のためにお金を「働かせていた」。利子生活者が登場する文学作品としては、第一次世界大戦以前のヨーロッパで繰り広げられた『昨日の世界』を描いたステファン・ツヴァイクの美しい小説に行きつくだろう。その世界では、ブルジョワにとって最も尊敬に値し、最もてはやされた賛辞は「ゆるぎのなさ」であり、合理性と発展は永遠に続くと思われていた。富裕階級にとって、生活は安楽なものだった。

ますます繁栄する時代にあって、（富裕層は）利益を堅実に蓄積した。国家もまた、たとえ富裕層からでも、その所得のほんの数パーセント以上のものを削り取ろうなどとは、まったく考えなかった。……さらに国債や事業債も高い利回りをもたらしたので、富裕層がより富裕になるためには、消極的に構えていればよかった。(7)

この観点からすると、富裕層は貯蓄の「担い手」としても有望な投資家としても、不可欠な存在ではないと思われる。むしろ寄生虫のようなもので、何もしなくても利子で暮らしていけたのだ。こうして、不平等を有害とみなす考え方が二十年ほど前から支配的になった。しかし、この考え方は倫理的な観点から優勢になったのではない。奇妙なことに、不平等を有害とみなす考え方は、不平等を有益とみなす考え方、つまりは投資意欲のある人々の存在を期待する考え方と出所を同じくしていながら、まったく異なる結論に達したのだ。その議論を敷衍すると次のようになる。(8)国民は、富裕層、中間層、貧困層それぞれに、自分たちにとって望ましい税率を求めて投票するが、その際に考慮するのは、（税金を資金源とする）財政支出の恩恵を受けるのは主に貧困層である、ということだ。極めて不平等な社会が高い課税に賛成する傾向があるのは、政府による移転から恩恵を受ける人々が大勢いて、彼らは税金をほとんど払わず、少数の富裕層を常に投票で負かすからだ（1の7参照）。そうなると、高い課税は投資と勤労の意欲を減退させるので、経済成長率も低下してしまう。そのメカニズムは、資産を持たない人々が投票権を与えられたら、富裕層から資産を没収してしまうのではないかと恐れた19世紀の人々の恐怖と似かよっている。そしていまや、実際に同じことが起きることになる。没収の仕方があからさまな国有化ではなく、課税を通じてやや穏やかに行われているにすぎない。(9)

経済的不平等を善と考えるか悪と考えるか、いずれにせよ、重要なのは投資意欲のある人々の存在だ。

経済的不平等を善と考える場合、裕福な投資家は大きな不平等を必要とする。経済的不平等を悪と考える場合は、民主主義政治を導入することが不平等を阻止して、大きな不平等を持続不可能にする。たとえ富裕層が貧困層に対して、自分たちは消費せずに余った所得を投資すると約束して、富裕層が経済成長にとって不可欠になったとしても、その約束を強制する方法はない。そんな約束は信用できないだろう。したがって、資本主義体制は持続可能な税引き前所得の分配を確立すべきであり、そうなれば、人々は強奪的な税率を選択する気にはならないだろう。これを実現するためには、人々の資産を比較的均等にする必要がある。金融資産の分配に短期的または中期的に影響を及ぼすことはできないが、教育の分配（経済学的にはこれを「人的資本」と呼ぶ）は実行できるだろう。つまり、すべての人に教育の機会があることを強調するのだ。その理由は、教育それ自体が望ましいからでも、高等教育は経済成長にとって直接的に有益だからでもない。教育機会という資産をより広範に分配することは、税引き前所得の分配を平等化し、比較的貧しい人たちが投票で高い税率に賛成しないように再考を促すことにつながるからだ。

経済発展に変化が生じると、不平等の有用性に対する考え方も、おそらくは変化するだろう。[10] 発展の初期段階では物理的資本は不足している。そうなると重要なのは、裕福な人々にその全所得を消費ではなく投資に回してもらうことで、より多くの機械と道路を作れるようになることだ。ところが、経済が発達すると物理的資本は不足しないようになり、そのことと関連して、人的資本（すなわち教育）の価値が高まって、教育を普及させることが重要になる。しかし、貧困層の優秀な子どもたちが教育費を払えないがために、教育の普及が制限されてしまうと、経済成長は失速する。このように、普通選挙や民主主義を導入しなくても、同じ結論に達する。すなわち、急速に成長するためには、経済発展が進んだ段階で、教育を普及させなければならない。教育が普及するということは、不平等が解消されるに等しいのである。

　不平等が経済成長に与える影響を実証的に証明することは複雑な作業だが、それは当然のことだろう。なぜなら、時代と場所によって、不平等は独占を通じて経済成長を妨げることもあれば、インセンティブの力で経済成長の後押しをすることもあるからだ。それゆえ、次のように言えば十分だろう——不平等が経済効率に及ぼす否定的な影響と肯定的な影響について、われわれがどう考えるかは、社会的な「独占」と「インセンティブ」の対立という根本的なジレンマの中で、そのどちらをどれだけ重視するかにかかっている。2400年前のプラトンのように、富裕層が権力と富を独占することが社会的安定と経済成長、さらには国家の存続をも脅かすと考えるならば、所得や富の不平等は戦うべき社会悪ということになる。プラトンによれば、ソクラテスは耐乏生活こそ理想国家の特徴であるという彼の主張について、それでは豊かな隣国によって征服される危険があるではないかと尋ねられて、次のように答えた。

「しかし、〔理想国家ではない〕他の共同体を何と呼ぶべきだろうか？」と、彼は尋ねた[11]。
「もっと大きな呼び名が必要だ」と、〔ソクラテスは〕答えた。「ことわざが言うように、そうした共同体はどれも単一の国家というよりはむしろ、国家の集合体だ。なぜなら、そこには少なくとも、富者と貧者という二つの国家が内包されていて、互いに憎み合っているからだ……両者をそれぞれ国家として扱い、〔市民の〕一方の財産を他方に分け与えることを提案してごらん。そうすれば多くの味方を得て、敵は少なくなる[12]」

しかし、労働と投資の果実をより完全に自分のものにすることを許さない限り、人々はより懸命に努力しようとはしなくなる。所得の平準化——成功というニンジンと失敗という鞭の両方が欠けた状態——がそこまで進んでしまったと考えられるような場合においては、妙な話ではあるが、不平等の拡大を喚起する方向に転換すべきだろう。

不平等と経済的正義

所得の不平等は重要なテーマである。なぜなら、人々の関心の的であり、しかも効率と正義という、必ずしも容易には折り合えない二つの領域にまたがるテーマだからだ。効率が扱うのは、社会の総生産高や経済成長率の最大化である。正義が扱うのは、既存の社会制度が人々に受け入れられるかどうか、そして持続可能かどうかである。不平等がそこで果たす役割もまた明白である。相続財産、人種、性別に起因する不平等は、経済発展にとって有害ではなくても、純粋に手段としての価値を越えて不正である。もし、世の中の大半の人々や影響力を持つ少数の人々が、既存の社会秩序を不正と見なしたら、その社会制度の持続可能性は疑問視されるだろう。

多くの経済学者が、さまざまな社会制度の好ましさを評価する際に、「社会的厚生関数」を用いている。「社会的厚生関数」とは、共同体の構成員全員の厚生（＝効用すなわち満足度）を含んだ関数という考え方である。その目的は、異なる社会制度における全構成員の厚生を比較して、どちらの社会が優れているかを判定することだ。これがいわゆる「厚生主義」である。その大雑把なやり方は、個々人の効用を合算する方法だ。例えば、アラン、ボブ、チャーリーの３人で構成された社会では、社会の効用の総計は、アランの効用、ボブの効用、チャーリーの効用を合計したものとなる。所得が増えるたびにそこから得られる効用（＝満足度）の増加分は減るけれども、各人の効用関数は正を示す。これは合理的で、経験的にも確かな仮定だ。つまり暑い日に食べるアイスクリームは、最初に食べたものが2度目に食べたものよりも満足度が高く、3度目に食べたものに比べると、さらに満足度は高いというわけだ。この考え方は一般に「所得の限界効用逓減」と呼ばれる。さて、アラン、ボブ、チャーリーの3人の効用関数は同じであると仮定すれば、所得の最適分配は完璧に平等ということになる。ここでアランが、ボブとチャーリーよりもほんの少し多くの所得を得たとする。すでに触れたように、3人の限界効用関数は同じように逓減するので、アランが追加的所得から得る喜びは、アランよりも貧しいボブとチャーリーが追加的所得から得る喜びほどは大きくないということになる。このように、アランの追加所得を、3人が同じ額の所得を得るまで移転し続ければ、効用（=満足度）の総量は高まるだろう。

この考え方が、英国の経済学者アンソニー・アトキンソンが1970年に発表した不平等の測定に関する重要な論文の骨子であり、経済学による厚生主義的アプローチへの重要な貢献となった。アトキンソンが考案した手法は、厚生主義の観点からは「無駄になった」と見なされる所得が総所得に占める割合によって社会の不平等を算出し、異なる社会体制を好ましい順にランクづけするというものだ。[13] なぜ「無駄」かというと、所得が個人間で等しく分配されていれば、同じ量の効用全体は、より少ない総所得によって実現されていたはずだからだ。あまりためにならないが、これを「均等分配等価所得額」と呼ぶ。たとえパイ全体が小さめだとしても、すべて同じ大きさに切り分けるなら、小さめのパイから得られる満足の総計は、不均一に切り分けられた大きめのパイから得られる満足の総計と等しいかもしれない。例えば、キューバとドミニカ共和国はまったく同じ効用の総量をそれぞれの国民のために創出しているが、ドミニカ共和国の総所得のほうが大きいと仮定する。つまり、厚生の観点からすると、ドミニカの所得の「過剰」分は無駄だということになる。ドミニカ人は、その過剰所得を「拒絶」して働きすぎないようにして、少なくなった所得をより平等に再分配することも可能だ——キューバ人がやっているように。そうすると最終的に、厚生の損失はなくなるだろう。それゆえ、どれほど多くの所得が「浪費」されているかが、不平等を測定する目安となるのである。

各個人が受けている効用を合算する方法があるとしたら、キューバまたはドミニカのどちらの状況が総合的に好ましいかは簡単にわかるだろう。しかし、個人の効用をきちんと合算できる客観的な方法など存在しない。一般に、商品やサービスの消費量が増えるにつれて、誰もが限界効用逓減を経験する。しかし、その効用のレベルを比較することはできない。常に変わらず、他人よりも効用レベルが高い人もいるだろう。別の言い方をすると、効用関数の形はだいたい同じだが（例えば「所得に応じて減る」など）、そのレベルは個人によって千差万別なのだ。ここで、もういちどアランたち3人の例に戻ろう。たとえボブ本人が自分はいつも幸せだと公言していたとしても、本当にボブは気難し屋のチャーリーよりも幸せなのかどうかはわからない。ボブとチャーリーそれぞれの効用を測る基準は異なっているかもしれないからだ。

さらにすべての人々の効用を正確に知り得て、厚生を最大化できると仮定しても、依然として倫理的な問題が存在する。なぜなら、効用の合算値を最大化する分配とは、効用関数の高い人々に所得の多くを割り当てることを意味するかもしれないからだ。効用関数の高い人とは、与えられた所得を効用に最もうまく転化させる人である。この論法で、19世紀末の英国の経済学者フランシス・エッジワースは不平等を擁護した。エッジワースの主張によれば、「洗練された」味覚の持ち主である裕福な人々には、多くの所得を得る資格がある。例えば、良質の食べ物やワインから、より多くの満足感を引き出せるからだ。それでは、最も楽しむ能力の高い人間に最も多くの所得が流れるように、社会を構築すべきなのだろうか。最適所得分配とは、シャンペンとキャビアなしでは生きられない快楽主義者に対して、パンのみで生きる人々が資金提供することなのだろうか。

こうした疑問を基にしているのが、「潜在能力《ケイパビリティ》アプローチ」として知られる、アマルティア・センの重要な批判だ。障害のある人がサッカーをするとき、障害のない人と同等の効用を得られないとしたら、障害のある人は（自分自身のためにも、社会のためにも）効用を生み出せないという理由で、障害のない人がサッカーをする機会を増やし、障害のある人がサッカーをする機会を減らすべきなのだろうか。常識に照らせば、そんな結論は許しがたいものだ。代わりにやるべきことは、障害のある人ない人それぞれが楽しめるように、「潜在能力」を同等にすることであると、センは主張した(14)。

簡単に言うと、さまざまな社会制度を厚生の観点からランク付けする際には三つの選択肢がある。第一に、（実際には、そんなことはあり得ないとわかっているが）すべての人の効用関数は同じとみなすことができる。そうすれば、所得が正確に平等に分割されたときに、厚生の総量が最大化される。アトキンソンの「均等分配等価所得額」の背景にあるのは、この考え方である。第二に可能なのは、効用を効率的に生成できる人を探し出して、その人により多くの所得を与えることである。しかし、第三の選択肢は正反対のやり方だ。すなわち、センの潜在能力アプローチに沿って、既存の財やサービスから満足を得ることが難しい人にこそ、より多くの所得を与えるのである。そうすれば、個人の効用の単純な合計によって測定された厚生の総和はたちどころに低減するかもしれないが、厚生主義に基づいて判断する必要はなくなるだろう(15)。

より洗練された厚生主義的アプローチは、社会の各構成員の効用を含めた社会的効用関数を作ることである。ただし、これは効用の合計ではなく、各人が達している効用の状況を写したものである。この場合、少なくとも一人の人間はより良くなり、より悪くなる人間は一人もいないような「世界の状態」だけが望ましいというふうにランク付けすることができる。そうした状況はいわゆるパレート基準を満たしているから、そんな状況に移行することができたら、文句を言う人はいなくなるに違いない。しかし、パレート基準を満たすための要件の問題点は、単にそれが超保守的というだけではない。というよりむしろ、現実世界にそんな状況は存在し得ないのである。パレート基準を満たす状況について考えてみるがいい。充実した医療は大半の人々にとっては良いものだろうが、保険料を大目に払わなければならない人々は反対するだろう。薬物の常習をやめさせる奇跡のような決定は、多くの人々のためになるだろうが、薬物の生産者と売人は（彼らもまた「人々」の一員である）損失を被って反発するだろう。税率は低いほうが良いかもしれないが、社会保障小切手がもらえなくなる人は、低い税率に反対するだろう。どこまで行っても、こんな調子だ。どれほど努力しても、パレート基準を満たす政策は実現できないのである。それは事実上、停止と停滞と無為無策をもたらす処方箋となってしまい、さらに重大なことに、権力と特権の在処を現状のままに温存してしまうのである。

このように、「厚生主義」は荒削りなものであろうと洗練されたものであろうと、同様に不備があるのだ。どちらも個人の効用を比較できないところでつまずく。その結果、社会制度の選択肢をランク付けするにあたって、それらは限定的にしか利用できない(16)。要するに、功利主義や厚生主義に基づいて、社会制度に関する正義の理論を打ち立てることは困難なのだ。功利主義の父、ジェレミー・ベンサムとジョン・スチュアート・ミルが抱いた大いなる夢、すなわち異なる社会を客観的に比較することは、おそらく実現不可能な夢なのである。

ベンサムとミルの夢の残骸の上に、経済的な不平等と正義を調停するための指針を提供する最も有名な試みが築かれた。米国の政治哲学者ジョン・ロールズの試みである。ロールズは、1971年の著書『正義論』で発表した有名な「格差原理」で、平等からの逸脱を正当化できるのは、最貧層の絶対所得を高めるために必要な場合に限られると主張した。言い換えると、市民間の完全な経済的平等が基本的な立場であり、そこからの逸脱は、それがいかなるものであれ、正当化を必要とする。ロールズの『正義論』は、功利主義から決然と離脱したのだ。ロールズは次のように敢然と明言している。

> 合理的な人間なら、基本的な社会構造を受け入れる際に、その社会構造が自身の基本的権利と利益に及ぼす恒久的な影響を考慮することなく、利益の代数和が最大化されるという理由だけで受け入れることはない。したがって、効用原理は、社会的協働の概念（同等の者同士が相互利益のために協力し合うということ）と相容れないように思われる。効用原理はまた、秩序ある社会の概念に内在する、互恵主義の考え方とも矛盾している。(17)

ロールズは、次の素晴らしい一文で、不平等と不正義を関連づけた。「不正義とは、すべての人々の利益にならず、とりわけ貧しい人々の利益にならない不平等である」（この後も、ロールズはさらに詳しく説明している）(18)。このように不平等と不正は密接不可分に絡み合っており、ロールズは彼の「格差原理」を適用すれば、所得分布は比較的ならされると主張した。なぜなら、富裕層に特権を与える多くの社会的取り決めは、貧困層の絶対的利益には概ね役に立たないからである。しかし、格差原理は原則的にかなり大きな不平等の帰結とも両立する。富裕層の所得を増やさずに、貧困層の所得を増やすことが求められる場合には、かなり強い平等が強いられるかもしれない。しかし、貧困層の所得がごくささやかであっても増加するとともに、富裕層が不均衡な追加的利益を得るのが許されるのであれば、不平等が広範囲に拡大するかもしれないのだ[19]。

不平等の測定

経済学者たちが功利主義に心酔したことが、かなり間接的ではあるが、経済的不平等と関連のある別の研究分野に影響を及ぼした。すなわち不平等の測定である。経済的不平等の測定は、全体の分布の不平等を一つの数字にまとめることができる合理的な物差しを考案するという、純粋に公理的な作業として始まった。鍵となる公理は、とてもわかりやすい。例えば、富める者から貧しい者へと所得が移転し、それ以外に変化がないとしたら[20]、不平等の値は下がる。そして、2人の人間が立場を入れ替えても、測定は変化しない（これがいわゆる匿名性の原則である）。また、すべての人の所得が同じ割合で増えても、測定結果は変化しない[21]、などなど。このように、測定は純粋に技術的な問題であり、温度を測るのと何らかわらない。しかし、主流である厚生主義的アプローチは、これらの測定を、社会の効用に何か深い意味合いを持つ考え方を示すものとして受け取ろうとした。だが、匿名性の原則という極めて合理的に定められた原則を考慮するなら、厚生主義の問題点は明らかだろう。この純粋に技術的な要件を厚生主義に当てはめるためには、すべての人々は同じ効用関数を共有するという、まったくもって非現実的な概念を受け入れなければならない。しかし、すべての人々が同じ効用関数を持つはずはなく、効用の生成（満足感を持つこと）という点で同じ人間は二人としていない。高い効用を生み出す機械のような人間と、不活発で「効用に後ろ向きな」人間を、安易に置換することはできないのである。

公理に基づいて不平等を測定することと、その結果を厚生主義的に解釈することの間に生じる緊張は、最初から明白だった。イタリアの経済・統計学者コッラド・ジニ（後述するように、もっとも一般的な不平等の測定法を開発した人物である）は、このジレンマをすでに1921年の時点で表明している。

イタリアの［反厚生主義的な］著述家たちの手法と……［厚生主義アプローチに賛成した英国の経済学者である］ダルトンの手法は比較不能である……。彼らの目的は、経済的な効用の不平等を推定することではなく、所得と富の不平等を推定することにある。すなわち、所得や富の量と経済的効用との関数関係に関する仮説や、個人の経済的効用の加算的特徴に関する仮説など、すべての仮説とは無関係に、所得と富の不平等を推定することが目的なのである(22)。

経済学者たちの間で長いこと優勢だったように思われる厚生主義の手法は、最近では退却しつつある。理由は二つある。強力で実行可能な結論（「どのような状態がよりよいか」）をあまり生み出してこなかったからであり、その究極的な拠り所である効用主義が哲学的に脆弱だからである。

核心的な問題は、どうやって不平等を測定すべきか、ということだ。不平等を測定するために必要なのは、代表性を有する無作為な家計調査だ。そうした調査は、全調査対象の詳細な所得情報を提供する。それらは共同体一般（多くの場合は国全体）の代表例とみなされるから、その調査結果から全国的な水準を推定できる。租税データを利用することもできるが、大部分の国民が直接税を納めている先進諸国でも、租税データから得られるのは不完全な（一部を切り取った）分布状態でしかない。なぜなら租税データは、税を払っていない貧困層を除外しているからである。また国勢調査を利用することもできない。なぜなら国勢調査は原則として全国民を対象にしているため、巨大すぎて深く調査しきれないのだ。国勢調査が収集するのは年齢、民族、性別、居住場所などの基本的情報であり、所得や消費に関する情報は含まれていない。

しかも問題なのは、利用可能な調査が最初に行われたのは、先進国でさえ第二次世界大戦後である、ということだ。それ以前では、19世紀の英国と20世紀初頭の米国とソヴィエト・ロシアで不完全な調査が行われているが、真剣に論じるに足る有効な調査は１９５０年代初頭以前にはほとんど行われていない。（財政データに基づいたパレートの考察を思い出してもらいたい。１９５５年の時点でさえ、サイモン・クズネッツが利用できた調査は、わずか十余件ほどだった。）

発展途上国の状況はさらに悪い。１９７０年代以前どころか１９８０年代以前でも未調査の場合が多いのだ。特にアフリカ諸国ではその傾向が顕著で、国際機関の支援の下で家計調査を実施し始めたのは、ようやく１９８０年代に入ってからだ[23]。世界で最も人口の多い２カ国、インドと中国の場合はどうだろうか。インドで広範囲にわたる調査が始まったのは１９５２年で、今日に至るまで大なり小なり同様の調査が行われている。一方、中国では、文化大革命以降に現存している最初の調査データは１９７８年のものだが、利用可能で最も古いものは１９８０年の調査である。しかも、すべての国が毎年調査を実施しているのではない。２年に１回の調査を行う国もあれば、５年に１回程度しか調査しない国もある。

こうした事実は、いったい何を意味するのだろうか。第一に、経済的に豊かな先進諸国を除いて、家計調査に基づいて毎年継続的に不平等に関する統計を取ることはほとんど不可能ということだ。第二に、世界のほとんどの国では、不平等に関して何らかの言及ができるようになったのは、１９６０年代、７０年代、あるいは８０年代が最初であり、さらに調査の間隔もかなり離れている。

家計調査では多くのデータが収集されるが、その中でもこの本書が特に注目したのは、所得と消費に関するデータである。各世帯は「所得」単位または「消費」単位として扱われて、１世帯の家族の全員が同量の所得と消費を担っていると見なされる。世帯ひとりひとりの本当の所得を確定することはできるだろうか。得られるデータは、家族全員の貢献を合計した家計の年間総所得であり、その総所得をその年の世帯の人数で割ることで、その世帯の1人当たりの所得がわかり、これが重要な概念となる。なぜなら、その金額を基に世帯と個人のランク付けを行い、貧困層か富裕層のいずれに属しているかを決めることができるからだ[24]。

なぜ、1人当たりで測る方法にこだわるのだろうか。その根拠には、哲学的な面と実際的な面がある。哲学的な根拠としては、各個人は平等に扱われなければならない、ということがある。もし、各世帯を平等に扱うとしたら、大家族の構成員は、小規模な家庭の構成員よりも、個人としての扱いが軽くなってしまう。各世帯のウェイト（計算で用いられる重要度）を1としたら、暗黙のうちに4人家族の構成員1人のウェイトを4分の1、2人家族の構成員1人のウェイトを2分の1にしていることになるだろう。一方、実際的な根拠についてだが、1人当たりの所得ではなく、世帯の総所得に基づいて不平等を測定する方法は、誤解を生じやすいということだ。その理由は明快である。総所得がまったく同じ二つの家庭が、一方は2人家族、もう一方は10人家族だとする。どちらの家庭がより裕福かは明白だろう。

簡単にするために、私たちは所得分布について議論する。そのデータの基となるのが消費である場合でも、所得と消費は等価ではない。たいていの場合、調査対象の家計群の所得に基づいたデータを用いると、消費に基づいたデータを用いた場合よりも不平等の幅が大きくなる。その明白な理由は二つある。まず年間所得はゼロでも、過去の貯金で現在の支出を賄っている人がいるからだ（働いて貯めたお金で学生生活を送っている人など）。逆に、年間消費がゼロの人はいないのは明らかだ。そのため、所得に基づいた分布では、下限周辺が「下に延長され」て、不平等も拡大する。これに対して消費分布は、生きるのに最低限必要な金額近くまで「上部が切断され」ている。次に、分布の他方の極でも、同様のことが起きているのが原因だ。所得が多いうえに、その一部を貯蓄にまわす人は大勢いる。つまり、そうした人たちの所得は消費を上回っている。所得に基づいた分布では上限も引き延ばされるのだ。以上の理由から、消費よりも所得を物差しに使ったほうが不平等の測定には役立つのである。

さて、世帯所得に関するデータが手に入ったとして、そこからどうやって不平等を測定すればいいのだろうか。実はこれは簡単な問題ではない。不平等の測定と、国民所得もしくはGDPの測定を比べてみよう。GDPとは、1国内のすべての人々が1年間に生み出した所得を単純に合計したものだ。支払われた賃金、利益、金利など、すべてを合計するのである。その最終的な合計額を国民の総数で割れば、1人当たりのGDPが算出される。

しかし、所得分布は多くの人々の所得で構成されている。われわれがやりたいのは、単純に所得を合計することではなく、各人の所得を比較することであり、そのような複数の比較をひとつの数字であらわして、所得分布の多様性をうまく表現することなのだ。難問が発生するのは、まさにそこだ。1、5、15、2009、34564のような所得を示す数字のどれをとるかで多様性は変わってきてしまう。例えば、最大値と最小値の比率（例：34564対1）を用いて不平等を示すことはできるが、それでは中間部で生じる現象はすべて除外されてしまう。これと比べると、例えば1、400、620、1009、34564のような分布は、より平等になるのではないか。また上位の割合を見るだけで、不平等を測定することもできる。その場合、すべての所得の合計額（1+5+15+2009+34564や1+400+620+1009+34564）で34564を割ることになる。[25] これが上位所得割合という計測法である。このように測定方法の選択肢の数は事実上無限だ。

選択肢の数を減らす一つの方法は、対象とする分布に属する全個人の情報を活用して不平等を測定することを望ましいやり方とすることである。つまり、所得1の人の情報や所得5の人の情報から、上は所得３４５６４の人の情報まで、すべてを考慮するのである。そうした方法の一つであり、不平等を測定する方法としてきわめて有名なのが、いわゆるジニ係数である。その名を冠したコッラド・ジニはイタリアの統計・経済学者で、パレートとほぼ同時代の人であり、[26] １９１４年にジニ係数を定義した。ジニ係数は、各人の所得を他のすべての人の所得と個別に比較するものである。二者の所得の差をすべて合計して、次にその合計数を計算対象となる人数で割り、さらにそれらの人々の平均所得で割る。最終的な結果として得られるジニ係数は0から1までの間をとる。0では、すべての人の所得は同じであり不平等は存在しない。1では、集団の全所得を1人の人間が享受する。ジニ係数は「上に有界」であり、1が可能な最大の不平等を意味する。こうして今では、この便利で信頼性の高い方法を用いて、さまざまなレベルの不平等を比較することができるようになった。

ジニ係数の0と1は、ともに非現実的である。なぜなら、全国民が同じ額のお金をもらっている国も、たった1人の人間が全所得を独占している国も存在しないからである（そんなことになったら、その1人以外は全員が餓死してしまう）。現実のジニ係数は、最も平等な国々（北欧諸国と中欧のチェコ共和国やスロヴァキアなど）の0・23―0・3から、最も不平等な国々（ブラジルや南アフリカなど）の0・6の範囲にある。説明を簡単にするために、ジニ係数は百分率で表されることが多い。例えばX国の不平等の程度は0・43だと言う代わりに、X国のジニ係数は43だと表現する。本書でも、この慣例を踏襲する。

さて、米国のジニ係数はどの程度だろうか。ＥＵの加盟国の大半は30・35程度だが（ＥＵ全体については3の3参照）、米国のジニ係数は40を超えている。これは必ずしも驚くべきことではない。米国の不平等が底を打ったのは１９７０年代後半、当時のジニ係数は35まで下がっていた。[27] ところが、オバマ大統領以前の4人の大統領（レーガン、ブッシュ、クリントン、ブッシュ・ジュニア）の時代にジニ係数は上昇し続けて、現在の水準に達した。これは大幅な増加だったので、この時代に米国で生活していた人たちはだれもが実感している。ジニ係数は変化が緩やかな指標なので、年間1ないし2ポイントの上昇はとても大きい。通常の場合、すなわち不平等の持続的な拡大あるいは縮小がない場合には、年間の上下動の範囲は1ポイント以内におさまる。

他の国々はどうだろうか。平等主義で有名なスウェーデンのジニ係数は30前後だが、共産主義時代から回復して新興財閥《オリガルヒ》に席捲されているロシアでは、40を超えている。中国でも状況は似たようなものだ。米国同様、ロシアと中国でも、過去20年間で不平等が急激に拡大した。ラテンアメリカ諸国はジニ係数が50以下になることは滅多になく、アフリカ諸国も同様である。アジア諸国は一般に不平等だが、例外もあり、日本、韓国、台湾はやや平等なようだ。その一方で、マレーシアとフィリピンのジニ係数はラテンアメリカ並みである。世界各地を、その域内の国々がいかに不平等かで順位付けすると、1位はラテンアメリカ、僅差でアフリカが続き、その次がアジアとなる。不平等の程度が最も低いのは、裕福な国々と旧共産圏諸国である。その中で注目すべき例外が、比較的不平等の大きな2つの国、米国とロシアだ。

もしくは視点を変えると、4つの巨大な政治経済圏、すなわち米国、EU、ロシア、中国は、いずれも気味悪いほど同じレベルの不平等さを示していることがわかる。これらの地域のジニ係数は約40、またはは40をわずかに上回っている。米国とEUの相違点と類似点については3の3で検証する。ロシアの所得分布の詳細は1の4、1の5、1の8で概説する。中国とその未来については1の9で論じたい。

ジニ係数を分解すると、「構成要素間の不平等」（＝対象領域を構成する各要素間の平均所得の格差に起因する不平等）と、「構成要素内の不平等」（＝各構成要素の内部に存在する個人所得の格差に起因する不平等）がわかってくる。EUと米国を例に取ると、その構成要素とは、それぞれスペインやフランスなどの国々と、メインやオレゴンなどの州である。中国で言うなら、四川、雲南、湖南などの各省だ。もっと小さな国、たとえばイタリアなら、ロンバルディア、リグリア、シチリアなどの行政区域である。「構成要素間の不平等」の解釈は簡単である。「構成要素間の不平等」が大きければ、その不平等の原因は、調査対象となった領域が貧困な部分と富裕な部分から成っているという事実である。一方、「構成要素内の不平等」の割合が高ければ、異なる部分間の不平等は小さいはずであり、各部分内は多様な人々、つまり貧困層と富裕層から成っているに違いない。このアプローチで世界的な不平等を分析してみよう。「構成要素間の不平等」とは、各国の平均所得の格差に起因する不平等であり、「構成要素内の不平等」とは、各国内の個人所得の格差に起因する不平等である。本書ではこうした分解を頻繁に行う（1の8、1の9、3の2、3の3参照）。なぜなら、この分解作業は、測定の対象となる不平等の背景を探るための強力な手段だからだ。これが重要なのは、さまざまなタイプの不平等の政治的合意が千差万別だからでもある。

1の1　ロマンスと富

ジェイン・オースティンの『高慢と偏見』が恋愛小説であることは、紛れもない事実である。そのことに比べると認知度は低いが、『高慢と偏見』はお金に関する小説でもあるのだ。(1)

物語では正確な日時は書かれていないし、ジェイン・オースティンは意図的に物語世界を時代を超越した小宇宙として描いているので、時代背景を推測できるような外界の出来事はいっさい登場しない。たぶんオースティンは人間の心を、そしてお金の問題を、永遠のテーマとして描きたかったのだろう。

しかし、状況証拠が示す時代背景は、ナポレオン戦争の最中の1810―15年ごろである。主人公のエリザベス・ベネットは、裕福なベネット家の陽気な次女である（家長のベネット氏のファーストネームは小説中では書かれていない。妻でさえ夫のことをミスター・ベネットと呼んでいる）。エリザベスとその家族は、英国の紳士階級《カントリー・ジェントリー》の特権的な生活を送っている。それは一種心地良い怠惰が、ときおり舞踏会とパーティーとゴシップで中断される生活である（舞踏会とパーティーこそ、ゴシップの発生源なのだが）。エリザベスは知的で美しく、当然ながら未婚である。エリザベスの一家の年間所得は約3000ポンド、それを7人の家族（5人姉妹とその両親）で分割すると、1人当たりの所得は430ポンドである（ただし、本来なら考慮の対象とすべき住居の見積価格などは除外する。これ以降の例においても同様である）。ロバート・コルクホーンが作成した19世紀初頭の英国社会に関する統計資料によれば、ベネット家の所得水準は当時の英国の所得分布の上位1パーセントに入るほどのものだった(2)。

エリザベスは、裕福な求婚者ダーシーと出合うが、ダーシーの年間所得は1万ポンドである（と、物語の登場人物全員から見積もられている）(3)。ダーシーとその友人で財力では少々劣るビングリーの2人は極めて好ましい独身者だと、見栄っぱりで現実家のベネット夫人は見ている。ダーシーの莫大な所得は、所得分布の上位1パーセント内の、さらに上位10分の1に位置している。上位1パーセントと、上位1パーセント内の上位10パーセントには、大きな隔たりがある。ジョージ・W・ブッシュのいまどきの言い方を借りれば、「持てる者と、より多く持てる者」の違いということになる。19世紀初頭の英国では、持てる者とより多く持てる者は社交して婚姻関係を結んでいたが、ダーシーの所得はエリザベスの父の

3倍以上もあった。この所得を1人当たりに換算すると、ダーシーは自分の生活の面倒さえ見ればよかったので、その比率は20対1を超えるどころではなくなる。

興ざめにならない程度に粗筋を説明すると、ダーシーはストレートに「崇拝」の言葉を口にするが（その時代がかった婉曲表現は、現代小説とはまったく異なるけれども）、エリザベスはダーシーが結婚相手にふさわしいかどうか迷っている。とはいえ、ダーシーを永遠に拒絶するとなれば、さらなる不愉快な結果が待っている。当時の英国の相続法によると、もしベネット氏が直系の男子相続人を持たずに死去すると、良好に運用されている資産と屋敷は、ベネット氏の従兄弟に当たるウィリアム・コリンズ牧師という不愉快な人物のものになってしまうのだ。その場合、エリザベスは自分自身の所得で生計をたてなければならなくなる。エリザベスの主な財産は、母の持参金5000ポンドを姉妹で分けた場合の取り分だ。エリザベス本人の財産は1000ポンドだろうと下品に値踏みしたコリンズ牧師は、エリザベスに求婚して失敗する。コリンズ牧師の考えによれば、エリザベスの財産の利回りは4パーセント、つまり、年40ポンドの収入となる。これはいささか乏しい金額で、当時の英国の平均所得の2倍ほど、測量士や商船水夫の家庭と同程度の所得だった(4)。

ここにこそ、愛と富のトレードオフが出現する。娘の幸せを案じるエリザベスの母、ベネット夫人の視点から状況を見てみよう。選択肢の一つとして、エリザベスはダーシーと結婚して年間所得5000ポンドを享受する（エリザベスは金銭的にダーシーに寄与することなく、ダーシーは自分の所得をエリザベスと分け合うと仮定した場合だ）。もう一つの選択肢は、ベネット夫人にとっては絶対的な貧困の世界、年収50ポンド以下の生活にエリザベスが陥ることだ。それぞれの所得を比べてみれば、その差は歴然、100対1以上の差だ。これほどの犠牲を払ってまで、結婚しないという選択、あるいは理想的な恋人だ現れるまで待つという選択など論外である。ダーシーが提供をほのめかしている待遇を拒絶してまで、ダーシーを嫌う必要などあるだろうか、というわけだ。

しかし、現代と比べて何か違いがあるだろうか。『高慢と偏見』を現代英国に置き直してみたいなら、今日の所得分布に注目すればよい。２００４年の税引き後所得の上位０・１パーセントの１人当たり年間所得は40万ポンド、上位1パーセントの１人当たり年間所得は平均８万１０００ポンドなのに対して、英国全体の１人当たりの平均年間所得は1万１６００ポンドなのだ。今日でも、ダーシーを拒絶するのと同様の犠牲は、『高慢と偏見』の時代ほどではなくても極めて大きいだろう——現代英国の所得分布上位０・１パーセントの所得と平均所得の２倍の金額を比較すると17対1だから、『高慢と偏見』の１００対1よりはましだが。

このように、ジェイン・オースティンはロマンスと富のトレードオフという、ごく一般的な出来事を描いただけでなく、トレードオフそのものは永久不滅でも、賭け金は時代とともに、そして社会の所得分布とともに変化していることを私たちに考えさせてくれる。平等性の高い社会では、結婚を決める際に、愛情が金銭に勝利する場合が多いと期待できる。そして不平等な社会では、正反対のことが現実となるだろう。では、不平等な社会では、愛は婚姻の埒外にしか存在しないのだろうか。この問題に関しては、次の話で取り上げよう。

1の2　アンナ・カレーニナはアンナ・ヴロンスカヤになれたのか

一口に不幸な家庭といっても、不幸の有り様は家庭それぞれである。(1) しかし、アレクセイ・アレクサンドロヴィチ・カレーニンとその妻アンナの不幸は、本当に類まれなるものだったのだろうか。『アンナ・カレーニナ』は言わずと知れた、人妻アンナが向こう見ずでエレガントな金持ちの若者、ヴロンスキー伯爵と恋に落ちる物語だ。またある意味、社会の規範と偽善に対する批判でもある。なぜなら、そうした「礼儀作法」がなければ、アンナはヴロンスキーとの関係を理由に社会的に追放されることなく、もっと容易に離婚できただろうからだ（もっとも、アンナは息子の親権を失うことを恐れていたので、本心から離婚を望んでいたかどうかは定かではない）。もし、アンナとヴロンスキーが結婚したならば、幸せな結婚生活になっていた可能性は捨てきれない。あるいは、トルストイが物語の冒頭に記した有名な一文を引用すると、多くの良く似た幸せな結婚の一つになっていたかもしれない。だが、おそらくは、そうはならなかっただろう。アンナとヴロンスキーの幸せな結び付きを妨げたのは、社会と規範だけではなく、彼らのパーソナリティーによるところが大きかったことを、トルストイの芸術的才能は読者に伝えている。

アンナ・カレーニナの物語の舞台は、1875年頃のモスクワ、サンクト・ペテルブルク、および近郊の田園地帯であり、トルストイの自身の人生と同時代である（『アンナ・カレーニナ』は1877年に出版された）。粗筋をかいつまんで言うと、厳格で情味のない高級官僚カレーニンとアンナの不幸せな結婚生活、そしてアンナとヴロンスキーの恋愛をめぐって物語は展開する。秘密裡に始まった恋愛は、やがて公然のものとなり、最初は情熱と誓いに充ち溢れていたのに、後にはいさかいと不実と絶望をはらんで、ヴロンスキーの経歴に傷を付けた揚句、二人は辛く不幸な結末を迎える。

一見したところでは、『アンナ・カレーニナ』と『高慢と偏見』には共通点はほとんどない。二つの作品をその「成分」や「雰囲気」で比較すると、『高慢と偏見』は変わりやすい英国の夏だ。輝く陽の光に取って代って、恐ろしげな暗雲が出現する。しかし、雲とにわか雨はあっという間に過ぎ去り、結局、夏めいた明るさの印象だけが記憶に残る。対照的に『アンナ・カレーニナ』は、ロシアの輝かしくて暑い大陸の夏で始まる。そこでは、目に映る自然は爆発するように激しいが、やがて徐々に陰鬱な秋へと移ろい、最後に長くて暗い、厳しくて果てしない冬を迎える。『アンナ・カレーニナ』の全体的な印象は、夏ではなく冬である。12月の極寒の日々ともなれば、過ぎ去った呑気な夏を思い出すのも難しくなる。

しかし、興味深いことに、所得と地位の不平等という一点において、『アンナ・カレーニナ』と『高慢と偏見』は似ている。両方のヒロインの原点について考えてみよう。ヒロインは極めて裕福で快適な、立派な家庭で生活している。もっとも、一方は既婚、もう一方は未婚である。しかし、いずれの物語でも、次のステップ——すなわち恋愛もしくは結婚——は、ヒロインをそれまで以上に裕福な状態へと連れて行く。カレーニンの所得については、物語の中では言及されていないが、カレーニンがアンナの兄ステパーン・オブロンスキーと交わす会話から、物語の随所で触れられる銀行役員の所得1万ルーブルを、カレーニンが極めて高額なものと見なしていることがわかる。(2) さらに、3000ルーブルの所得なら、役人としては高給取りであること、カレーニンほどには地位の高くない官僚であるオブロンスキーが6000ルーブルを得ていることもわかる。(3) 以上のことと、カレーニンの官僚としての極めて高い地位から推して、カレーニンの所得は年間8000—9000ルーブルあたりだと思われる。では、金持ちのヴロンスキー伯爵はどうだろうか。ダーシーの場合と同じように、誰もが一致して、ヴロンスキーの年間所得は10万ルーブルだと認めている。しかし、後になってわかることだが、この10万ルーブルは、ヴロンスキーが弟に財産の半分を譲らなければ受け取れるはずの額だった。だから、アンナと出合った時のヴロンスキーの実際の所得は、5万ルーブルだけだった。(4) ヴロンスキーは後に金銭問題に直面した際、かつて弟に軽率に約束した財産の半分を取り戻したと思われるので、ヴロンスキーの所得は本来の10万ルーブルの水準に戻っている。(5)

ここで、アンナがヴロンスキーと結婚した場合の、富裕度の飛躍に注目してみよう。1人当たり約3000ルーブルの所得（夫のカレーニンの推定所得を夫婦と息子の3人とで分割した金額）から、1人当たり3万ルーブルを超える所得（エリザベス・ベネット同様、アンナの金融面での貢献はないものとして、また、ダーシー同様、ヴロンスキーもその所得をアンナと、アンナとの間にできた娘との3人で分け合った場合の金額）にまで増えるのだ。(6) すでに宮殿並みの大きな屋敷で女中や従僕や乳母たちに取り巻かれて贅沢に暮らしていたアンナが、ヴロンスキーの王侯そのもののライフスタイルにまで上り詰めたのは、所得が10倍に増えたからである。

当時のロシアに関する社会統計は存在しないので、所得分布におけるヴロンスキーとカレーニンそれぞれの位置を確認することはできない。しかし、カレーニンが所得階層の最上層に属していることに疑問の余地はない（おそらく上位1パーセント以内だろう）。ヴロンスキーに至っては、ダーシー同様に上澄みの上澄み、上位1パーセント内の上位10パーセントか、それ以上だろう。あらためて、富裕層と大富豪層を隔てる距離の大きさに目を見張ってしまう。

それでは、アンナ・カレーニナにとって否定的な側面とは何だろうか。『高慢と偏見』同様、所得分布における地位低下だろうか。アンナにとって、所得分布における地位の低さは過去の出来事だ。物語によれば、アンナは非常に慎ましい家庭の出身で、(7) おそらく1人当たりの年間所得約200─300ルーブルで暮らしていたと思われる。(8) カレーニンとの結婚は社会的に有利であり、アンナの生活水準は15

倍に改善されたようなものだった。もう一つの結婚（この場合はヴロンスキーとの関係）は、すでに触れたように、アンナの所得をさらに10倍に増大させた。二つの結婚によって、所得分布における平均層あたりから出発して最上層まで上り詰めたという意味で、アンナは生活水準を150倍（15×10）に上昇させたと言っていいだろう。

ところで、今日のロシアの状況は改善しているのだろうか。答えはイエスである。2005年の家計調査データによると、ロシアの家庭の上位1パーセント層の1人当たり所得の平均は34万ルーブル、平均所得の約6・5倍である。1875年当時の、この二つの階層（カレーニン家と平均層）の所得分布における地位を比べると、15対1の比率となっただろう。つまり、ロシアにおいても、所得分布の幅は縮小しているのである。現代ロシアの所得分布の上位層に向けて「旅」するアンナがいたとすれば、出発点から非常に遠くまで行くことになるだろう（大富豪ロマン・アブラモヴィッチを見よ）。それでも、何かと注目の的となる大富豪がいる一方で、この「旅」がもたらす所得利益は、レオ・トルストイがその有名な小説で描いた富に比べると、ずっと小さなものだろう。

1の3　史上最高のお金持ちは誰か

過去の所得と現在の所得を比較することは、簡単ではない。古代ローマのセステルティウスやアス、あるいは17世紀カスティーリャのペソを、同じ購買力を持つ現代のドルに換算するレートなどないからだ。さらに言えば、「同じ購買力」という概念自体が明確でない。「同じ購買力」とは、同じ財やサービスを購入することのできる古代ローマのXセステルティウスと現代米国のYドルを意味する。物品は時代によって変化するので（例えば、ローマ時代にDVDは存在しない）、今も昔も存在する物品だけを対象にするという制約があることに加えて、相対価格も大きく異なっている。昔のサービスの価格は比較的安価だった。その理由は、賃金が低かったからだ。しかし現代の豊かな国々では、サービスの価格は高い。パンやオリーブオイルについては正反対である。

以上のことから、さまざまな時代のお金持ちの資産や所得を比較するための合理的な方法は、歴史的背景を考慮しつつ、その時代と地域で平均的な技能を有する人的労働力を購入する能力の観点から、その富が持つ経済力を測定する、というやり方である。ある意味、一定量の人的労働力は、福祉を測定するための普遍的な物差しである。アダム・スミスが２００年以上前に書いたように、「（人は）命令を下せる労働力の量によって、富者あるいは貧者となる」[1]。さらに時代がたつにつれて、この労働力の量は、生産性と生活水準の向上を体現するようになる。なぜなら、現代のビル・ゲイツのような人物の所得は、今現在米国に住んでいる人々の平均所得と比較されるからである。

さて、まずは古代ローマから始めるのが自然だろう。極めて裕福な人々に関するデータはそろっているし、古代ローマの経済は十分に「現代的」な貨幣経済であり、現代やごく最近と意味深い比較ができる。ここで古代ローマの三人の人物を取り上げてみたい。三頭政治を行い非常に裕福だったマルクス・クラッススの紀元前50年頃の資産は、約2億セステルティウスと見積もられていた[2]。皇帝オクタウィアヌス・アウグストゥスの皇室資産は、紀元4年頃で2億5０００万セステルティウスと見積もられている[3]。最後に、ネロ帝治世下の自由民（解放奴隷）で大富豪だったマルクス・アントニウス・パッラスは、紀元52年には3億セステルティウス相当の資産を所有していたと思われる[4]。

クラッススは莫大な資産を維持し続けた（富の代名詞となった古代のリュディア王クロイソスと混同しない

ように）。２億セステルティウスと年利６パーセントの利子（3世紀のインフレ以前の「黄金期」のローマでは標準的な利率だった）とで、クラッススの年間所得は１２００万セステルティウスだったと推定できる。平均的なローマ市民の所得は、オクタウィアヌスが死去した頃（紀元14年）では年間約３８０セステルティウスであり、それより約60年前のクラッススが生きていた時代もほぼ同じくらいだっただろう。[5]つまり、クラッススの所得は３万２０００人という、コロッセウムの半分が埋まる人数分の年間所得に相当した。[6]

さて、次は時を早送りして現代に戻り、米国の富の象徴である３人、アンドリュー・カーネギーとジョン・D・ロックフェラーとビル・ゲイツについて同様に推理してみよう。カーネギーの資産が最大になったのは、１９０１年にUSスチールを買収したときだった。カーネギー所有のUSスチール株は２億２５００万ドルだった。クラッススの場合と同じく金利６パーセントとして、これに１９０１年当時の米国の１人当たりGDPである２８２ドルを付き合わせると、カーネギーの所得はクラッススを上回るという結論になる。カーネギーはその年間所得で約４万８０００人相当の労働力を、資産を少しも目減りさせることなく購入することができた（ただし、以上の計算は、これらの金持ちたちが資産を無傷のまま維持していると仮定してのものだ。そして、その富から生じた年間所得を利用して、労働力を購入すると見なすのである）。

ロックフェラーについても同様の計算を行ってみよう。１９３７年に最大となった資産（14億ドル）[7]が生み出すロックフェラーの所得は、１９３７年の米国民11万６０００人分に相当した。このように、ロックフェラーはクラッススのほぼ4倍、アンドリュー・カーネギーの2倍以上裕福だった。ロックフェラーが雇うことができた人々は、パサデナのローズ・ボウルを一杯にしたうえに、さらに相当の人数が門の外にまで溢れることになっただろう。

ビル・ゲイツの場合、この種の計算をしたらどうなるだろうか。『フォーブス』誌は２００５年時点のビル・ゲイツの資産を５００億ドルと見積もっている。これにより算定される所得は年間30億ドル、２００５年の米国の１人当たりのＧＤＰは４万ドルだから、ビル・ゲイツはその所得で、７万５０００人の労働者に命令を下せることになる。この結果、ビル・ゲイツはアンドリュー・カーネギーとジョン・Ｄ・ロックフェラーの中間あたりに位置することになるが、貧乏なマルクス・クラッススよりはずっと上位なのだ。

しかし、この計算方法では、ロシアのミハイル・ホドルコフスキーやメキシコのカルロス・スリムのような国際的でありながら民族的な億万長者《ビリオネア》たちの扱いに関して疑問の余地が残る。ホドルコフスキーの資産は、彼がロシアで最も金持だった２００３年の時点で、２４０億ドルと見積もられていた(8)。しかし世界水準で言えば、ホドルコフスキーの富裕度はビル・ゲイツよりずっと劣っていた。それでも、ホドルコフスキーの資産をビル・ゲイツらと同様の前提条件で、ロシア国内限定で評価すると、ホドルコフスキーは毎年25万人の労働者を平均賃金で雇うことができたことになる。言い換えると、同国人の相対的に低い所得と対照させれば、ホドルコフスキーは１９３７年の米国のロックフェラーよりも裕福で、潜在的権力も強かったことになる。おそらく、この潜在的政治力という事実が、クレムリンの目をホドルコフスキーに向けさせることになったのだろう。

ホドルコフスキーは必要とあれば、資産をいささかも目減りさせることなく、25万人の軍団を組織することができたのだ。ホドルコフスキーはガスや石油のパイプライン建設について、まるで国家を代表しているかのように米国や中国と交渉した。この潜在的な権力があだとなって、ホドルコフスキーの凋落と投獄が招かれたのだ。しかしロシアの歴史に照らすと、いったん失脚した人間がシベリア経由で再び権力の座に就くことは珍しくない。ホドルコフスキーが最終的にどうなるかは、まだ予測がつかないだろう。

一方、メキシコのカルロス・スリムは、ホドルコフスキーよりも上手くやっている。スリムの資産は、やはり『フォーブス』誌によれば、2009年の世界金融危機以前には530億ドル以上と見積もられていた。これまでと同じやり方で計算すると、スリムは約44万人のメキシコ人という、絶頂期のホドルコフスキーよりも多くの労働力に命令を下すことができるのだ。このようにメキシコ国内に限定すれば、スリムは一番の大金持ちになるだろう。メキシコのスタジアムは、あの有名な世界最大のエスタディオ・アステカでさえ、スリムがその年間所得で雇える同国人を収容することはできないのだ。

面倒ではあるが、もうひとつ考慮に入れてもいいのが人口の規模である。クラッススが3万2000人分の所得を支配して生きていた時代、この3万2000という人数は、当時のローマ帝国で暮らしている人々の1500人に1人の割合に相当していた。ロックフェラーの11万6000人が米国の人口に占める割合はもっと高く、1100人に1人である。このように、ロックフェラーは支配できる人数でも、その人口比率でも、クラッススに勝っている。

さて、それではいったい誰が、1番の金持ちなのだろうか。富裕層は全世界的に活動して、自分の資産を他の国々の富裕層の資産と比較して見積もる傾向があることを考えると、おそらくロックフェラーこそが誰よりも富裕な人物だろう。なぜなら、ロックフェラーが大量の労働力を支配することができたのは、当時の世界で最も豊かな国においてだったからである。しかし、金持ちが自分の国（世界でもっとも豊かな国に限らず、例えばロシアやメキシコなど）で政治的役割を果たす決心をした場合、自国内におけるその権力は、世界一の富豪にも勝るだろう。

1の4 ローマ帝国はどれほど不平等だったのか

産業革命以前の経済における所得の不平等について、それとなく触れている理論は存在する。1955年に提唱されたクズネッツ仮説（1章冒頭と1の10参照）は、不平等の経済学に必要不可欠な理論だが、このクズネッツ仮説の仮定によれば、経済が農業主体から工業主体に変化するにつれて、つまり「近代化」するにつれて、不平等は逆U字曲線を描くという。したがって、不平等が出現するのは、社会が継続的な近代化プロセスに入ったときだけであると考えられる。それゆえ、産業革命以前の社会では、ローマ帝国のような最も洗練された社会であっても、不平等の程度は低いはずである。しかし、この考え方とは対照的に、産業革命以前の社会についても、底辺の絶望的な貧困と上層部の過度な富裕が組み合わさったイメージがある。結論を言うと、この不平等に関する二つの考え方は、両方ともに正しい。そのことこそが、近代以前の不平等と近代以降の不平等を区別する重要な特徴なのである。

まず最初に、ローマ帝国初期の社会構造をおおまかに説明しよう。ローマ帝国初期とは西暦200年頃までの期間、すなわち紀元前31年にオクタウィアヌス（後のアウグストゥス）が権力を継承した頃から、五賢帝の治世が終わってマルクス・アウレリウスの息子のコンモドゥスが180年に権力を継承する頃までの期間である。五賢帝の治世の終焉は、ギボンが述べた有名な「ローマの衰退」の始まりを象徴している。

ローマ帝国初期の頂点に立つのは、政治力の面でも財力の面でも、もちろん皇帝である。皇帝は――

正確には皇帝とその家族は——どれほどのお金持ちだったのだろうか。オクタウィアヌス・アウグストゥス一家の年間所得は1500万セステルティウスと見積もられているが、これはローマ帝国全体の年間所得の0・08パーセントに相当する額だった（ローマ帝国の当時の人口は5000万—5500万人）[1]。この割合は、相対的に言うと、19世紀初頭の英国王ジョージ3世の資産が占める割合の約8倍である[2]（なお、ジョージ3世は『高慢と偏見』の物語当時の英国王である。1の1参照）。アウグストゥスの死後、私的および公的基金から民衆に贈られた寄付金は、有名なローマの歴史家コルネリウス・タキトゥスによると4350万セステルティウスに上ったという[3]。これは、当時のローマ帝国のGDPのほぼ0・2パーセントに相当する額だった。これは、ジョージ・W・ブッシュが辞任に際してポケットマネーから約300億ドルを市民に寄付するのに等しい。

もっとも、アウグストゥスの気前の良さは、別に奇特なものではなかった。アウグストゥスの後継者であるティベリウスは、紀元33年にGDPの約0・5パーセントに相当する資産（今日の米国に当てはめると、750億ドルに等しい金額）を、金融流動性危機を解決するために提供している——2009年に米財務省が行ったように。資金を提供したのは政府ではなく個人だという点を除くと、タキトゥスがその著作で書いたことは、気味悪いほど現代の状況に似ている。

金持ちが自分の都合に良いように土地を買うために、抱え込んでいる債権への返済を受けるようになると、土地の売買を促す法令は逆効果を持つようになった。このような取引が広く行われたために、土地の価格は下落した。しかし、大口の債務者にとって売却は難しかったので、彼らは所有する地所から追い出されて、財産だけでなく地位と名誉を失った。そこで、ティベリウスが救出に乗り出した。ティベリウスは3年間無利子の国家融資として、特に定評のある銀行に1億セステルティウスを分配した。ただし借金の倍の価値の不動産を担保に入れることが条件だった。このようにして通貨の信用は回復して、個人の金融業者が徐々に再登場するようになった[4]。

ティベリウスはまた紀元36年にも、ローマの大火で被災した人々の損失を補塡するために巨額の資金を分配した[5]。その後、ネロも同様の行為を続けている。タキトゥスの初期の著作『同時代史』によれば、ネロの14年間の治世で拠出された寄付金は23億2000万セステルティウスに上り、これは年間GDPの約10パーセントに相当する額だった。これらの金はどこから来たのだろうか。私的な資金それとも公的な資金だったのだろうか。おそらく、皇帝たちは私と公をきちんと区別していなかっただろう。ギリシア系ローマ人の歴史家カッシウス・ディオの著作によれば、オクタウィアヌスの私的財源と公的財源に対する対応は次のようなものだった。「名目上、公的歳入は私的歳入とは区別されていたが、実際には公的歳入も彼の判断に沿って費やされていた[6]」。スタンフォード大学の著名なローマ史研究家ウォルター・シャイデルによれば、皇帝たちの態度は今日のサウジアラビアの王族やサダム・フセインの私費と公費に対する態度とよく似ているという[7]。

ともあれ、疑う余地がないのは、皇帝たちが大金持ちだったことだ。ただし、帝国で唯一のお金持ちではなかった。属州の統治と略奪からは多くの富が生まれた。英国の著名な経済学者アルフレッド・マーシャルの比喩によれば「シャベルではなく剣で富を掘り起こした[8]」。すでに1の3で触れたように、ローマ帝国の歴史上、最も裕福な人物は皇帝ではなかった。ローマは金権社会であり、世襲の肩書と現在の富に基づいて階級区分が決められていた。ローマ帝国初期の資格財産額は、元老院議員階級は

100万セステルティウス、騎士階級は25万セステルティウスだった。これらの数字を正しく理解するためには、次のことを知っておく必要がある。すなわち、元老院議員階級の資産の平均は約300万セステルティウスであり、これまで使ってきた年率6パーセントの金利で計算すると、約18万セステルティウスの所得を得られることになる。これは、当時のローマ全体の平均所得の500倍以上の額だ。これを現代の米国に当てはめると、元老院議員階級とは、年間約2100万ドルの所得（資産ではない！）を得ている人々ということになる。[9] 現代米国の元老院議員＝上院議員は、これに比べると相当に倹しい。上院議員の年俸は20万ドル以下、平均的な純資産は約900万ドルと見積もられている。[10] その資産を年率6パーセントで運用した利益に年俸を加えても、平均所得は70万ドル未満と、ローマ時代の同職者たちに比べると微々たるものだ。

ローマの元老院議員の人数は少ないが（おそらく600人ほど）、その一方で騎士階級は4万人を超えていただろう。さらに、その下の階級を加えて最も裕福な階級を合算すると、20万人弱から40万人となる。しかし、ローマ帝国には5000万―5500万人の住民がいたことを思えば、このピラミッドの上部はむしろ小さいと言えよう。ピラミッドの上部は全人口の1パーセントに満たないからだ。[11]

当然のことながら、大多数の人々はごくわずかな所得で、必要最低限の生活をしていた。貧しい階級からより豊かな階級へと移行するにつれて、所得がいかに増加するかを示す勾配曲線は、現代社会よりも平坦であり、大衆間の所得の差は小さかった。つまり、所得分布のかなり上位に至るまで、勾配曲線は平坦であったが、所得分布の最上位に近づくと、勾配曲線は現代社会以上に急上昇する。所得分布の勾配曲線が一定して上昇している現代社会と異なって、古代ローマ社会では、中間と底辺は大差なかったのである。現代用語でいう「中産階級」は、まったく存在しないわけではなかったが少数だった。

このように、「古代の人々は一般に平等であるとともに、所得格差は大きい」という我々の先入観は正しかったことがわかるだろう。つまり、ふたつの先入観が指している所得分布の場所が異なっているのだ。所得分布の大部分の勾配に注目し、所得不平等の通常の尺度に照らしてみれば、貧困における平等というはじめの見方の正当性は立証できる。これらの尺度は、社会のあらゆる人々の所得を考慮に入れた集約的な尺度である。ほとんどの人々の所得は互いに大して違わないのだから、不平等の統計値も高くなり得ない。本書でもたびたび取り上げているジニ係数で概算すると、ローマ帝国初期の不平等は約41—42ポイントだったと推定される。(12) この数字は、今日の米国および拡大EUとほぼまったく同じレベルである(3の3参照)。しかし、蔓延する貧窮の中に莫大な富が存在するというふたつ目の見方もまた、所得分布の両極に注目すれば、その正当性を立証できる。両極間の隔たりは、今日のいかなる事例よりも大きい。

そこにはまた巨大な空間的不平等が存在した。この時代のローマ帝国が一中心地から統治していた広大な領土は、西は現在のモロッコ、スペインから、東はトルコ、アルメニアに至り、南北には英国からペルシア湾まで及んでいた(トラヤヌス治世下の紀元98年にペルシア湾に至ったが、その後、117年にローマ帝国はペルシア湾から撤退した)。その領土は340万平方キロメートル、米国本土の4分の3に相当する。その広大な土地に約5000万—5500万人(つまり、人口密度は今日の米国の5分の1にすぎなかった)が、さまざまな発展と所得のレベルで生活していた。経済史研究者のアンガス・マディソンは、各地域の所得のばらつきを次のように推定している。(13) イタリア半島は最も裕福で、その所得は帝国全体の平均より50パーセント強高い。その次のエジプトは、帝国の穀倉地帯であり、帝国全体の平均よりもわずかに裕福だった。エジプトの次は、ギリシア、小アジア、アフリカの一部(リビアと今日のチュニジア)、南スペイン（ほぼ今日のアンダルシア）と南フランス（ほぼ今日のプロヴァンス）と続く。比較的貧しい地域間の格差は小さかった。諸島部（シチリア、サルデーニャ、コルシカ）はガリアよりもわずかに裕福な程度で、その次に北アフリカ（今日のアルジェリアとモロッコ）が続き、最後が東部のドナウ川流域の属州だった。最も裕福な地域と最も貧しい地域間の所得比率は比較的小さく、約2対1だった[14]。

初期のローマ帝国の一部だった地域の今日の所得に目を向けると、現在の方が地域差が大きいことは一目瞭然である。トップクラスのスイス、オーストリア、ベルギー、フランスの1人当たりＧＤＰは購買力平価で３万５０００ドルである[15]。その対極がチュニジアとアルジェリアで、1人当たりＧＤＰは購買力平価で７０００−８０００ドルである（これよりわずかに裕福なのがバルカン諸国である）。このように、今日の「属州」間の上位対下位の比率は、５対１にまで拡大している。さらに、「属州」の序列も変化した。大まかに言って、かつては南が北よりも裕福だったが、今日はそれが逆転している。しかし東欧に対する西欧の優位は今日も続いている。

1の5　社会主義は平等主義だったのか

タイトルの質問に対して短く答えるなら、「はい、社会主義は平等主義でした」となる[1]。なぜそういう答えになるかというと、かつての社会主義国が市場経済へ移行する際に不平等の大幅な拡大を招いたことに加えて、かつて存在した社会主義国と資本主義国の不平等を比較研究した成果があるからである。不平等を所得水準の関数としてクズネッツ仮説を検証した回帰分析では（第1章冒頭参照）、社会主義国に対して所得に加えてダミー変数を用いるのが通例である。このダミー変数は０または１の値しかとらない固有な変数であり（社会主義国の場合は1、それ以外の国は0）、しかも変数にかかる係数は負であると考えるのが通例になっている。すなわち、他のすべての条件が等しければ、社会主義国家であるという事実自体が不平等のレベルが低いということを示していると考えるのである。[2]

この点で重要になるのが、次の四つの疑問である。すなわち、社会主義社会は資本主義社会よりも、どれくらい平等なのか？　どのようにして、その平等は達成されたのか？　平等を達成したことに価値はあったのか？　社会主義の下でも存在する不平等とは、どのようなものか？

社会主義国のジニ係数の値は、20ポイント代後半から30ポイント代前半であった（ジニ係数の実証値については1章冒頭を参照）。第二次世界大戦終結時以降、不平等の測定は世界中で当たり前のこととなったが、この社会主義国のジニ係数はその中でも最も低いレベルの値である。大まかに言って、社会主義国のジニ係数は、資本主義国よりも6―7ポイント程度、より平等な値だった。１９７０年代から１９８０年代にかけて、当時の西欧の資本主義国、たとえば西ドイツ、フランス、イタリア、デンマークなどでは、ジニ係数は30ポイント代前半から半ばだった。これを割合で表示するなら、社会主義はその国が資本主義のままだった場合と比べると、不平等をおよそ4分の1程度縮小したと言えるだろう。ところが１９９０年代の資本主義への回帰後は、不平等の増大は往々にして非常に大きいものとなった。ロシアだけを取り上げると、不平等は2倍になった。しかし、この「新」資本主義の下にある元社会主義諸国の不平等は、これらの国々が「標準的」資本主義だった場合より、おそらく大きいだろう。その原因は、極めて不正な民営化プロセスにあり、そのことが一部の者に巨万の富を、そして多くの者に貧困と失業をもたらした。事実、１９９０年代は、１９７０年代や１９８０年代以上に不平等な10年だった。不平等は至る所で拡大していたが、福祉資本主義の絶頂期ほどには問題視されることはなかった。

だからこそ、かつての共産主義諸国は西側諸国を模倣して、1990年代に不平等を急拡大させたのだ。

社会主義はどのようにして平等を広範に実現させたのだろうか。それには、いくつもの要因がかかわっている。第一に、生産手段と土地の国有化（もしくは農地改革）は、大規模産業と大土地の所有に基づく富を消滅させた。この例があてはまるのは、1917年の革命後のロシア、1947年以降のハンガリーとポーランドなど、かつて大土地所有者が存在していた国々である。これらの国々では民間産業は姿を消し、彼らの資産は国有化されて、株式市場は閉鎖された。資源も同様に国有化された。このようにして所得上位層は大幅に減少したのである。第二に、国有化が所得分布の上位層を縮小したように、完全雇用が所得分布の最下層を縮小した。すべての者に仕事はあったが、賃金はわずかだった。この種の見かけ上の仕事の多くは極めて非生産的だったからだ。それでも、まったく仕事がないよりはましだった。第三に、無料の義務教育が一般化したことで、国民の教育レベルが総体的に引き上げられた一方で、肉体労働と知的労働の賃金格差、ならびに熟練労働者と非熟練労働者の賃金格差を抑制するための政策が大規模に実行されたため、教育を受けてもずばぬけて有利というわけではなくなった。資本主義社会では、教育を受ける年数が1年増すごとに、給料は7—9パーセント上昇するのが一般的であるのに対して、社会主義社会では上昇の割合は半分だった[3]。このように、社会主義国の賃金分布の幅は、資本主義国よりも狭かった。さらに交通費や休暇に対する補助金、子ども手当や年金など、多かれ少なかれ誰もが受け取れる社会的移転のネットワークが所得をいっそう均一化させた。賃金格差が小さく、給付金は人口統計学的特徴に基づいて一律に（例えば、すべての児童、あるいは60歳以上の全国民に）支給されたので、社会主義国では人口統計学的特徴——子どもの数は2人か3人か、両親は何歳か、夫婦共働きかなど——さえわかれば家計を予測することができると主張する経済学者もいるほどだった[4]。そうとなれば明らかに、各人の教育程度、努力、技能などは重要ではないということになる。そんなものは、一家の所得をほんのわずかでも増やす役には立たないのだ。

これこそが社会主義的な均一化の問題である。均一化は、より懸命に働き、より多く学ぼうとするインセンティブをすべて、あるいはほとんどすべて奪ってしまう。もちろん、起業家精神など論外だった。私有財産は存在せず、それゆえ個人としての起業家も存在しなかった（もし起業家が現われても、投機家の烙印をおされて、直ちに投獄されただろう）。起業家精神はさておいても（そんな精神の持ち主が数パーセントを超える社会など存在しないに等しいのだから）所得の均一化は、個人の生産性を高めるインセンティブをすべて奪い取ってしまう。何の見返りもないなら、より一生懸命働く理由があるだろうか。たしかに、スターリン政権の初期に5カ年計画が開始されたとき、極端な出来高払いの賃金制度が用いられた。その極端さは当時の米国資本主義以上のもので、結果として賃金格差が増大した。しかし、これはむしろ逸脱的なことで、焦点を当てるべきは、１９６０年代から１９８０年代にかけての成熟して落ち着いた社会主義だろう。

インセンティブの欠如が、生産性向上の停滞または鈍化を招いたのは当然のことだ。そして、イノベーションも途絶えてしまった。生産方法を改善したり、新たな製品を開発しても、何の見返りも得られないのなら、わざわざそんなことをする理由があるだろうか。注目すべき事実は、社会主義経済が存在した50年から70年にわたる期間中に、世界に向けて輸出して成功を収められるような消費財は、ただのひとつも作り出されなかったことだろう。ソヴィエト連邦の軍事・宇宙産業複合体以外の社会主義ブランドは存在しなかった。優れた自動車もステレオも時計もおしゃれな衣類も、社会主義システムは一度として生み出すことはなかった。これは極めて異常な事態だ。なぜなら西側製の自動車をいわゆる「リバース・エンジニアリング」して、同程度良質の自動車を生産することが、その気になれば多くの資源を投入できる中央集権政府にできないとは思えないからだ。しかし、技術的に最も進んだ社会主義国である東ドイツでさえ、トラバントやヴァルトブルクといった、西側自動車のお粗末なコピー以上のものは作り出せなかったのである。勤労とイノベーションのためのインセンティブが欠如していたことが、社会主義の停滞と崩壊の主な原因であるなら、そんな平等にどれほどの価値があるのか、疑問に思うのは当然だろう。

それでは、社会主義下の不平等とはどのようなものだったのだろうか。その起源は政治的なものである。他に比べて「より平等な」人々は、重要な政治的機能を有していた。彼らは共産党や国家のヒエラルキー（両者は同じものであると言っていい）の中で出世して、国営大企業の責任者や国家桂冠詩人、勲章を飾り立てた軍人や警官になった。しかしどのような地位につくにしろ、党内で比較的高い地位につかなければならなかった。これらのグループは中世的な階級ではなく、むしろ一種の官僚的メリトクラシー（知的エリート階級）と見なすべきだろう。共産党内での出世と失脚の可能性は極めて高かった。ユーゴスラヴィアの共産党の指導者で、後に自身の意志で反体制派となったミロヴァン・ジラスは、すでに1953年の時点で「新しい階級」という呼び方をしており、この用語は定着した[5]。

しかし、社会主義下の不平等には、これ以外にも重要な特徴がある。利益は特定の仕事と強く結び付いて、職権上の役得をもたらした。たとえば、わずかな賃料の大きなアパート、しゃれたホテルやヴィラにただで泊まれる休暇、政府所有の田舎の別荘《ダーチャ》、そして極めて高い地位の者に限られるが、運転手付きの自動車や家政婦などである。利益の多くは、金銭的な所得の上昇のかたちではもたらされなかった。特権は仕事に付随したものであるという事実は偶然でなかった。この制度が目指したのは、仕事をする者が党内の上位者から自立したり、自由にものを考えすぎないようにすることだった。党綱領に抵触する反抗的な態度は直ちに降格につながり、突然すべての特権を失うことになる。さらに、最高幹部の賃金は一般労働者やサラリーマンと比べてもそれほど高くはなかったので、大金を貯蓄して、降格後に頼りにできるような私的財産を築くことは不可能だった。言うまでもないが、私的財産は政府の専横に対する防壁であり、個人的自由を行使する手段でもある。(6) しかし資産の貯えはなく、所得と特権は仕事に結びついているとなれば、波風立てたくない気持ちは非常に強くなるだろう。

平等を促進するためのもうひとつの手段である、強制された完全雇用保障もまた、その政治的背景から見るべきである。完全雇用もこれまで見てきたのと同様に、政治的な制御メカニズムとして利用された。その起源は相互に関連した二つの主張にある。まず第一に、社会主義には景気循環が存在しないので、ずっと完全雇用が実現するという主張だ。そして第二が、社会主義は社会全体のプロジェクトであり、すべての人々に参画を要求するがゆえに、誰もが仕事を得て怠けることなく新しい社会の創造に貢献する、という主張である。しかし一部の政府、特にソヴィエト政府は、完全雇用の思想を極めて創造的な方法で利用した。反体制派は仕事を解雇されたうえに新しい職は与えられず、いわゆる「浮浪罪」や、社会主義建設に貢献することを拒否するという意味の「寄生罪」で投獄されるのである。(7)

実証研究によれば、社会主義における不平等は常に小さいとされているが、社会主義体制下で生きていた人々や西側から観察していた多くの人々の見解では、上層部とその他の不平等は巨大なものだった。その理由は二つある。第一に、政治的ヒエラルキーの上層部（および上層部に近い人々）は、不足している物資を入手しやすかった。国民の大多数は肉を買うために列を作り、バターや食用油を探して店から店へと走り回らなければならないのに、そうした物資を安定的に、ときには輸入までして配給されるとなれば、物資そのものの価値は大したことがなくても、その便宜は大変な贅沢に思えたことだろう。第二は、国民が気づかないわけのない矛盾、そして反体制派も体制の信奉者もともに悩んでいた深刻な矛盾が存在していたことだ。それは、社会主義の経済的優位性を主張する指導者たちが、その一方で、日々の生活で西側製品を貪欲に求めているという矛盾だった。西ドイツ車ではなく東ドイツ車を運転する政治的エリートがいる共産主義国など存在しなかった。ブルガリア製ではなくイタリア製の靴を履き、チェコ製ではなく日本製のステレオセットを買っていた。この行為は、政治的エリートたちが自分たちが言っていることを信じていない明らかな証拠だった。そうした輸入品を手に入れることは、大多数の国民にとっては実質的に不可能だったのだから、その露骨なやり方は不平等をさらに悪化させた。

実際、共産主義国の政治指導者たちのこれ見よがしな消費行動ほど民衆の覚醒に寄与したものはないだろう。確かに、これらの消費財の価値は、今日のロシア新興財閥、西欧やラテンアメリカの富裕層の消費行動に照らせば微々たるものだ。共産党エリートは、他のエリートに比べると比較的貧しかった。しかし問題は、彼らの行動はその信奉するイデオロギーと露骨に矛盾しており、それが非常に目立ったということだ。

共産主義の盛衰は、さまざまに解釈することができる。不平等に関する限り、共産主義はいくつもの重要な教訓をもたらした。第一に、ヴィルフレド・パレートが主張した所得分布の「鉄則」の誤りを決定的に証明し、所得分布は政治制度によって変化し得ることを示した。第二に、経済的均一化は政治的強制と組み合わされると停滞をもたらし、最終的には衰退に至ることを示した。第三に、エリートたちがその支配をイデオロギー的に正当化しようとする一方で、それに合致しない行動を取ることの重大性を示した。ウォール街の金融エリートたちも、この第三の教訓を肝に銘じて然るべきだろう。

1の6 パリに住むなら、どの区に住む？ 13世紀なら？ 現代なら？

パリ16区に魅了される人は多い。手入れの行き届いた建物、洒落たレストラン、気持ちの良い小さな公園、建ち並ぶ美しい店々、豊かさを感じさせる雰囲気[1]……。実際、2007年のフランス政府財政資料によると、16区はパリの中でも最も裕福な区のひとつである。6区、7区、8区とともに、16区の1人当たりの収入（つまり税務当局に申告された所得）は、パリ市民の平均の2倍を超える[2]。63頁の下の地図を見るとわかるように、豊かな区はパリの西側とそこから河を跨いだ地域である。これとは対照的に18区、19区、20区などの貧しい区は、パリの北東部に位置している。これらの地域の1人当たりの申告所得は、パリ全域の平均の3分の2以下である。これら明快な数字をいくつか見ただけで、パリの各区間の格差の大きさがわかる。最高と最低の比率は、約4対1である（2・5を3分の2以下で割った数字である）。

さて、この地図に載っているのは、正式にパリと呼ばれる地域、すなわち環状道路の内側に位置して市行政区に含まれる20の区であり、この境界は過去2世紀の間変わっていない。しかしパリ郊外には、さらなる富裕層とさらなる貧困層が存在している。たとえばパリの西、緑豊かなヌイイは富裕層の多い地域である。主にアラブやアフリカ出身の移民が多く、2005年に暴動が発生した郊外は、貧困層の多い地域である。パリ市内に住むのは約250万人だが、住民1200万人のパリ大都市圏を対象にすれば、貧富の差はもっと大きくなるだろう。

最も裕福な区は最も不平等な区でもある。これに対して、最も貧しい区は最も平等である。そこにあるのは極めて単純な関係だ。裕福な区ほど区内の不平等は大きくなる。つまり、最も裕福な区にも比較

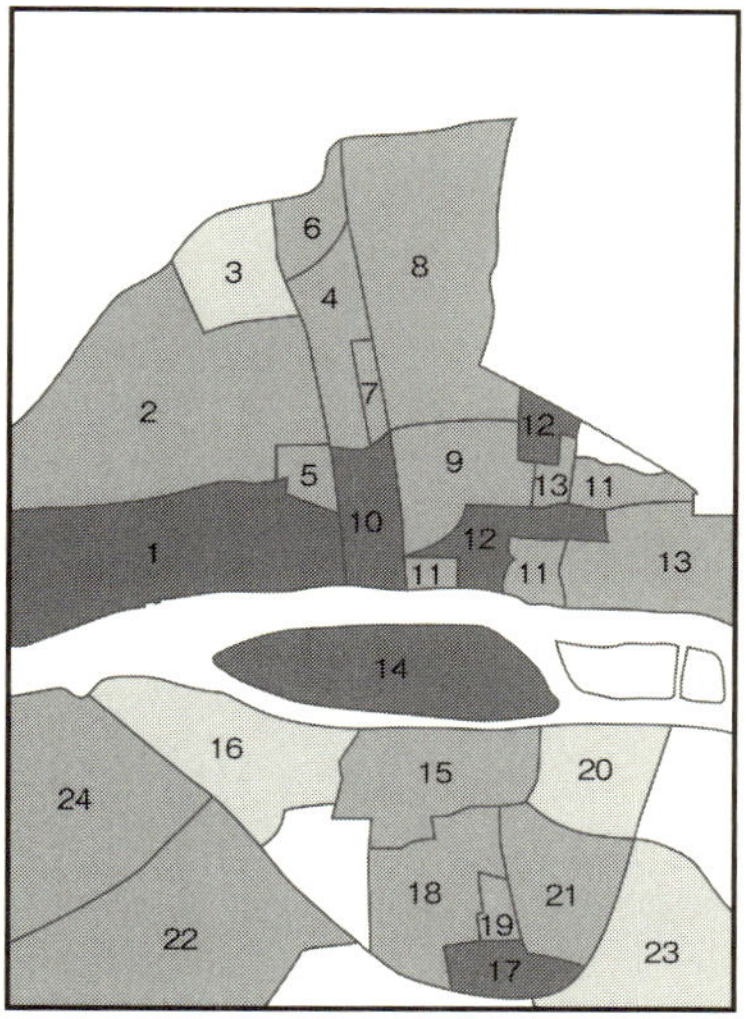

資産の分布
13世紀のパリ（教区）

KEY　資産もしくは所得の分布

- 富裕層
- 中間層
- 貧困層

出典：1292年および2007年の財政データ

所得の分布
21世紀のパリ（区）

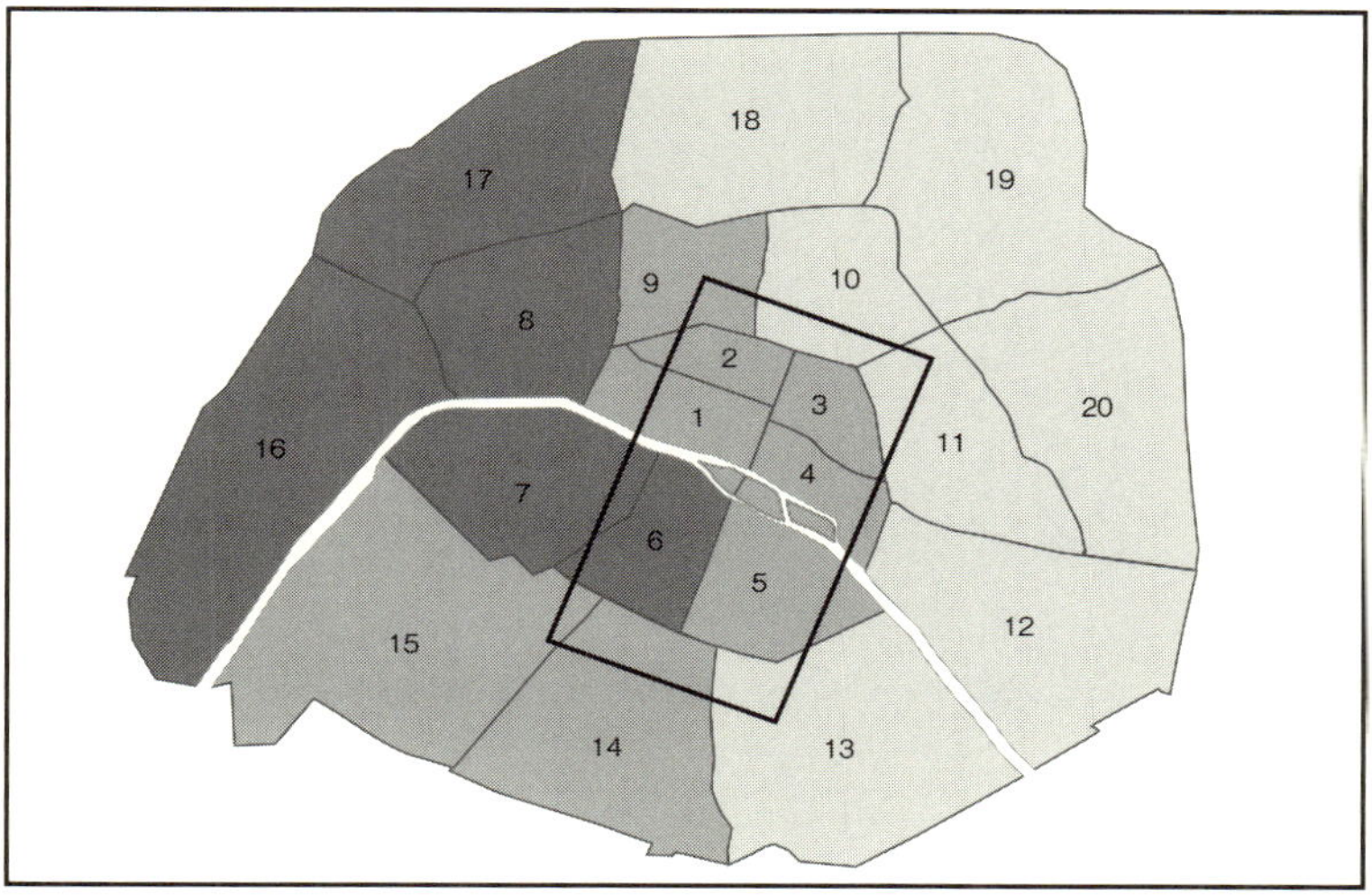

的貧しい人々が住んでいるのだ。言い換えると、裕福な区はかなり異質である。全区の世帯を申告所得に基づいて12段階に分類したうえで、最も所得の低い層に注目すると、[3] 16区の全世帯の5分の1が、この最下層に相当することがわかる。この最下層の割合は、貧しい区における割合と大して変わらない。異なるのは、裕福な世帯が占める割合である。裕福な区では、全世帯の約5分の1が12段階の申告所得の最上層に属している。一方、貧しい区では裕福な世帯はほとんど存在しない。以上のことから、今日のパリでは貧しい世帯は市内全域に均一に分散しているが、裕福な世帯は一、二の区、特に16区に集中しているといえるだろう。16区には裕福なパリ市民の20パーセント以上が住み、この割合は平均の4倍である。

都市の経済地理学的な姿が変化していく様を追跡することは容易ではない。遠い過去のデータは手に入らないからだ。しかし、パリは例外である。13世紀末から14世紀初めにかけてのパリの財政データが存在するのだ。近年、それらのデータはエルサレム大学の経済史専門家ネイサン・サスマンによってデジタル化されて利用可能になっている。[4] 2007年のデータ同様、この古いデータも元来は財務上の資料である。そこに掲載されているのは各家庭、より正確に言うと、各家庭の暖炉《フォワイエ》の数に課せられた富裕税の平均である。算定した税率を当てはめれば、各家庭の総資産を見積もることができる。確かに、当時の租税データは、今日のものほど信頼性は高くない。租税データからは、一部の重要な住民層が除外されている。極めて裕福な層（貴族と聖職者）は課税を免除されており、一方、貧困層は資産を持たず、支払う税もなかったのである。加えて、租税データからわかるのは所得分布ではなく、資産の分布状態である。さまざまな研究が示しているように、資産分布は所得分布よりも偏っている。しかしそれでも、他の年よりも記録がそろっている1292年の租税データを使えば、慎重に比較することは可能である。

この1292年の租税データに含まれているのは1万5000軒の家庭、すなわち約7万人分のデータである（当時のパリの総人口は10万人を超えていた）(5)。

当時のパリは現在よりもかなり小さく、24の教区に分かれていた。地図で示したのは各教区の所得の比較である（現代の区同様、裕福な教区ほど濃い色で表示してある）。最も裕福な教区サン・ジャック（現代の1区の一部）と最も貧しい教区サン・マルセル（現代の5区に相当）の所得を比較すると、約6対1となる。この比率は今日よりもかなり高いと思えるが、この点については慎重を期する必要がある。（うまくいけば）互いに相殺するかもしれない二つのバイアスが存在するからだ。1292年のデータが示している資産は、常に所得よりも不平等に分配されている。その一方で、すでに指摘したように、両極にある所得層（裕福な貴族階級と貧しい浮浪民）が除外されている。この後者のバイアスによって、計測された不平等が緩和されるのだ。

当時のパリで最も裕福な地域はセーヌ右岸とシテ島であり、これに比べると左岸は貧しかった。今日の16区は、13世紀にはパリの市内ではなかった。しかし、二つの地図を大まかに比べただけで、貧富の地理的変遷が見てとれる。最も裕福な地域はパリ中心部と右岸から西に向かって「移住」して、セーヌを渡り、左岸に沿って広がっていった。かつてパリで最も貧しかった、主に左岸に広がる地域は、今日ではパリ市民の所得分布の中間層からやや上層を占めている。一方、現在の最も貧しい区域はパリ中心部から遠い北東部にあたり、1292年当時はパリの一部ですらなかった。

この地理的移動を、どう説明すればいいのだろうか。フランス国立科学研究センターの都市研究者モニク・パンソン゠シャルロとミシェル・パンソンによれば、パリ西部がパリに編入されて都市化したのは比較的遅く、19世紀になってからだという(6)。それは経済が躍進した、ナポレオン3世と「オート・ブルジョワジー」たちが支配する時代だった。彼らはより広くより快適な共同住宅や戸建住居を求めたが、それに応えたのが、当時は比較的開発が遅れていたパリ西部だった。窮屈なパリの中心部にある老朽化した住宅に大金を投じて改装するよりも、自前で一から住居を建設する方が好ましかったのだ。「西への移動」に加えて、パリ東部のフォーブール・サンタントワーヌあたりは、ギルドの規制を逃れて来た人々によって以前から工業化されていて、あまり魅力的ではなかった。その結果、富裕層はパリ西部でじっくりと自ら住居を再建し、見ての通り、今もそこにとどまっている。

さて、それでは、昔から続いてきたように見える左岸と右岸の相違はどうだろうか。右岸は行政の中心で、宮廷（ルーブル）、官庁、高級でファッショナブルな商店街、証券取引所などがある。一方、左岸には学生と宗教人が集まっている。この状況は、13世紀末の租税調査の結果でもはっきりと示されている。それは伝統的なパリのイメージ、すなわち、セーヌ川に隔てられて、異なる機能を果たす二つの地域に分かれているというイメージだ。簡潔に言うと、右岸は権力と商業と行政の地、左岸は思索と創造の地、というところだろうか。しかし、パリは常にこうだったわけではない。ローマ時代のパリの旧名、ルテティアのころには、そんな違いはなかった。宮殿と寺院はシテ島に置かれていたが（今日のノートルダム寺院はかつてローマの宮殿があった場所近くに建っている）、闘技場、劇場、浴場、公共広場など、その他の重要な建物は左岸に置かれていた。[7] 右岸には、都市の重要な地域はなかった。そのことは、ローマ皇帝ユリアヌスが362年にパリについて書いた文章からわかる。ユリアヌスはコンスタンティヌス大帝の甥で、帝国のキリスト教化を減速して、ギリシア・ローマの神々崇拝に戻そうとした人物である。ユリアヌスは副帝（皇帝に次ぐ地位）として数年間を過ごしたパリの街を大層気に入っていて、その思い出を次のように記している。

私は偶然、愛するルテティア——ケルト人たちはパリシイ族の首府をそう呼んでいる——の冬期用営舎にいた。そこは河中にある、壁に囲まれた小さな島で、木製の橋で両岸につながっている。河の水位は滅多に上下することなく、夏と同様、冬も同じ深さであるのが常だ……。住民は島に住んでいるため、主に川から水を得る必要がある。冬もまた、かなり温暖だ。おそらく海からの暖気のおかげだろう。周辺では質の良いブドウの木が育ち、中には何とイチジクを、冬には覆いをかけることで栽培している人々もいた(8)。

実際、この古い時代では、左岸を選ぶほうが良かった。左岸のほうが氾濫の危険性が少なかったからである。右岸はじめじめしていて、その名残を今日に伝えるのが、有名なマレ地区である（「マレ」とは湿地の意味）。右岸は12世紀に干拓されて、ようやく住居を築けるようになった。

このように、パリの富の在処は変遷を繰り返してきた。ローマ時代には、セーヌ川の真ん中の島（都市の建設を始める地点としては自然だろう）と左岸に集中していたが、中世には右岸に集中し、そして現在のパリ西部——金持ちと一緒に住みたいなら選ぶだろう場所——へと移ってきたのである。

1の7　財政再分配で恩恵を受けるのは誰か

これまで話題にしてきた所得分布とは、いわゆる「可処分所得」の分布のことである。その名称が示す通り、可処分所得とは、政府に直接税を支払って、さらに政府から社会保障や失業手当などの現金給付を受け取った後に家庭の手元にある所得、つまり貯めようが使おうが好きにできる所得のことである。しかし、この可処分所得以外にも「市場所得」という、なかなか役に立つ所得概念がある。市場所得とは、納税あるいは政府移転の受領に先立って、賃金、利益、利子、地代などから得られる所得である。市場所得が極めて小さい人々とは、自分の労務を売ることができない、あるいは売りたがらないうえに、所得を産み出す資産を欠いている人々である。先進諸国では失業者である場合が多い。なお、社会保障などの公的年金や個人年金は遅れて支払われた賃金とみなし、市場所得に含めるものとする。(1)

この前提の下で、次のような疑問がしばしば提示される——「政府による再分配（つまり税と現金給付）を通じて、最も恩恵を受ける所得層は？」その回答はある理論ではこうなる。「民主主義体制においては、再分配政策に対して国民が投票行動を取るので、主要な受給者は（市場）所得分布の中間層のはずだ」。根拠は以下の通りだ。3人の人物がいて、それぞれの市場所得は低、中、高とする。なお、ここでは市場所得が重要な意味を持つ。なぜなら、人は自身の市場所得に基づいて、好ましいと思う課税・支出政策を選択するからだ。所得が低い人物は、高い税率と多額の財政支出から恩恵を見込めるので、そうした政策を支持する傾向がある。これとは正反対の理由で、所得の高い人物は低い税率を支持するだろう。そこで、投票で重要となるのが中間層の人物だ。中間層がどちらに与するかによって、2対1で勝負がつく。この「中間層有権者」が決定権を握る有権者となるのだ。原則として中間所得層は再分配のプロセスを通じて利益を得ることはできるが、低所得層ほどには恩恵を受けられない。なぜなら税金は一般に累進的で、市場所得が多くなればなるほど高くなるからだ。しかし、それでも間違いなく、中間所得層は再分配のプロセスを通じて恩恵を受けるだろう。結局のところ中間所得層が税率を選び、それに伴う利益を選ぶからだ。それは、市場所得ではなく可処分所得で測ったほうが、中間所得層はより裕福だということを意味する。

この話は真実だろうか？　実のところ正確ではないし、それほどはっきりした話でもない。(2)第一に、再分配から最も恩恵を受けるのは低所得層だ。低所得層の市場所得はわずかだが、政府による再分配を受けた後は、まだ低いにしても、それなりに所得は増える。例えば、1980—2000年の主要な民主主義国を対象にした研究によると、十分位数で最も貧しい層（人口の10パーセント）が総市場所得に占める割合は非常に小さく、わずか1・2パーセントである。政府による再分配の後は、同じ最低所得層が所得に占める割合は調査対象国全体の平均で4・1パーセントまで上昇する。このように、最低所得層はほぼ3パーセント分の利得を得ている。同様に、下から2番目に所得の低い層は3・6パーセントから5パーセントに上昇し、1・4パーセント分の利得がある。下から3番目と4番目の層もより豊かにはなるが、その利得は減少し、5番目、6番目の層になるとわずかにマイナスに転じ、その後は当然のことながら、所得が高くなるにつれて損は大きくなっていく。この程度はすべての国で同じというわけではなく、次頁の図1で示した米国とドイツはその一例である。米国では、最低所得層が受ける利得はだいたい4パーセント分だが（この数字は、先に述べたように、分析の対象となった各国の平均値である）、ドイツのほうが一貫して大幅に高く、およそ7パーセント分である。

直ちに二つの明白な結論が出る。第一に、先進国の再分配プロセスでの最大の受益者は、最も貧しい状態からスタートした人々、言い換えれば市場所得が最も低い人々である。このこと自体は当然だ。むしろ驚くべきは、中間層（下から5番目と6番目）は再分配によって恩恵を受けると予想されていたのに、実際にはそうではなかったことだ。中間層の市場所得に占める割合はむしろ下がっている。さらに、この結果は、総体としての先進諸国全体に当てはまるだけでなく、個々の先進国それぞれにも当てはまる。中間層が失った割合は国と年度によってさまざまだが、その損失は厳然たる事実である。

ここからある疑問が浮上するが、的確に答えることは難しい。なぜ決定権を握る中間層の有権者たち

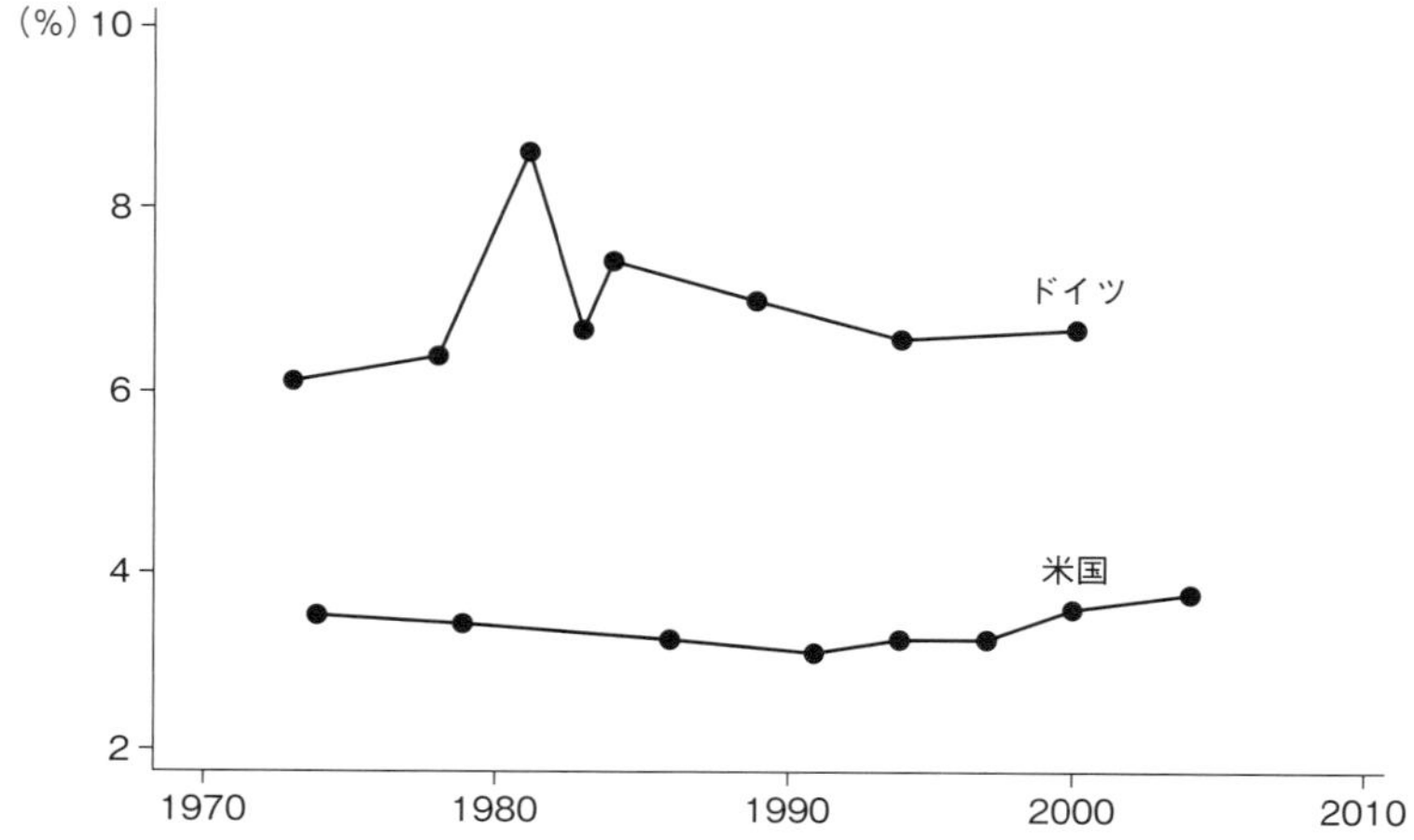

図１　最下層が受け取る分配の利益。ドイツと米国
注：再分配の利益は市場所得と可処分所得を比べて計算される。

は、再分配のプロセスに賛成票を投じるのだろうか。そのプロセスでは結局、国民所得というパイの取り分は、再分配前よりも小さくなってしまうというのに……。可能性は二つあるが、そのいずれについても証明も否定もできない。第一の可能性は、中間層の有権者は潜在的保険として一部の再分配政策を支持する、というものだ。ざっくりした見通しでは再分配から何も得るものがなさそうに見えても、「万一に備えて」賛成するのだ。もしも失業手当が必要になったときに受給資格を得ることができるように、中間層は現在の所得に対する高い税金を受け入れて、失業手当に資金を提供しているのではないだろうか。これは筋の通った仮説ではあるが、同一集団を長年にわたって追跡調査して、最終的にこの種の給付から利益を得たかどうかを調査したデータは存在していないので、この仮説が正しいかどうかはわからない。さらに、中間層の家庭をその生涯にわたって追跡調査したとしても、中間層は依然として再分配で損をしていると仮定してみよう。そうであっても説明はつく。失業手当を一度も受け取らなくても、賛成票を投じることはおそらく価値のあることなのだ。なぜなら、それは保険証書だからだ。自動車保険に加入するとき、その保険で一儲けしようとは思わないはずだ。もしそんなことをしたら、かえって困った事態になるだろう。自動車保険で買ったのは、「心の平安」だ。同じことが失業保険についても言える。

第二の可能性として、可処分所得の概念ではとらえることのできない、主に中間層が受給している移転が存在するかもしれない。このことが特にあてはまるのは、公的保健制度と公教育を実施しているヨーロッパの福祉国家である。公的保健制度と公教育からもたらされる利益は可処分所得に含まれない。可処分所得とは使うも貯めるも自由な現金収入である。これに対して医療や教育を無料で受けた場合、それは現物給付であって、可処分所得の一部にはならない。しかし、この無料の保険と教育は、国民の直接税から支払われている。中間層の税金を厳密に推定する際に、中間層が一部を現物で受け取っている給付を過小評価しているというのは、ありそうなことだ。これらの利益の時価が明らかになれば、中間層は政府の再分配政策から純利益を得たと言えるかもしれない。

この二通りの説明は、いずれも可能性はあるが、残念なことに明確に証明するためのデータが欠けている。しかし、もうひとつ興味深い問題が残っている。すでに見てきたように、最も貧しい人々が政府による再分配の最大の受益者である。この最貧層の状況が悪化したと仮定しよう。市場所得全体に占める最貧層の所得の割合は元々ごくわずかだが、これがさらに低下したとする。すると何が起きるだろうか。最貧層の所得割合の減少を埋め合わせるだけの再分配のプロセスは始まるだろうか、始まらないだろうか。その答えは、明らかに「始まる」である。先進民主主義国家では、市場所得に占める最貧層の割合の減少は政府の課税移転政策で埋め合わされるだろう。これは特に危機的な状況下では、人々を安心させるメッセージとなる。自分の労働力を売ることができない、売れても安く売るしかない、そして資産もないといった理由で所得階層の底辺にいる人々が、さらに損失を被るなら、課税と移転のシステムは新たな不足分を埋め合わせることになるだろう。

先進諸国では過去25─30年間に、可処分所得の不平等が拡大したにもかかわらず、課税と移転のシステムは各国ごとに異なってはいるが、本来の目的通り機能しているように見える。すなわち、最底辺から出発する人々を助け、最富裕層が所得に占める割合を低下させている。相変わらず答えが出ないままなのは、再分配の有り方を決定する際に重要な役割を担う中間層が、どうしてこのシステムから明白な利益を得ているように見えないのか、という疑問である。この結果は、経済分析の限界を示すものかもしれない。なぜなら、我々の投票行動はときとして、イデオロギーや信条、価値観の影響をより一層強く受けるからだ。人はパンだけで生きるものではないからである。

1の8　複数の国はひとつにまとまれるか

ソヴィエト連邦、ユーゴスラヴィア、チェコスロヴァキアなど、共産党支配下の民族連邦の突然の崩壊については、さまざまな説明が試みられてきた。民族、歴史、政治、宗教の視点から、あるいは純粋な事実関係から、あらゆる解説が提供されてきた。しかし、ソ連とユーゴスラヴィアについてあてはまる（ただしチェコスロヴァキアは除く）次の事実については、ほとんど関心は払われてこなかった。すなわち、両国を構成する諸邦（共産主義では「共和国」と呼ぶ）の所得レベルの格差は大きかった。したがって私たちは、両国の国内に関しては、実際には複数の国々とさまざまな発展レベルが存在するものとして取り扱っていた。さらに所得の相違は、民族の相違、ときには宗教の相違と符合していた。崩壊の底に隠れた原因は、この所得と宗教、あるいは所得と民族の相関の中に探らなければならない。

ソヴィエト連邦とユーゴスラヴィアにおける地域間の所得格差について論じるにあたって、まず説明しなければならないのは、この事実と「共産主義の下では全体として所得不平等は小さかった」という1の5で述べた内容は矛盾しない、ということだ。地域間の所得格差とは両国を構成する共和国間の平均所得の格差であり、全体としての所得の平等とは個人間の所得格差の低さを指す。

全体としての個人間の平等と、構成国間の平均所得の格差が共存していたことは印象深い。この事実が示唆しているのは、構成国の国内では、個人間の所得の不平等は極めて小さいものだったということだ。なぜ、そうなったのだろうか。その理由は、一国内の個人間の不平等——この問題をAと表示しよう——は、BとCの2つの要素から成り立っているからだ。Bは地域間の不平等、すなわち平均所得に地域間で格差があることに起因する不平等、そしてCは各地域内における個人間の不平等だ。もし、ソヴィエト連邦の問題Aが比較的軽微でBが比較的深刻なら、Cはごくごく小さかったにちがいない。

ソヴィエト連邦は15の共和国で構成されていた。1991年の崩壊時、最も豊かな共和国（ロシア）と最も貧しい共和国（タジキスタン）の1人当たりGDP比は約6対1だった。後に3の3で触れるが、米国で最も豊かな州と最も貧しい州の格差は、わずか1・5対1である。他に二、三の例にも注目してみよう。イタリアでは、地域間の不平等がとても大きいが、最も豊かな地方（スイスとの国境に近い、北部のヴァッレ・ダオスタ州）と最も貧しい地方（南東部のカラブリア州）の格差は3対1だ。地域間の緊張状態から逃れられない国であるスペインでは、最も豊かな地域（マドリード）と最も貧しい地域（エストレマドゥーラ）は1・7対1だ。フランスでは1・6対1（パリ周辺のイル・ド・フランス対北部のノールパドカレー）、ドイツでは1・4対1（ベルリン対旧東ドイツのチューリンゲン）である。このようにソヴィエト連邦は他の国々に比べると、地域間の不平等がずっと大きかった。

バルト海周辺の三国とロシア共和国は、ソヴィエト連邦全体の平均よりもはるかに高い所得を得ていたが、他の共和国（11カ国）はすべて平均よりも貧しかった。[1] 時が経過しても、格差は小さくならなかった。ソヴィエト連邦の共和国に関するデータを複数年にわたって作成することにはさまざまな困難が伴うし、多数の注意事項を付帯した結論を出すことは避ける必要があるが、入手可能な最も古いデータ（1958年）によれば、当時も最も豊かだったロシア共和国と貧しい中央アジアの複数の共和国との格差は4対1だった。このように、共和国間の格差は大きいばかりでなく、第二次世界大戦後の全期間を通じて拡大していったことは間違いないだろう。

崩壊当時のソヴィエト連邦は、その国境内に所得レベルが韓国とコートジボワールほども大きくかけ離れた諸国を抱える集合体だった。国家の団結を固めるためには、最も貧しい構成国の利益になるような広範囲に及ぶ再分配が必要であり、これなくしてソヴィエト連邦のような統一体が存在することはできなかったのではないだろうか。そうではあるが、そんな広範囲な再分配は実行可能だろうか。そのような移転は、支払う側である裕福なメンバーたちの怒りを買うのではないか。これはまさにロシアがソヴィエト連邦の一員だったころ、ボリス・エリツィンが共和国の最高ポストに選任されたときに起きたことだった。エリツィンは、さらなる助成金交付に反対する人々に発言権を与えた。ある意味、ロシア共和国はバルト海周辺諸国とともに、ソヴィエト連邦脱退論者の急先鋒となったのだ。裕福な共和国はひたすらソヴィエト連邦の外に出ることを望んだ。貧しい共和国は黙認するしかなかった。

さらに劇的だったのが旧ユーゴスラヴィアの場合だ。その内部崩壊もさることながら、ソヴィエト連邦の巨大さに比べると、ほんのちっぽけな領土しかなかったのに、構成国間の所得格差がはるかに大きかったからだ。ソヴィエト連邦の領域内に所得レベルの大幅な格差が存在したことは、おそらく理解の範囲内だろう。ソヴィエト連邦は世界最大の国家であり、その面積は米国の2・5倍だった。しかしユーゴスラヴィアの場合、ミシガン州くらいの大きさしかなかった国なのに、その内部諸国の所得範囲は1から8までというのは極めて異常だ[2]。他のヨーロッパ諸国でも、これほどのレベルの地域間不平等が存在する国はなかった。ユーゴスラヴィアで最も発展していた地域は北西部のスロベニアで、1991年の崩壊時の1人当たりの所得はスペインと同レベルだった。これに対して、所得領域のもう一方の極である南東部のコソボ州では、1人当たりの所得はホンジュラスと同程度だった。つまり、ミシガン州の大きさの国内で、中央政府はスペイン並みの資産を持つ人々の幸せと、ホンジュラス並みの資産しか持たない人々の幸せを、ともに維持する必要があったのだ。それは不可能な仕事だった。ユーゴスラヴィアでは連邦が出資した機関を通じて、いくぶん穏やかな再分配が行われていたが、それでも構成国間の格差は大きくなり続けた。第二次大戦後に共産主義となったユーゴスラヴィアの最も古いデータは1952年のものだが、これによれば1人当たりGDPでスロベニアはコソボに比べて4倍裕福なだけだった。しかしその40年後には、すでに触れたように格差は倍になった。

共産主義連邦の崩壊から学ぶべきは、崩壊の重要な原因の一つは、共産党は個人間の不平等を阻止して緩和する政策には成功したのに、歴史的に受け継がれてきた構成国間の巨大な所得格差は緩和できなかったことにある、ということだ。さて、ここでこの話のタイトルの疑問に戻ろう。この問題は他の多くの国々を苦しめ続けている。例えば中国は、急成長する沿岸部とはるかに貧しい内陸部という地域間格差が拡大し続けるなか、統一国家として存続できるだろうか（これについては1の9を参照）。EUは、その団結と存続性を危険にさらすことなく、貧しいメンバー国を吸収し続けることができるだろうか（3の3参照）。ナイジェリアは石油収益の分配をめぐって、宗教的・民族的に異なり、1人当たりの所得格差が4対1となっている諸州を調停することができるだろうか。

1の9　中国は2048年まで生きのびるか

ソヴィエト連邦の軍事力と政治力が頂点にあった1970年、反体制派のアンドレイ・アマルリクは、『ソ連は1984年まで生きのびるか』という論評を地下出版した。[1] この問題提起は挑発的であるばかりか、まったく非現実的であると見られていた。何千発ものミサイルを制御し、整然として効率的な指揮命令系統を有し、国境を越えてはるか遠くまでそのイデオロギーを宣伝し、2000万人の党員を擁する一党独裁体制で、その党内には献身的な体制支持派や実務家がうようよいて、社会主義の発展のために邁進して政権に尽くしている。そのイデオロギーと軍事力を世界中に及ぼし、絶望的な貧困と失業を根絶したと主張し、新たに「ソ連人」と呼ばれる民族色のない国民を作り出した――実在しているのはそんな政権だったのだ。しかし、アマルリクは自身の正しさを証明した。おまけに、最終的な崩壊の日時までかなり正確に予測していた。ソヴィエト連邦が公式に解体されたのは1991年12月25日だった。

アマルリクの評論のタイトルは、明らかにオーウェルの『1984』に対するオマージュだ。オーウェルがスターリン体制の絶頂期に、共産主義的暗黒郷《デストピア》が世界中に強要されることを予測して恐れたのに対して、アマルリクはもっとソフトバージョンの共産主義体制の絶頂期に、その終焉を予測した。そういうわけで、このエピソードのタイトルも、1970年代初期の孤独な反体制派が当時は考慮に値しないとされた問題提起を行った、その勇敢さに対するオマージュである。

統一中国に対する唯一の深刻な脅威は、増大する不平等である。1980年代初めの改革開始時には30以下だったジニ係数は、2005年には45にまで上昇し、中国の不平等はほとんど2倍になったが、そもそも不平等問題の根は中国という国の成り立ちに潜んでいるのだ。問題を単純化するために二種類の不平等を取り上げよう（3の3参照）。まず「米国型の不平等」——富裕層と貧困層が概ね均一に全国的に分散する不平等である。ただし、貧困層または富裕層が地理的に特定の省に集積することはない。富裕層と貧困層が異なる居住区で暮らしているのは明らかだが、最上位の行政レベル、すなわち省単位で「所得による分離」は行われていない。基本的に言って、貧しい人と豊かな人がいるだけで、貧しい省と豊かな省は存在しない。一方、「拡大EU型の不平等」は、異なるタイプの不平等である。その不平等の主な原因は、平均所得に関して加盟国間で大きな格差があること、つまり貧困層と富裕層が地理的に集積していることである。そして、中国では1990年代初めから成長の重点が都市地域に移り、貧しい省と豊かな省が存在するEU型の不平等が拡大した。このため、より一層の政治的不安定を招いている（1の8参照）。

中国の成長は主に沿海部の5省に集中している。これら5省は中国の全34行政区の中で最も裕福な省である(2)（ただし、上海、北京、天津の3都市は除外する。これらの都市の1人当たりGDPが最も高い）。最も豊かで急成長している5省は、ベルト状に北から南に連なっている（次頁の地図参照）。これら5省を他のすべての省と比較してみよう。まず最北に位置する山東省の1990年の1人当たりGDPを1とした

所得レベル
中国各省の1人当たり GDP、2006年

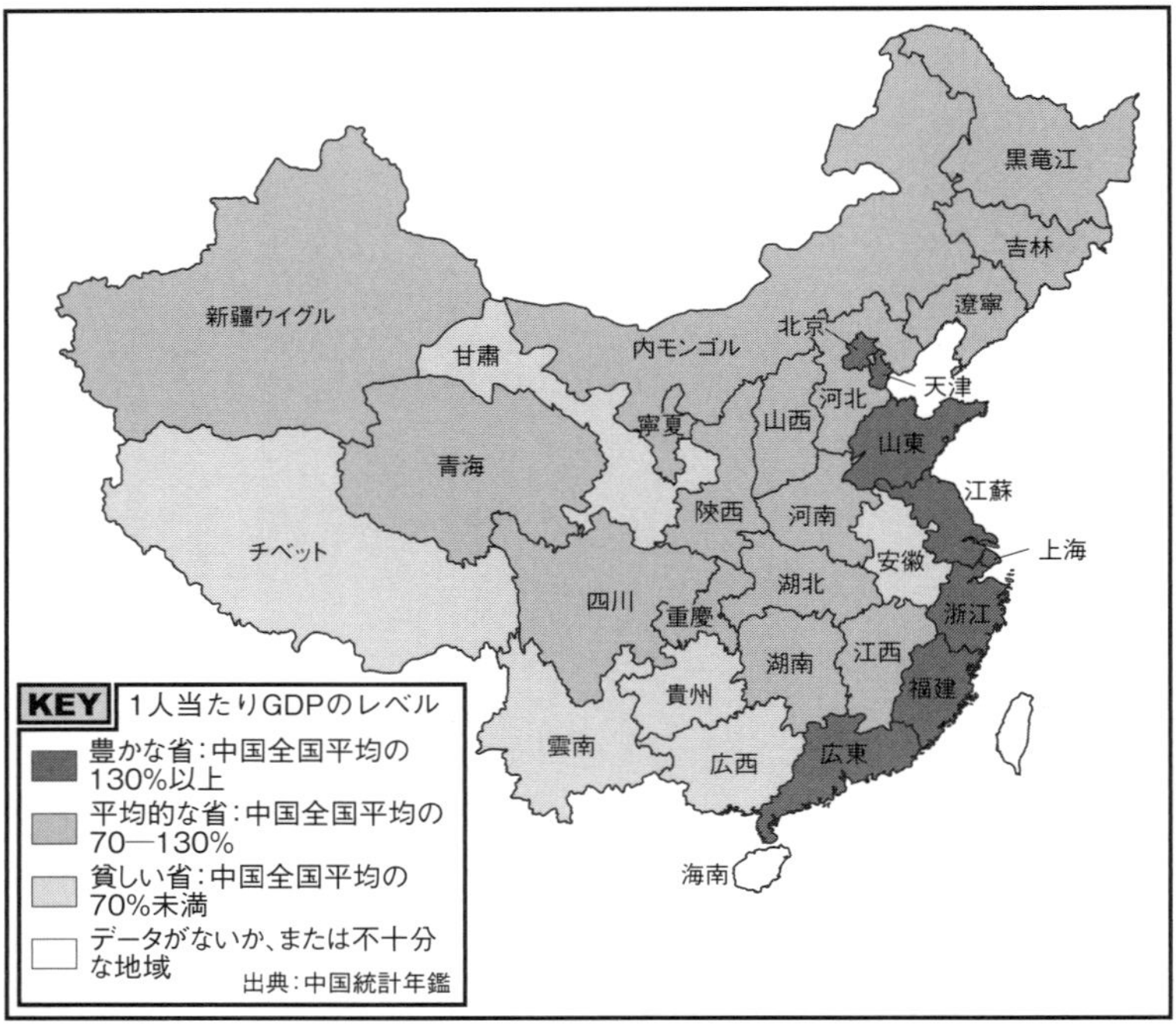

場合（これは当時の全中国の平均値にほぼ等しい）、山東省は１９９０年の１から２００６年には１・３、以下同様に江蘇省は１・３から１・６へ、浙江省は１・３から１・６へ、福建省は１から１・２へ、そして最南に位置する広東省は１・５から１・６へと成長した。これら5省は過去15年間に、全中国の平均よりも約20パーセント高い成長を遂げた。２００６—０７年の5省の人口は合計約３億４０００万人、中国の総人口の約４分の１に相当する。にもかかわらず、5省は中国の国内総生産の40パーセント以上を担っている。(3)

これら5省に豊かな4都市、北京、天津、上海、重慶を加えると、中国の総生産高に占める割合は50パーセントを上回る。(4)さらに香港とマカオの特別行政区を同じ現象のさらに極端な例と見なすのは、ごく自然なことだろう。これら5省＋6都市の「一団」は地理的にも連続しており、ともに貿易志向で、中国の内陸部よりもますます豊かになって、別集団の様相を呈し始めている。

このスペクトルのもう一方の極にある、最も貧しい3省、貴州省、甘粛省、雲南省は、１９９０年代以来、豊かな集団に大きく遅れをとった。甘粛省と雲南省の１人当たりのＧＤＰは、かつては中国の全国平均の70パーセントだったが、現在は50パーセントにすぎない。最貧の貴州省は、平均の半分の豊かさから、３分の１にまで落ち込んでしまった。豊かな諸省が平均以上の速さで発展したのに対して、貧しい諸省は平均以下の遅い成長しかできなかったことが、上下の格差を劇的に拡大したのだ。大規模な産業改革が始まった１９９０年には7対1だった上下の比率は、２００６年までには10対1に拡大した。しかもこの数字には、おそらく中国全土で最も貧しいチベットは含まれていない（中国の統計には表示されていない）。チベットも含めれば、上下の格差はさらに大きなものとなるだろう。

小さく見積もっても10対1という比率は、ソヴィエト連邦末期の上下の比率6対1に比べると、とてつもなく大きな数字だ（1の8参照）。もっとも、別の面から見れば話は同じではない。ソヴィエト連邦は公式には諸民族の連邦だったので、経済的分裂は民族、言語、また多くの場合は宗教的な分裂と重なった。一方、中国の漢民族は、各地の方言は大きく異なってはいても、いわゆる単一民族である。バルト人やロシア人、あるいはタジク人やロシア人よりも、単一の政権の下で暮らしてきた歴史が長い。[5] しかし中国でも、少なくとも5つの自治区（広西、内モンゴル、寧夏、新疆ウイグル、チベット）に関しては、経済的・民族的分裂は存在する。これらの地域では、漢族以外の人口がほとんど、あるいは多数を占めている。これらの5自治区は最も貧しい行政区でもある。漢民族の中国自体にも内部分裂の歴史がある。有名なのは、紀元前5世紀から3世紀にかけての戦国時代、3世紀の三国時代である。さらに近代では、1930年代に日本が中国東北部に傀儡国家を樹立する一方で、他の地域はいくつもの軍閥政権に分裂した。その中で有力だったのが、毛沢東の共産党と蔣介石の国民党だ。今日でさえ、それぞれに主権を主張する2つの中国が存在している。

繁栄する沿岸部の5省6都市とその他の地域との間で、経済関係のみならず世界観の点でも乖離が徐々に進んでいく状況に潜む危険性は、軽視することも無視することもできない。中国の国家的統一が脅威にさらされるとしたら、それは国内の経済的分裂に端を発するものとなる可能性が高いだろう。

1の10　2人の不平等研究者、ヴィルフレド・パレートとサイモン・クズネッツ

個人間の所得分配がどう生まれ、どう変化するのかについての理論や理論的洞察はごくわずかしかないと知ったら、読者は驚くだろう。[1] 近代経済学の草分けのひとり、デイヴィッド・リカードがその有力

な著書『経済学および課税の原理』で、この分配の問題を経済学の重要課題としたことが奇妙にさえ思えてくる。

どうして、こんなことになったのだろう。少なくとも理由は二つある。第一に、リカードが関心を持ったのは、いわゆる所得の機能的分配だった。つまり、いかにして国民所得を各階級の所得——資本家の利益、地主の地代、労働者の賃金——に分割すべきか、という問題だった。しかし、我々が関心を持っているのは、個人間の所得の分配——個人の収入源が資産であろうが労働であろうが関係なく、いかにして国民所得を各個人間で分配するかという問題である。かつては、すべての（もしくは大部分の）資産保有者は裕福であり、すべての（もしくは大部分の）労働者は貧しかったので、その限りにおいては、機能的分配と個人間分配は同じものだった。もし、資本家のパイの取り分が多くなれば、全体としての個人間の不平等は拡大する可能性が高い。賃金労働者の取り分が少なくなっても、同じことだろう。そんなわけで、所得の機能的分配に対する関心が、所得の個人間の分配に対する関心を覆い隠してしまった。より正確に表現するなら、後者は前者に組み込まれたのである。

しかし世の中が変わって、労働を主要な所得源とする中間層が登場すると、所得の機能的分配と所得の個人間分配を同一視することは、もはやできなくなった。資本家に、あるいは労働者に相応しいのは総所得の何パーセントか、といったことだけではなく、社会に生きる市民の間で所得をどう分配すればいいのか、経済学者はその方法について理解を深めなければならなくなった。そして登場したのが、我らが最初のヒーロー、ヴィルフレド・パレートである。

しかし、パレートに話題を移す前に、第二の理由——なぜ、個人間の不平等に関する研究はあまり人気がないのか——について触れておいたほうがいいだろう。それは、賢明にも無視されることが多いにしても、むしろ単純な理由である。不平等研究は、特に裕福な人々からは歓迎されない。著者はかつて、首都ワシントンの名門シンクタンクの幹部に言われたことがある。シンクタンクの理事会が、所得や富の不平等をテーマに掲げた研究に資金提供する可能性はまずないだろう、と。もちろんシンクタンクは貧困緩和に関係のある研究には資金を出す。だが、不平等は概して異なる問題なのだ。それはなぜだろう。誰かの貧困に関心を抱くとき、人は暖かくて心地良い光に包まれる。人は貧しい人々を救うためなら喜んでお金を出す。慈善は素晴らしい。貧しい人々にほんのちょっぴり与えるだけで、自尊心は高まり、倫理的得点を大いに稼ぐことができる。しかし不平等問題は別だ。不平等に触れるたびに、所得の適切さや正当性が問題視されることになる。もし誰かが、その所得は不当または不正に得たものだと主張したら、慈善行為をしてもあまり好意的には見てもらえなくなるだろう。だから、不平等の問題に関しては、黙って通り過ぎたほうが良いのだ[2]。同様の理由で、世界銀行はその最も重要な報告書を、不平等に関する報告書だとは言いたがらなかった。代わりに、より穏当に「公平性」に関する報告書だと表現した。貧困に対する明白な関心とは対照的に、不平等に対する関心は欠如していることについて、最近、英国の歴史学者デイヴィッド・カイナストンは的を射たコメントをしている。「貧困撲滅について語るとき、誰もが幸せになる。なぜなら、そうすることは不平等の問題に対する倫理的で賞賛に値する反応に見えるからだ。しかしその一方で権力構造については触れずじまいなのだ[3]」

不平等問題を扱うことへの抵抗は、資本主義社会に限定されたものではない。著者自身、所得の不平等に関心を持ち始めたのは、社会主義社会で生活して働いていたときだった。当時、不平等は婉曲的にデリケートな話題とされていた。理由は表面的には異なるが、本質的には資本主義社会と同じである。社会主義における所得分配に関する実証的な研究を行えば、所得格差の存在が必ずや示されることだろう。それは国の統治者たちにとって不愉快な見解だった。統治者たちは、階級のない平等な社会へ導くという理想を、彼らのイデオロギー的アピールの拠り所としていたからだ。その理想を詳しく検証するより、信じさせておいたほうが安全だったのだ。

さて、ヴィルフレド・パレートに話を戻そう。パレートは風変わりな個性の持ち主だった。ヨーロッパ各地で革命が起きた1848年に、パリの侯爵家に生まれた。父はイタリア人、母はフランス人で、19世紀後半の進歩的な環境の下で育った。イタリア語、フランス語に堪能で、両国語で著作を表して教鞭を執り、限界革命の立役者のひとりであるレオン・ワルラスの後任としてローザンヌ大学の政治経済学の教授となった。もっともその考え方は貴族的で、強硬な反社会主義者だった[4]。パレートの著作は当時も、そして現在も論争の的である。レイモン・アロンによれば、パレートは教師としても研究者としてもいささか病的だったという[5]。パレートは民衆を軽蔑していた。彼は、宗教的・倫理的信条は科学の特徴である論理的で実験的な方法の埒外にあり、いかに根本的に非論理的な感情であるかを説明したうえで、民衆に心の拠り所を与えるためには、そうした宗教的・倫理的信条をすべて存続させて、民衆に教え込まれなければならない、さもなければ民衆は原始状態に戻ってしまう、と主張した。パレートは傲然と「私は、単に現象の一貫性を研究しているにすぎない」のであり、「誰かを納得させようと望んでなどいない」と述べたうえで、社会科学の歴史でも珍しく、彼の著作を読んでみようかと考えている人々に、次のように警告した。「他にいくらでも満足のいく本は見つかるから、どうしてもというのでなければ、わざわざ（私の）この本など読む必要はない[6]」。アロンによれば、パレートの病は、大学教授が教える内容なんてすべて間違いだ、と言っているに等しい彼の態度に発しているのである。しかしパレートによれば、大学教授はこの虚偽を押し通さなければならない。なぜなら、民衆はそれしか理解できないのであり、真実を教えることは社会秩序を危うくするからだ。パレート独特の表現《ジャーゴン》によると、社会の均衡は非論理的な感情を必要とする、ということになる。[7]

ヨーゼフ・シュンペーターはその記念碑的著作『経済分析の歴史』で、パレートについて次のように述べている。

> パレートは強い情熱の持ち主だった。その情熱が、実際には政治的な問題について、さらには文明について、多面的な見方をすることを妨げた。パレートが受けた古典教育は、この気質を緩和することなく、むしろ強化した。古典教育は、パレートにとって古代世界をイタリアやフランスと同じくらい親しみ深いものにした。それ以外の世界は、パレートにとっては単に存在しているだけにすぎなかった。[8]

パレートの経済学に関する重要な二冊の著作（教科書）は、次の二つの貢献で今日でも経済学の専門家たちの記憶にとどまっている。すなわち、パレート改善（またはパレート最適）と、パレートの所得分布の「法則」である。パレート改善は、経済専門家が毎日のように用いている専門用語であり、経済学に欠かせないツールである。パレート改善は、ある種の変化が社会的に受け入れられるのは、各個人の効用が向上するか、あるいは以前と同じである場合に限られることを簡潔に示している。要するに、誰かが利益を上げても、誰も損をしてはならないということだ。しかし、こうした経済政策（または改革）はほとんど不可能である。なぜならほぼ常に誰かが損をするからだ。このようにパレート改善という要件は実現困難であり、実際には現状維持を求めるものである（1章冒頭参照）。

パレートの所得分布の「法則」は、経験的観察から生み出された。エンジニアになろうとしたことのあるパレートの数学的技量は相当なもので、次のような統計的規則性に気がついた。所得レベルの値をYとして、Y以上の所得を得ている人数をNとする。それから、所得レベルYの閾値を（たとえば）10パーセント増大させる。Y＋10パーセント以上の所得を得ている人は何人だろうか。明らかにNよりも少ないだろう。パレートは規則性、すなわち「法則」を発見したと考えた。閾値を10パーセント増大させると常に、人々の数は14—15パーセント減少する。それゆえ、パレート係数（いわば「ギロチン」定数。3の1参照）は1・4—1・5なのである。[9] パレートが利用したのは、19世紀末から20世紀初めにかけてのヨーロッパの十数カ国および諸都市の租税データであり、実際、パレート係数はこれらのサンプルを基にした相当に優れた研究成果である。

この発見はパレートをイデオロギー的に大いに慰めた。パレートは社会学の論文で、社会はエリート集団の循環によって特徴付けられると主張した。パレートはおそらく意図して間接的にマルクスに挑戦したのだろう。マルクスは『共産党宣言』で「これまで存在してきた社会の歴史はすべて階級闘争の歴史である」と述べたことで知られているが、パレートは「人間社会の歴史は……特権階級の継承の歴史である」と主張したのだ。[10] もちろん、マルクスとは違って、パレートはそうであり続けなければならないと考えた。パレートの考えによれば、当時の大きな政治問題だった社会主義者による「均一化」の試みは無駄で、実際には、わずかな官僚や労働指導者が資本家にとって代わるだけだ。彼らは新しいエリートだが、それでもやはりエリートであることに変わりはない。前の政体以上の平等があるわけではない。ここに至って、経験主義者のパレートは自らの正しさを確信したようだ。どの国や都市を選んでも所得分配は同じ様相を呈しており、ほぼ同じパーセンテージの人々が所得階層を上り詰めた者として「ギロチンにかけられる」ことになるのだ。こうして、所得分配の「鉄則」は明らかになったと、パレートは主張したのである。[11]

所得分配研究の第二の創始者、サイモン・クズネッツは、パレートとはまったく違ったタイプの人物だった。１９０１年にロシア帝国（今日のベラルーシ）に生まれ、１９２２年に共産主義ロシアから逃れて米国に移住した。米国北部のいくつかの大学で研究と教職に従事し、ハーヴァード大学でその後半生を送った。クズネッツが創設にかかわった全米経済研究所は、１９４０年代初期に景気循環の問題に深く関与した。クズネッツの研究は極めて実証的で、当時は証拠となる資料はごく限られていたが、それらを厳密に調べて、さまざまな形式でデータを整理し分析した。クズネッツは読める著作を著した稀有な経済学者である。その内容は興味深く、時の経過にもかかわらず洞察に富んでいる。しかしクズネッツもまた、悩ましいほど引用の難しい著者だ。文章構造は従属節だらけ、注釈や省略記号もいっぱいで、引用や安易な要約をほとんど不可能にしている。短くて切れ味の鋭い引用文を書きたかったら、該当するクズネッツの原文を三分の二に切り詰める必要があるだろう。パレートがはっきりした肯定文で、ときに意図的に挑発するように書くのに対して、クズネッツは極端に用心深い。パレートは限られた数値に基づいて法則を発見したと主張したが、クズネッツはあらゆる数字を懐疑的に扱った。一方は貴族的で学究的な異端者の地位を満喫したが、もう一方は典型的な大学教授だった。

１９５５年、サイモン・クズネッツは限られたデータを基に、所得分配の現代的理論を今日に至るまで牽引することになる学説を発表した。その仮説によると、発展の初期段階である農業主体の社会では不平等の程度は低い。なぜなら、大半の農民は最低生活水準か、それに近い状態で生活しているからだ。産業が発展して人々が都市に移住し始めると、不平等は拡大する。その理由は、非農業部門の生産性と所得は相対的に高いこと、そして都市自体が所得の格差の大きい場所だということである。都市には専門識の人数が多く、さまざまな技術が集積しているためだ。最後に、社会が発展すると、その増大した富によって、より広範な教育制度が出現し、以前は高等教育を受けた少数者に独占されていた教育プレミアムが縮小する。また増大した富によって、社会保障や失業手当が導入され、階級間での再分配がある程度可能になる。一言で言えばクズネッツが主張したのは、社会が発展するにつれて、社会の不平等は大きな逆U字カーブを示す、ということだった。社会は平等から不平等に向かい、その後に平等へと戻るのである。

このクズネッツの仮説は、パレートの所得分配の鉄則とは極めて異なるものだった。パレートの考えでは、発展しようがしまいが、社会主義だろうが資本主義だろうが、なんの変わりもない。さまざまなエリートが存在するだけで、分配の型は同じである。一方、クズネッツの考えでは、発展の段階の違いが、さまざまなレベルの不平等と関係していることになる。

二人のうち、どちらの理論が正しかったのだろうか。結果は、パレートは少し正しく、クズネッツはもう少し多く正しかったというところだろう。パレートの手法で有効であるとみなされたのは、高額所得層はパレートの「法則」にいくらか似た動きをするという点である。数値自体は常に1・4または1・5とは限らないが、所得の「ギロチン」は切れ味するどく仕事をするのである。しかし、これが当てはまるのは、所得を得ている人間の上位1パーセントか2パーセントという、最上位の所得層だけである。他の所得層にはパレートの法則はまったく当てはまらない。そしてもちろん不平等の有り様は国や社会制度によって異なり、時代によっても変化する。パレートが信じたような分配の不動性は存在しないのだ。

ではクズネッツの逆U型カーブはどうだろうか。これについては何百もの論文が書かれている。結論を言うと、支持しているもの、否定しているもの、ほぼ半々である。ある時点において、諸国のジニ係数と所得レベルをプロットすると、逆U字に似たかたちになるといえばなるが、そう見ようと一生懸命になってようやく見える程度だ。むしろ第一印象ではまとまりのない散漫な図表に見える。さらには漠然と見える逆U字は、ラテンアメリカ諸国に起因する見せかけのデータだという議論もある。すなわちラテンアメリカ諸国は中程度の所得レベルで、同時に極めて不平等であるが、これはクズネッツの理論に基づく現象ではなく、植民地としての負の遺産だというのである。だから、ラテンアメリカ諸国だけで、コブ型の印象が生まれてしまうのだ。しかしクズネッツ仮説は当初の定義通りに、個々の国を対象として長期的に研究されるべきであるとも言われている。ではこの場合にはクズネッツの予測通りになったのだろうか。クズネッツ仮説を長期的に検証できるような長期データは最近まで乏しかった。多くの国々のデータが揃うようになっても、証拠は混乱している。産業革命の間、西欧諸国と米国における不平等は、クズネッツが「そうであるべきだ」と考えた通りに作用した。不平等は著しく拡大して、英国では１８６０年頃、米国では１９２０年頃にピークに達した後、縮小し始めた[12]。ここまでは問題なかった。しかし、この25年間、我々は平等化の傾向が急反転するのを目の当たりにしている。それは米国や英国だけでなく、至るところで起きている。所得分配は中国、ロシア、インドにおいて、より不平等になりつつある。これら3カ国についてはまだ発展途上だという理由で説明がつくかもしれない。しかし、その説明は西欧諸国と米国には通用しない。西欧諸国と米国ではサッチャー・レーガン時代以来、逆U字カーブの下降部分が上昇部分に転じて、今や横になったS字カーブに見えるようになってしまった。

なぜ、不平等がこのように上昇、下降、また上昇と変化したのか、明快に説明できる理論はただのひとつもない。果たして次はまた下降するかどうかは、誰にもわからないだろう。それでもドストエフスキーが言ったとされている有名な言葉、「19世紀のロシア文学は、すべてゴーゴリの『外套』から出てきた」を借りて言うなら、「今日、不平等を研究する経済学者は、すべて55年前に書かれたクズネッツの論文から出てきた」ことだけはまぎれもない真実である。

第2章　不平等な国々——世界の国家間の不平等

世界の国々の不平等を話題にするときに私たちが言及するのは、平均所得の不平等や1人当りGDPの不平等である。[1] 過去においても、この種の不平等は常にあった。例えばローマ帝国は、ローマ帝国を滅ぼしたゴート族よりも1人当たりで比べれば豊かだった。もっとも、今日の諸国間の相違に比べれば小さな相違だ。これは仕方のないことだろう。なぜなら19世紀以前の世界の大部分の国々の生活水準は、かろうじて生存維持できる水準にあったからだ。しかし産業革命の結果、各国間の平均所得の差は大きくなった。産業革命はビッグバンのようなもので、一部の国々はより高い所得への道を進むことになったが、それ以外の国々は千年前と変わらぬ地点に停滞していた。諸国間の不平等が真剣に懸念され、それが重要な課題であることが認識されるようになったのは、そのときからだ。産業革命によって平均所得の格差が明白になった後、諸国間の不平等は概ね1950年代まで連続的に拡大した。二度の世界大戦などの非常時の間は、諸国間の不平等は拡大しなかったが（2の7参照）、これはむしろ例外だった。

国家間の所得の相違には二種類ある。不平等を算出するにあたって、各国を同等に扱う方法と、人口に比例して各国にウエイトを与える方法の二つである。かつては、いずれの計算方法を取ろうと結果は概ね同じだったが、ごく最近になってから様相は変わり始めている。過去約30年間に関しては、二種類の所得の相違を慎重に区別しなければならない。

先に進む前に、次の二つの点について注意したい。第一は国家の数が増えたことである。世界中の国家の数が増えた以上、どのような方法で所得格差を測定するにしても、全体的な不平等はより大きくなったように見えるだろう。もし巨大な国を小さな構成単位に分割すれば、豊かな傾向の構成単位と貧しい構成単位が明らかになり、総平均の中に潜んでいた所得の格差を発見できるかもしれないからだ。実のところ、これは大問題である。例えば現代と19世紀初頭を比較すると、現代よりも19世紀初頭の国家数は少なく、資料も乏しい。例えば20世紀の経済史研究の大家であるアンガス・マディソンが集計、作成した歴史統計（各国を時系列で比較する際の本書の重要な情報源）の中に1人当たりＧＤＰのデータが含まれている国の数は、完全データを備えたものとして最も古い１８２０年代の統計では約50カ国であるのに対し、21世紀の変わり目の統計では１６０カ国まで増えている。しかし、サンプルに中国、インド、そして豊かな諸国が含まれていれば、国の数は限られていても、世界中のほとんどの人間とその所得を比較できるのは間違いないだろう。１９６０年頃に世界の非植民地化が進み、国家の数が一気に増えて、それらの国々のＧＤＰデータを入手できるようになって以降、国家の数の変化に伴う問題は消滅した。なぜなら、たとえソヴィエト連邦のように国家が崩壊した場合でも、新たに独立した諸国（例えばウクライナ、ロシア）の1人当たりＧＤＰを利用すれば、それ以前の統計を調整することができるからだ。こうして対象の数はあまり変化しなくなり、各国の平均所得の格差を測定することができるようになった。

第二の問題は、各構成単位の1人当たりＧＤＰを国境と時代を越えて比較できるようにするためには、どのように表せばよいか、ということである。この条件が満たされない限り、例えば１８５０年の中国の1人当たりの所得を2000年のフランスの1人当たりの所得とどうやって比較すればいいのか、まったく見当がつかない。しかし、1960年代に始まった国際的な価格比較の複雑なプロジェクトのおかげで、こうした問題に対処できるようになった。開始当時は豊かな国々に限られたプロジェクトだったが、現在では全世界に対象を広げている。2005年に完了した最新の調査は史上最大規模の経済プロジェクトであり、各国の統計局の専門家たちが千を超える物品とサービスの地元価格を収集、記録している。各国の多数の物品を相互に整合させる複雑なシステムを用いて、ついに専門家たちは各国の物価レベルの算定を成し遂げた。そのプロセスの本質は、世界を旅する人々なら誰でも知っているものに値札を貼る作業だ。例えば、食品の価格や飲食店の料金は貧しい国では安い傾向にある。エジプトのアレクサンドリアで上等な食事をしても、同等の食事をヴァージニア州のアレクサンドリアで食べる場合の3分の1以下の値段で済むといった具合だ。他にも多くのものが、タクシー料金からクリーニング代、マニキュア、ヘアカットに至るまで、貧しい国の方が安い。一方、ノルウェーや日本のような国に行くと、物価はひどく高く思える。

これは基本的に各国の物価水準全体を数値化するプロセスだ。米国の物価水準を基準として、他の国々の物価水準を米国と対比して測定するのである。近年行われた測定によれば、米国の物価水準に対して中国の物価水準は42パーセント、インド33パーセント、ブラジル58パーセント、ノルウェー137パーセントなどとなっている。つまり大ざっぱに言うと、米国で1ドルの値段のものは、中国では42セント、インドでは33セント、ノルウェーでは1ドル37セントであるということだ。明らかに物価水準はその国の平均所得に応じて上昇する。もっともいくつかの例外はあり、たとえば島国では交通費が高いので、同じ所得レベルの他国に比べると物価水準は概して高めになる。日本の1人当たりの所得は米国よりも低いが、物価水準は米国よりも高い。

この国際的な比較プロセスを用いれば、例えば中国の1人当たりGDPを、他の国や年度のGDPと比較できるような単位へと換算することができる。こうして空間的比較（国家間で比較すること）も、時間的比較（同一の国または異なる2国を対象に、歴史上の異なる時点で比較すること）も可能になったのである。

ここで中国と米国を例に取り上げよう。中国の物価水準が米国の物価水準の42パーセントだとして、中国と米国の国民の効用を比較してみる。まず認識すべきは、中国で100ドルを持っている人間は、米国で100ドルを持っている人間の2倍以上の購買力を有していることだ。したがって、中国で生み出されて消費される財とサービスの価値を米国における価値と比較する際には、中国の所得を2・5倍にしなければならなくなる（100／42）。同様に、中国でヘアカットするたびに、湖南省のカフェテリアで食事をするたびに、実際の価格ではなくて国際価格をつける。こうすれば中国でヘアカットをした場合と、米国で似たようなヘアカットをした場合は、価値は同じになる。最終的には、中国と米国の1人当たりGDPは、元やドルで表されるのではなく、購買力平価（PPP）ドルという、中国でも米国でも原則として同じ購買力を有する想像上の通貨で表されるのである。当然同様の計算は、この国際比較プロジェクトに参加している各国でも行われている。仮想的な通貨である購買力平価ドルで、インドでも、フランスでも、アルゼンチンでも、ザンビアでも、同じ量の同じ商品を購入することができるのである。

本書ではこの購買力平価ドルを大いに用いることにする。これが各国の真の所得を比較することのできる唯一の手段だからだ。特定の年度の1人当たりGDPを購買力平価ドル換算で確定できたら、各国のGDP成長率を購買力平価ドル換算の1人当たりGDPに換算することができる。このやり方で、次に必要となる時間的比較が可能になる。

ここでそのやり方を示す、ちょっとした例を挙げよう。2005年の国際比較の実際の数値の近似をとって、米国の1人当たりの実質所得は4万購買力平価ドル〔以下、ドルと表記〕、中国は4000ドルだったとしよう。2004年の1人当たりGDPの水準を知るために、米国と中国の2005年の1人当たり成長率、それぞれ2パーセントと8パーセントを用いる。つまり、米国の4万ドルを1・02で割った結果の3万9216ドル、中国は4000ドルを1・08で割った結果の3704ドルが、両国の2004年における1人当たりGDPである。同様の計算を、時間を遡ってすべての年度で実施することができる。つまり以前の成長率がわかれば、さらに過去に遡って比較することが可能なのだ。この手段によって、最終的に最初の疑問への答えを出すことができる。すなわち、1850年の中国の所得と2000年のフランスの所得を比べるにはどうすればいいのか。つまり必要なデータがそろっている場合に、2カ国以上の国々を任意の時点で比較するにはどうすればいいか、という疑問への答えだ。

各国の所得を比較する方法がわかったところで、実例を挙げての計算に戻ろう。データ的に最も古い19世紀初頭から現在に至るまで、各国の1人当たりGDPの格差がどのようなものであったかを示したい。例えば1820年頃、英国とオランダは世界で最も裕福な国だったが、当時最も人口が多くて最も貧しかったインドや中国の3倍ほど豊かなだけだった。ところが今日、最も豊かな国と最も貧しい国を比較すると、100対1ほどの比率になる。もはや世界でもっとも豊かな国ではない英国と、過去30年間に素晴らしい経済成長を遂げている中国を比べてみても6対1、つまり2世紀前の2倍にまで差が開いている。

これ以外にもさまざまな比較と測定を行うことができるが、やはり同様の結果が出るだろう。国家間の所得の格差は、以前に比べて著しく大きくなっている。そんなわけで、ビッグバンの比喩を用いたくなるのだ。当初、各国の所得はおしなべて一塊りになっていたが、産業革命とともに格差が爆発的に拡大して、各国は互いに離れて飛び去ったのだ。これが、いわゆる「所得の分岐」だ。

１９７０年代後半から１９８０年代前半以降、諸国間の所得の格差には二つの傾向があり、これらは区別しなければならない。各国の所得が以前と同様だったなら、以前と同じようなプロセスが続いていただろう。しかし、裕福な国々の１人当たりＧＤＰが目覚ましく成長するにつれて、所得の分岐も加速した。その一方で、中間所得層であるラテンアメリカと東欧の国々は停滞し（ラテンアメリカでは「失われた10年」と呼ばれている）、あるいはさらに悪いことに、東欧と旧ソ連諸国で共産主義が終焉する際に経済崩壊が起きた。また今さら驚くまでもないが、最も貧しい大陸アフリカは、所得がさらに減少するという悲惨な時代を迎えていた。コンゴ、エチオピア、スーダンなどの国々では、生存維持水準に近づきつつあった。20世紀の最後の20年間、これらの国々がさらに貧しくなり、国家としての機能がさらに悪化したという変化は、世界的な所得の分岐が続いていることを物語っている。

しかし、国家間の所得の格差を人口の観点から注視すると、状況は大きく変わってくる。この場合、人口の大きな国は小さな国よりも重要である。特に世界で最も人口が多くて貧しい2つの国は、数十の小さな国々以上に重要だ。その2つの国、中国とインドは、いずれも驚異的な成長率を記録した。非常に貧しい状態から出発した中国とインドの高成長は、世界の平等化を推し進めた。中国とインドの多くの国民が、欧米人が享受している所得レベルに近づいた。これは極めて重要な発展だ。さらに近年、インドの成長が加速していることにより、世界は今や中国とインドという2つの強力なエンジンを持つに至った。そのおかげで人口調整済みの国家間の不平等も軽減した。

国家間の不平等を取り上げたエピソードを読むにあたって、念頭に置くべき重要なポイントがいくつかある。まず今日の不平等は、19世紀および20世紀の大半の状況よりも、はるかに拡大している（2の1参照）。またこの世界は極めて不平等な場所であり、とてつもなく大きな個人間の不平等が国籍で説明できてしまう。それはまさに、各国の平均所得が大きく異なっているからである（2の2および2の3参照）。また過去30年以上にわたって、矛盾する二つの発展が生じている。まず第一に、人口規模に関係なく国家間の不平等が拡大し続けている。この巨大な所得の格差が、貧しい国から豊かな国に移住したいという人々の欲望を煽って、移民を押し進める推進力となっている（2の4および2の6）。第二に、非常に勇気づけられることに、インドと中国がその能力を発揮して、豊かな世界との間のギャップを埋め始めている。インドと中国は人口が多いので、両国の経済的成功は世界の平等にとって大いに意味がある。

しかし、中国とインドの成功は疑いないにしても、これを過度に評価することなく、冷静にデータを分析すべきだろう。過去に例のない成功ではあるが、両国と豊かな国々とのギャップはいまだに大きく、ある面ではギャップは拡大さえしている。まず最初に肯定的な面に注目しよう。中国が経済発展を目指す空前絶後の旅に乗り出したのは30年前のことだ。これほど多くの人々の所得がこれほど長期にわたって上昇することは、世界史上一度もなかった。何が達成されたのか理解するために、以下の数字を検討してみよう。人間の効用の増加を測る方法として、新たに「ユーティル〔「効用」の略語〕」という単位を設定して、これを「1億人の実質所得が2倍になる」ことだと定義する。これは極めて高いハードルだ。米国が1ユーティルを獲得するためには、人口の3分の1の所得を倍増させなければならない。一方、中国は過去30年間にわたって、何ユーティルを達成してきたのだろうか。平均人口10億人以上、1人当たり

GDPは12倍になったので、中国は38ユーティルを達成したことになる。米国では1950年以来、1人当たりの実質GDPは3倍になり、平均人口は2億2000万人なので、4ユーティル足らずしか達成していない。日本の場合は、1945年から今日までの間に18ユーティルである。このように人類の効用向上の観点から見ると、中国の成功はまさに「場外ホームラン」、米国のほぼ10倍という見事さだ。以上が肯定的な面だ。

では、今度は絶対所得レベルの面から見てみよう。2007年、インドの1人当たりGDPは2600ドル、中国は5050ドル、米国は4万3200ドルだった。この絶対所得の差は巨大である。インドと中国は急速に成長したものの、欧米の中間層の絶対所得に匹敵する所得を得ている人々はほんの数パーセントにすぎない（2の2参照）。この絶対的な格差を一見しただけで、「グローバル中間層」について語る気など失せてしまう（3の2参照）。

こうした分岐が原因となって、驚くべき事態が生じている。米国の1人当たりGDPが1パーセント成長した場合、米国との絶対所得の差が広がるのを防ぐためには、インドは17パーセント成長する必要があるが、これはほとんど不可能な成長率だ。そして中国は8・6パーセント成長する必要がある。諺にもあるように、同じ場所にとどまるためだけに、とてつもなく速く走らなければならないのである。したがって中国とインドの目覚ましい成功にもかかわらず、裕福な国々と貧しい国々の絶対所得の差が広がっているのも当然だ。1980年の1人当たりの所得は、米国が2万5500ドル、中国は525ドルだった。つまり、1人当たりの絶対所得の差は2万5000ドルだったのだ。しかし今日、その差は3万7000ドルとなっている。実質所得の絶対的な差は生産性の差を反映したものだから、生産性における米国と中国の絶対的な差も、中国の大成功にもかかわらず、著しく拡大しているのである。[2] 当然ながら同様に、絶対的な効用の格差が平均的米国人と平均的中国人の間には存在している。したがって、中国が自らをいまだ貧しい国と位置づけることには政治的理由があるにしても、納得できる部分もまた大いにあるのだ。

このように各国間の所得の分岐は、移民、世界的な不平等、文化的多様性の運命などの問題にも大いにかかわっている。これらについては2の1と2の2で取り上げる。しかし、それはまた、本書の残りの部分とは直接は関係しないもうひとつの理由のために、重要である。つまり、何が国家を豊かにするかについての経済学者の考え方が変化してきた、ということである。

新古典派と呼ばれるかつての経済理論によれば、グローバリゼーションで世界各国の所得は収束しなければならない。たとえ大量の人的移動は伴わずに、現在のグローバリゼーション2・0のように資本や財、技術だけが対象であっても同じことである。なぜならグローバリゼーションの下では、貧しい国々は豊かな国々よりも急速に発展することになっているからだ。その第一の理由は、豊かな世界からの対外直接投資の主な受け手は貧しい国々であるはずだからだ。低い賃金と投資に対する高い収益に魅せられて、豊かな国々の資本家たちは貧しい国々に投資するだろう。そうなれば貧しい国々の成長率は上昇するに違いない。第二の理由としては、豊かな国々で成熟した技術を貧しい国々は比較的低いコストで取り入れて、必要とあれば模倣し、技術的に追いついていくプロセスを開始することができるからだ。対照的に、豊かな国々は技術的な障壁を新たに突破しなければ成長することはできない。すでにあるものを模倣するのは簡単だが、新たに発明することはより難しい。だから貧しい国々の成長率は、豊かな国々の成長率よりも高いのである。次いで第三の理由は、貧しい国々が比較的に得意とする物品の生産に特化することで、成長率を加速させることができるからだ。この論理に基づけば、競争力のない価格の物品を大量生産する工場を建設して資源を浪費するよりも、得意分野に集中して、他はどこからでも輸入すればいい、ということになる。このように、より開かれた貿易環境は、貧しい国々が真に有益な生産に特化するのに役立つだろう。そして第四の理由としては、知恵の循環にはお金がかからないので、豊かな国々の組織や政策を――それらは、豊かな国々が富の創造に優れていることの証である――貧しい国々は「借りる」ことができる。以上、四つの理由を無理なく実現するためには、グローバリゼーションは欠かせない。

以上がグローバリゼーションの下で期待されていた事象である。ところが実際にはそうはならなかった。逆にすでに指摘したように、近年のグローバリゼーションの下で各国の所得は分岐しており、この事実は経済学者たちを困惑させている。事実に反する経済学的主張を検証するのは簡単だ。資本は豊かな国々から貧しい国々に流れたのではなく、豊かな国から豊かな国へと流れたのだ。２００７年、米国に対する外国からの新規の直接投資は２４００億ドルを越えたが、中国に対する外国からの新規の直接投資は（メディアの関心を総ざらいしたにもかかわらず）１３８０億ドルだった。中国に対する直接投資は、オランダに対する投資とほぼ同額であり、フランスや英国に対する投資よりも少ない。しかも中国は貧しい国の中の例外である。他の貧しい国々に対する投資は、はるかに少ない。インドに対する投資を例に取ってみよう。外国からインドに対する投資が最も多かった２００７年、その額は２３０億ドルだった。これはオーストリアに対する直接投資の半分である。この例外的な２００７年以前、インドが獲得した投資は年間46億ドル程度で、これは米国に対する1週間の投資額と同程度だ。外国からの直接投資額を1人当たり平均で見ると、貧しい国々が最も発展した２０００年から２００７年の期間で、アフリカでは20ドル、インドでは6ドル、中国では45ドル、そして豊かな国々では８００ドルだった。(3)

2000—07年の間の対外直接投資の総額約9兆ドルのうち、4分の3を超える額が豊かな国々に流れた(4)。これは期待されていた事象とは正反対の出来事だ。資本が豊かな国々の間で流動するだけでなく、最近では貧しい国々から豊かな国々へと上向きに流れる傾向にある。それというのも、貧しい国々の裕福な人々が自分のお金と生命を心配して外国に投資しているからなのだが、こうした現象は「ルーカス・パラドックス」と呼ばれている(5)。

このルーカス・パラドックスは、現在のグローバリゼーションに特有の現象である。現在のグローバリゼーションとはまったく異なっていたのが、1870年から1914年にかけて英国が主導したグローバリゼーション1・0だ。この間、世界経済は理論通りに動いていた。実際、資本は豊かな国々から貧しい国々へと流れていた。第一次世界大戦直前の1910年から1913年の期間、対外直接投資の総額の3分の2は第三世界の国々に流入していた(6)。ところが現在見られるのは、まったく異なる様相である。20世紀末には、国境を越えて蓄えられている資本の総量のたった5パーセントしか、所得レベルが米国の5分の1以下の国々、つまり貧しい国々に投資されない状況となったのだ——1913年には25パーセントだったのに(7)。

技術移転も難題である。成長に関する初期の経済理論では、技術とは誰もが利用できて利益を得ることができるものだった。つまり誰かが利用することで、別の誰かが利用できる分量が減ることはないと考えられていた。例えばテレビを見ることやソフトウェアを使うことが、他の人が同じことをする妨げにはならないのと同じだとみなされていた。貧しい国々はその気になりさえすれば、最新技術を容易に、しかもタダで獲得できるというわけだ。しかし経済成長に対する新しい見方からすれば、技術は「排除可能」でありうる。つまり、技術の利用に際して支払いを求めることができ、支払わなければ利用から

「排除」することができる。技術はタダではないのだ。マイクロソフトと製薬会社は、ソフトウェアと製薬のライセンスをめぐって貧しい国々に料金を請求している——ソフトウェアや薬を製造するための限界費用は微々たるものなのだが(8)。

そうなると、もはや、グローバリゼーションの下では貧しい国々は豊かな国々に比べて優位に立つだろうとは主張できなくなる。それどころか、豊かな国々はあらゆる切り札をがっちりと握っていることになる。だからこそ知的財産権の問題は今日これほどまでに重要なのである。豊かな国々は自国の発明から確実に金銭を得ることを望んでいる。しかし貧しい国々にとっては、それは自国の成長に対する障害である。この皮肉を理解するために注目したいのが、ディズニープロダクションはＤＶＤの著作権侵害からの保護を声高に求めているが、ディズニーが大成功を収めた映画のいくつかは、ディズニーが不服を申し立てている国々で生れた物語を原作としている、という事実だ。千夜一夜物語の著作権はとうの昔に消滅している（というか、そもそも存在していない）が、ディズニーの権利はぴんぴんと生きているのだ。

このように、資本の流れと技術へのアクセスの点から見て、経済学者たちが当初考えたほどには、グローバリゼーション２・０は貧しい国々にとって有利ではない。所得の分岐が何を意味しているのかが次第に明らかになりつつある。

経済学者たちは所得の分岐を説明するために、追加的な要素を導入した。高い技能を持つ人材と複雑で高度な資本は、豊かな国々には豊富に存在する。経済学者たちの主張によれば、おそらくこの人材と資本の組み合わせによって、資本と労働力が増加した割合以上にアウトプットが増大したのだろう(9)。こうした現象によって、豊かな国々は貧しい国々以上に利益を得る。豊かな国々はいわゆる「規模に関する収穫逓増」（2人の労働者＋2台のコンピュータの組み合わせは、1人の労働者＋1台のコンピュータの組み合わせの2倍以上の生産性である）を経験しているのに対し、貧しい国々は技術的に低い段階にあるので、通常の「規模に関する収穫不変」（2人の労働者＋2台の織機の組み合わせは、1人の労働者＋1台の織機の組み合わせのちょうど2倍の生産性である）しか経験できないのである。

新しい技術と新しい知識を生み出すことへの関心も高まっている。新技術の出現を経済の埒外に置いて、技術発展を「ニュートンの法則」化し、あたかも昼寝していた天才の上にリンゴが落ちてきたかのように扱うのではなく、経済学者たちは今や技術を、特定の組織や文化の土台の上に苦労して造り上げられたものとみなしている。このように技術とは特定の経済制度に「内生する」ものであって、経済の枠組みの外に放置された偶然の産物などではない。この新しい考え方をあてはめれば、豊かな国は新技術の研究開発に貢献する制度を育成することで、これからもとてつもなく大量の発明を生み出していくだろうということになる。こうした発明とイノベーションは経済成長を刺激するための鍵であると同時に、豊かな国々と貧しい国々の間での所得の分岐という現実を解明する、もうひとつの鍵でもある。

過去30年間にわたる所得の分岐という事実は、以下のことを明らかにした。（1）経済成長、資本の流れ、技術へのアクセスを実証的に検証すると、経済学者がグローバリゼーション2・0以前に予想した事態とは正反対であることがわかる。（2）成長に関する経済理論は見直されて、技術移転についての見方が変化した。新しい見方によると、技術的発展は内生的、つまり、ある特定の制度と文化によって生み出されるものであり、「規模に関する収穫逓増」により重要な役割を与えている。グローバリゼーション2・0の不愉快な事実を受けて経済理論は見直され、事実と適合するように修正されようとしている。もっとも、うまくいくかどうかはわからないが。

2の1　なぜ、マルクスは道を間違えたのか

『共産党宣言』から『資本論』まで、マルクスがその著作でたびたび取り上げたテーマのひとつが、社会が労働者と資本家に分かれる分極化の問題だった。当時の慣例として、労働者は生存ラインぎりぎりか、それに近い生活をしており、その一方で資産所有者はその財産を次第に殖やして貯め込むものだとされていた。マルクスによると、この絶えず増大する分極化が必然的にプロレタリア革命をもたらすのだった。

これは、当時の実情をまったく見誤った描写だとまでは言えない。資本主義社会の原型であり、マルクスがその結論を導き出す論拠とした英国では、18世紀全般と19世紀前半を通じて不平等が常に増大し続けた。[1] オランダやドイツなど他の資本主義先進国も、同様に不平等の増大を経験していた。[2] さらに不平等は明らかに分極化していった。すなわち一方は多数の貧しい労働者、もう一方は少数で豊かな資本家である。

ここで論点をa、b、cに分けて整理しよう。a「先進資本主義国内における大きな不平等と、その他の地域内（インド、中国、ロシア、ラテンアメリカなど）における同様に大きな不平等」と、b「国家間の1人当たりGDPの差が比較的に小さいこと」（例えば、1820年当時、世界で最も裕福だったオランダは、最も貧しい国のひとつであった中国の3倍程度だった[3]）を結びつけて考えることで、c「各国内の所得格差に大きく左右されている、世界的不平等の実像」を知ることができるのである。国内格差を「階級」格差とみなし（aのこと）、平均所得の国家間格差を「場所」格差と見なすならば（bのこと）、19世紀の

世界の不平等を説明する際に重要となるのは、「場所」よりも「階級」だろう。ここまではマルクス主義の考え方にぴったりと合う。各国の国内における階級格差は拡大し、その一方で、平均的な生活水準の点では各国間の格差は小さいという状況下では、国内的にも世界的にも革命の種がまかれることになる。

しかし運命の皮肉ないたずらで、ちょうど『資本論』の第1巻（マルクスの存命中に出版された唯一の巻）が出版された頃、事態は変化し始めた。グレゴリー・クラークが作成した英国の実質賃金に関する新資料によると、実質賃金が永続的な上昇を始めたのは１８６７年から１８７０年頃であり、ときに多少の下落はあったものの、この実質賃金の上昇は現在も続いている。[4] さらに、西欧、北米、オセアニアなどの豊かな国々と、その他のアフリカ、アジア、ラテンアメリカなどの国々との間の所得格差が爆発的に拡大したのは、19世紀末から20世紀前半にかけてだった。これは、今日でいう「第三世界」の誕生を見た時代だ。

このように数十年前までは妥当だったマルクス主義的世界像は、１９００年頃にはすっかり変化してしまった。世界はもはや、あらゆる場所で等しく貧しい労働者と、あらゆる場所で等しく裕福な資本家とに分かれているのではなかった。発展した資本主義国の労働者はより豊かになり始めていた。豊かな国々の労働者と、同じ労働者ながらあまり恵まれていないロシアの農民《ムジーク》やインドの苦力《クーリー》といった人々との格差が開き始めた。世界中のプロレタリアの間に存在しているはずだった連帯、「万国のプロレタリアートよ、団結せよ！」という有名な言葉としてインターナショナルの旗印となっていた連帯はほころび始め、ついには消滅してしまった。

19世紀後半、マルクスの共同執筆者フリードリッヒ・エンゲルスの死（１８９５年）が近づくにつれて、

「労働貴族」という概念がますます頻繁に登場するようになった。エンゲルス自身も、この概念にたびたび言及している。[5] マルクスは『共産党宣言』で「プロレタリアは束縛の鎖以外に失うものはない」と述べたが、先進資本主義国の労働者たちは、自分たちには鎖以外にも失うものがあることを認識していた。トロツキーはドイツ社会民主党を非難するとき——ドイツ社会民主党といえば、1914年時点で最も強力な左派政党であり、マルクスの教義を信奉する点では折り紙つきだったのだが——軽蔑を込めて、「ドイツの連中は労働者革命を主導しないだろう。なぜなら連中はきれいに敷きつめたドイツの芝生を台無しにしたくないからだ」と述べた。[6]

左翼の立場から見ると、世界は最初ゆっくりと、次いで急速に変化した。世界革命をもたらす階級であるプロレタリアートは、もはやすべての国に存在するのではなかった。欧米の比較的豊かな労働者と、豊かな国のブルジョワジーによって植民地化された国で奴隷のように働いている労働者との間で、利害の一致を見出すことはますます難しくなっていった。ブルジョワジーは植民地からの戦利品を自国の労働者階級と分け合っていたから、なおのこと労働者同士は疎遠になった。革命を語る方法が変化したことを、最終的に最もはっきりと示したのが、第三世界こそが新しいプロレタリアートだという毛沢東の主張だった。そして倒されるべき階級とは豊かな国々の人間たち、第一世界の労働者たちと資本家たちがいっしょくたになったグループなのだ。プロレタリアートの世界的友愛関係という理念も、「永久革命」の理念も、ともに放棄されたのである。[7]

このように、マルクスが思い描いた世界は約150年で逆さまになってしまった。その原因は、世界の根底にある所得分布が変化してしまったことだ。1870年頃は、世界の市民間の不平等は今日よりも小さかった（次頁の図2参照）。しかし最も注目すべきは、不平等の総体的な大きさではなく、不平等

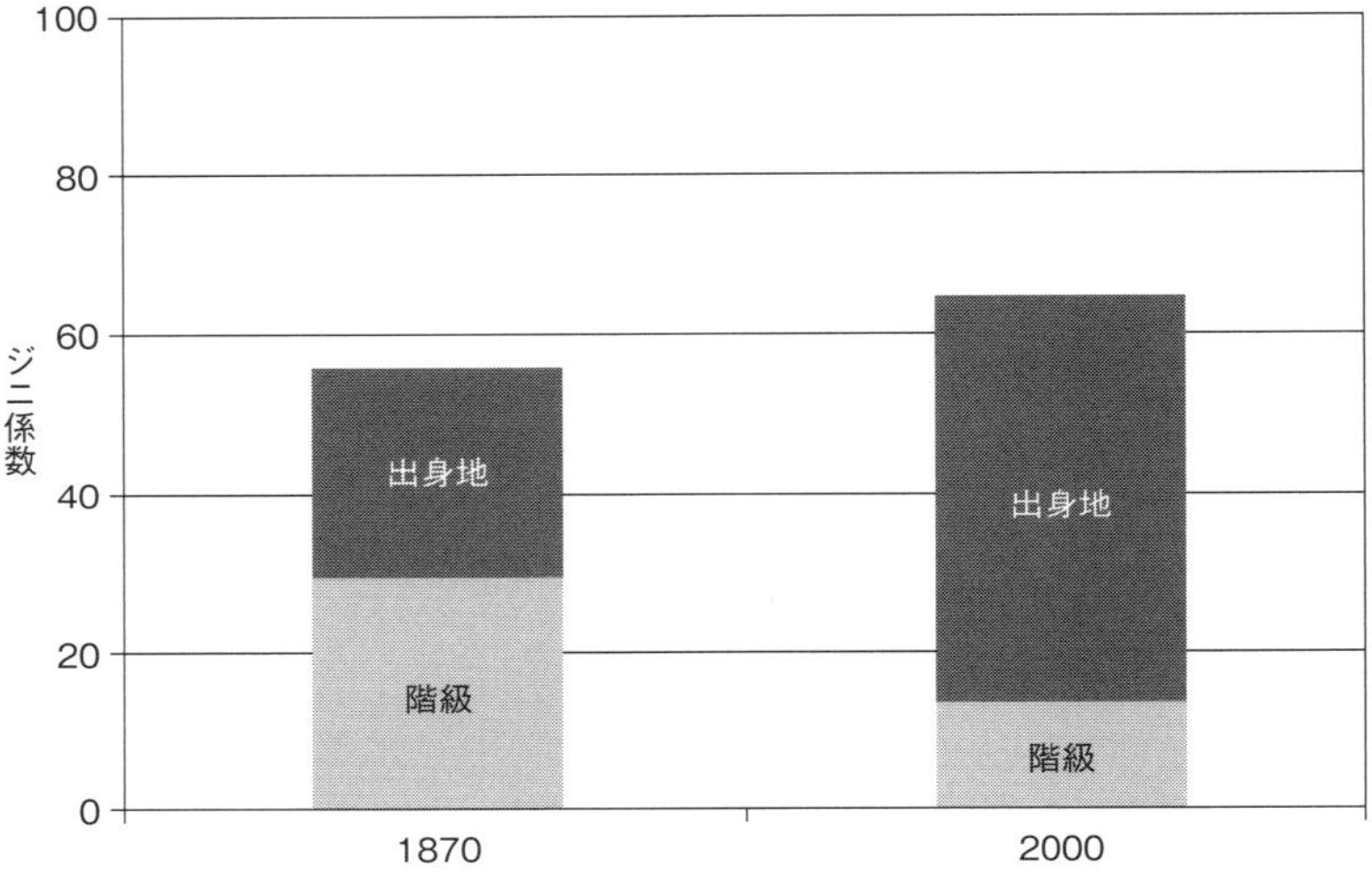

図２　1870年と2000年における、グローバルな不平等の水準と構成（ジニ係数の寄与度分解）

注：縦軸方向の高さは、グローバルな不平等の水準を示している。

出典：François Bourguignon and Christian Morrisson, "The Size Distribution of Income Among World Citizens, 1820-1990," *American Economic Review* (September 2002): 727-744; Branko Milanovic, *Worlds Apart: Measuring International and Global Inequality* (Princeton: Princeton University Press, 2005), fig. 11.3.

の構造が変化したことだ。主に階級によって左右されていた状況が変化して、世界的な不平等のほぼすべて（約80パーセント）は、場所によって左右されるようになった。今日、世界レベルで言うと、運良く豊かな国に生まれることのほうが、豊かな国の所得層の上中下どのレベルに属しているかよりもずっと重要なのである。

　マルクスの信奉者たちが抱いた、搾取されている階級同士の連帯というマルクス理論の核心的ヴィジョンは、国家間の所得の分岐によってとどめを刺された。しかし世界の貧しい国々が連帯することは、おそらく可能だったのではないだろうか。確かに１９６０年代の非植民地化の後、毛沢東が中国を支配していた間に非同盟運動が高まりを見せ、１９７０年代には新国際経済秩序が追求されたが、そうした時代には連帯も可能に思えただろう。しかし過去25年間のいくつかの重要な発展によって、連帯は徐々に蝕まれた。すなわち中国とインドの驚異的な成長率と、台湾、韓国、マレーシア、チリなどのかつての第三世界諸国の着実な「ブルジョワ化」である。今日、韓国とチリは——そして、ますますもって中国とインドも——アンゴラやカンボジアとよりも、フランスや米国とのほうが共通点が多い。さらに、第三世界の「連帯」は目立ってナショナリズムの色彩を帯びるようになった。それはちょうど、日本が第二次世界大戦中にアジアの不幸な隣人たちに押し付けた「共栄圏」思想に似ている。しかしナショナリズムには互いを相殺する傾向がある。いくつものナショナリズムの上に真の連帯を築くことはできない。結論として、今日では世界階級も国家横断的な連帯も不可能だろう。問題の根底にある、人々の物質的状況があまりにも異なっているからだ。友と敵を二元的枠組みで定義することはできない。とりわけ所得だけに基づいた二元的枠組みでは無理である(8)。

現在、世界的な不平等の大部分の原因は、各国間の平均所得の格差にあるということ、すなわち「場所」が原因であるという事実の影響は重大である。次の２の２で、今日の不平等について詳しく検討した後に、その重大な二つの影響について考えたい。「場所」という原因は、我々の勤労と向上の意欲に対してどんな意味をもつのだろうか。そして何が移民に影響を与えているのか。

２の２　今日の世界はいかに不平等か

我々は世界の国々を——つまりはその国民を——平均で考えることに慣れている。ほとんど毎日のように、どこそこの国の１人当たりのＧＤＰの値はどうこうだと話題にしている。そうすることに慣れ切っているので、GDPの意味をほとんど忘れてしまっているのだ。そもそも1人当たりGDPとは平均を算出するための尺度である。すなわち、ある国（もしくは地域）で生産されたすべての財とサービスの価値を合計して、そこに住む人々の数で割った値である。その値は誰かの実際の所得ではなく、単なる算術平均にすぎない。

所得の観点から見た世界の実像を把握するためには、国別平均（たとえば1人当たりGDP）を、その国に住む人々が実際に得ている所得に具体化して把握する必要がある。よく用いられる「1人当たり」の見方ではなく、この「真」の世界像を見ると、これから本書で述べるように、安心すると同時に、心配にもなる。なぜほっとするかというと、貧しい国に住んでいても豊かな国に住む人々よりも裕福な人はいるからである（もちろん、そうした裕福な人の存在は、平均値を見るだけでは見逃してしまう）。その一方で心配になる理由とは、実際には多くの場合、豊かな国の人々は貧しい国の人々よりも全体的に裕福であるということだ。

このように、全世界的な分布を適切に知るためには、国内分布と国際分布の両側面を組み合わせなければならない。そのことを示しているのが次頁の図3である。この図の作り方を説明しよう。まず米国に注目してもらいたい。米国は豊かな世界の代表である（同じように豊かなら、他の国でもいいだろう）。米国の全人口を1人当たりの世帯所得によって、最も貧しい層から最も富裕な層まで20グループに分けて、各グループを「ベンティル」と呼ぶことにする（そう、スターバックスで使っている「ベンティ」というドリンクサイズを指す言葉を基にした造語である）。つまり、全部で20グループあるという意味だ。各ベンティルには、米国の全人口の5パーセントが含まれることになる。世界各国も同様に分類する。個々のベンティル内の平均所得をその国の通貨で算出する。その平均所得を購買力平価（PPP）ドルに換算

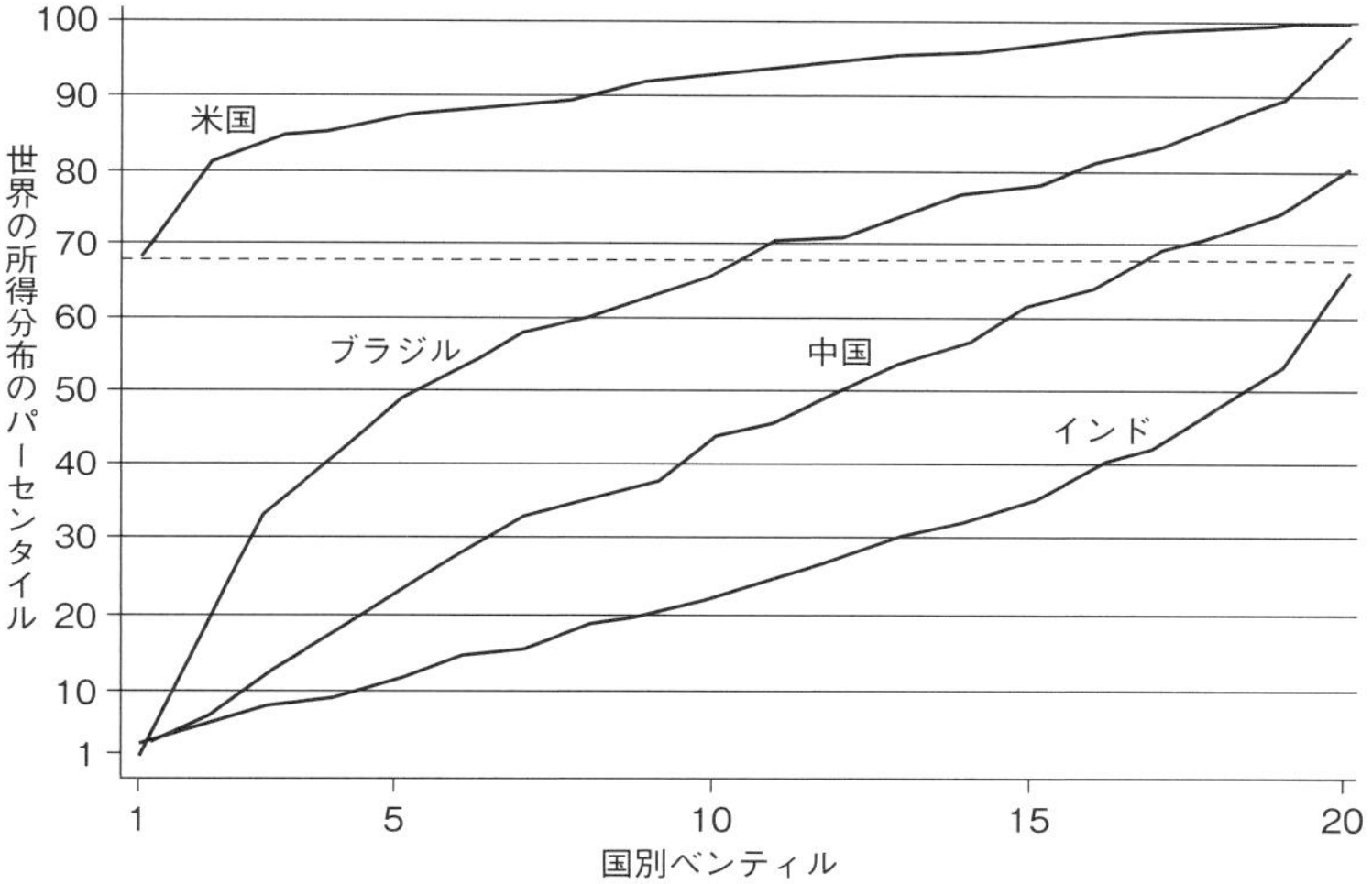

図3　国別および所得レベル別に見た、世界の不均衡

注：この図表が示すとおり、米国で最も貧しい層5%（水平軸上の国別ベンティル1）は、世界の所得分布の中の68パーセンタイルに位置している（水平の破線が68のレベルにあることに注目）。その他の国々の数値も同様に解釈されたい。

する。購買力平価ドルを使用すれば、原則として米国だろうとインドだろうと、世界中のどこでも同じ財やサービスを購入できる。これにより世界各国の所得を比較することができる。

国内のベンティルの所得分布を作成して、購買力平価ドルに基づく所得を算出すれば、世界的な所得分布の中で各ベンティルはどの位置にあるかがわかる。さて話を米国に戻そう。米国は豊かな国なので、その人口の大半は世界の所得分布の上位に位置している。米国の最も貧しいベンティルは、図の中で下から68パーセンタイルに位置している（Y軸68の水平線に注目）。つまり最も貧しい米国人でも、全世界の3分の2の人々よりは裕福だということである。それ以外の（より裕福な）米国のベンティルに属している人々は無論さらに裕福であり、最も裕福な米国人は世界最高水準のパーセンタイルに属している。他の国々も同様のやり方で解釈できる。

ここで注目すべきは、米国は総じて豊かな国（だからこそ米国のベンティル群は上位に位置している）というだけではなく、図3の他の国々と比較して極端に不平等な国ではない、ということだ。米国で最も裕福なベンティルと最も貧しいベンティルとの差は、全世界を対象に見ると32パーセンタイルである（つまり100−68）。一方、中国の場合はベンティルの分布はもっと広範囲で、3から85パーセンタイルまでを占めている。ブラジルは、その不平等な所得分布ゆえに、世界の最貧層から最富裕層まで全範囲にわたっている。このブラジルの所得分布は世界の縮図と見なすことができるだろう。なぜなら、全世界を一国と見なした所得分布は1パーセンタイルから100パーセンタイルまで、45度の直線で上昇するはずだからだ。ブラジル一国内に世界の最貧層から最富裕層までが存在しているのである。これで、国別平均を指標とすることが、いかに誤解を招きやすいかがわかるだろう。ブラジルの人口の約半分は、米国の最も貧しいベンティルよりも裕福なのだ。

ブラジルとは対照的に、インドはかなり貧しい国である。インドの最も貧しいベンティルは、世界で下から4パーセンタイルに属し、最も裕福なベンティルでも68パーセンタイルである。この68という数値が意味するのは、インドの中で最も裕福な人々（5000万人以上にのぼる、明らかに大きなグループである）の1人当たりの所得は、グループとして見れば、米国の最貧層の人々と同じだということだ。この事実は衝撃的であり、憂慮すべきである。最も富裕な層の所得が豊かな国の最貧層の所得にも達しない国が、世界には数多く存在しているのだ。確かに国内分布をもっと小さい単位で——1ベンティルを5パーセントではなく1パーセントで分割したならば、若干の重なりは生じるだろう。しかし重なったとしてもわずかなものだ。例えばインドと米国の場合、インドの国民で米国の最貧層よりも高い所得を得ているのは、人口のわずか約３パーセントにすぎない。

同様の例は、いくつも挙げることができるだろう。インドと米国の代わりに、カメルーンとドイツ（ドイツの最貧層よりも高い所得を得ているカメルーン国民は人口の５パーセント）、コートジボワールとフランス（同じく12パーセント）、ジンバブエと英国（８パーセント）、コンゴとベルギー（５パーセント）を比較することもできる。しかし多くの場合、そうした重なりはごくわずかだ。所得の多寡を決定するという意味において、国籍が人間の運命を左右することになる。その経済的な意味合いは非常に大きい（このことについては後で論じる）。しかしここでは、豊かな国と貧しい国の国民が重なり合う部分はごく小さい、という状況が示す意味について考えてみたい。例えば、米国が援助すべきはブラジルのような国か、それともインドのような国かを決めなければならず、しかもその援助がどう使われるか、誰が受け取るかもわからない、と仮定しよう。インドへの援助に賛成する意見の論拠は、インドの平均的所得がブラジルよりも低いという事実だけではないはずだ。それより重要な論拠は、そうした援助が「逆進的」な移転を伴う可能性が極めて低いということだろう。つまり、比較的貧しい米国人納税者から、より豊かなインド人受給者にお金が流れることはないということである。インドのような国については、逆進的移転は事実上ありえない。平均的な米国人納税者の所得が世界の90パーセンタイルあたりに位置していれば、米国並みの所得レベルのインド人は（統計的に有意な数値としては）ほぼ１人もいないことになる。しかしブラジルの場合は状況が異なる。ブラジルの人口の約５パーセントは、米国の一般的な納税者よりも高い所得を得ている。結論として、米国－インド間よりも米国－ブラジル間でのほうが、逆進的な所得移転が起きる可能性は高いのである。

世界の所得分布の実像は、豊かな国が援助をどう割り当てるかといった「日常的」な問題を扱う際にも役立つに違いない。国内政策の舞台では、納税者が資金を提供した失業手当を、納税者本人よりも裕福な人が受け取ることは認められないのと同様に、国際社会でもそうした逆進的な所得移転が起きる可能性を最小限にとどめるよう努力すべきである。要するに各国の平均所得だけでなく、その所得分布も考慮すべきだということである。

2の3　「生まれ」は所得の決め手か

世界が極めて不平等な場所であること、それも特殊なかたちで不平等であること、今日の不平等の大半は各国間の平均所得の格差に起因することを、これまで検討してきた。各国間であまり移民が行われない場合、所得は決定的に国籍、つまり生まれた場所に左右される。豊かな国に生まれた人は、出身地に基づく賞金を受け取っている。貧しい国に生まれた人は、出身地に基づく罰金を課されている。

このような世界では、生涯所得の大半は生まれたときに決まってしまう。より正確には、回帰分析で世界中のあらゆる人々の実質所得（もちろん、これはあくまで原理上の話である。なぜならデータの基となっている国民所得調査はサンプル調査だからだ）と、所属する国の平均所得をプロットすると、世界の所得のばらつきの60パーセント以上が、生まれた場所で説明できることがわかる。加えて、生まれた国の平均所得（1人当たりGDP）が10パーセント上昇するたびに、その国の国民ひとりひとりの所得も10パーセント上昇するので、国内の不平等が世界の所得分配に対して果たす役割はごく小さいということになる。全国的な影響はその国の国民すべてに多かれ少なかれ等しく影響を与えるからだ。国が違えば、所得水準も大いに異なる。それこそが世界的な不平等の主たる要因である。

しかしここでもう一歩踏み込んで、豊かな国に生まれるだけでなく、裕福な両親の下に生まれることがどれほど利得のあることか、考えてみたい。各国の世代間所得移動（つまり、両親の所得と子どもの所得との相関）に関するデータを用いれば、米国、カナダ、モロッコなどの国々の特定の所得階層に属する人々の親世代が、いずれの所得階層に属していたのかを確率的に判定できる。その方法だが、まず、世代間移動がほとんどない国——たとえばパキスタン——を想定してみよう。このような場合、所得が最も高い層に属する人々は、やはり所得の高い層に属していた両親を持つ。しかし社会の流動性が高ければ、その逆になる。所得が最上位あるいは最下位の層に属する人々の両親は、所得分布上にランダムに分散している。実際には、国によってこの移動性の程度はかなり異なる。

以上のことを考慮すると、世界の人々の所得は二つの要因から説明できることになる。いずれも「生まれ」にかかわる要因だ。すなわち国籍と、両親の所得階層だ。この二つの要因だけで個人所得の80パーセントを説明できる。したがって残りの20パーセント弱が他の要因によることになる。性別、年齢、人種、運など個人のコントロールの及ばない要因と、努力と勤勉など個人のコントロールの及ぶ要因である。

所得をこのように説明すると、個人の努力に残された余地はごく小さいことになる。もちろん地位向上のために懸命に努力することはできるが、それも所得の世代間移動が許容されている国に限られており、この種の努力が世界レベルで見た所得の地位に与える影響はごくわずかである。

この問題を理解するために、次の比喩を用いてみよう。世界の所得分布を、高くそびえる柱として想像してもらいたい。この柱に所得水準が刻み込まれている。１番下は最低限の生存維持レベル、１番上は世界最高の１人当たり世帯所得である。次いで、各国の所得分布を示すプレートが、分布範囲をカバーするように柱に取り付けられているとしよう。各国それぞれのプレートは、たとえばインドは比較的低い値を、韓国は真ん中あたりから上部にかけて、そして米国が最も高い値をカバーしている。人は生まれると、生まれた国のプレートの上にピンでその位置を表示される。ピンの位置は国内の所得分布における地位だけでなく、世界の所得分布における地位も示している。

ではどうすれば、人はその位置を上げることができるのか。属する社会が所得の移動性を許容するならば、努力や運はプレート上の位置を上昇させるだろう。しかし全世界的な視点から見れば、努力も運も大して役には立たない。所得のばらつきの80パーセント以上は、生れたときに与えられた環境によるものだからである。そういうわけで、せいぜい極めて控えめな結果を得るにとどまるだろう。もっとも自国の健闘を願うことはできる。国のプレートが世界の柱を上昇していくときは、その全国民も一緒に持ち上げるからだ。もし幸運にも、プレート上の位置を上昇させる個人の努力と、プレートそのものが上昇していく動き（つまりは平均国民所得の上昇）が組み合わされれば、人は世界的な所得分布の柱を大いに上昇することができるだろう。これは今日、多くの若い中国人が経験していることである。もしくは、最後のチャンスは「船を飛び移る」こと、すなわち貧しい国という低位置のプレートから、豊かな国という高位置のプレートへと移動することである。移った先の国で所得分布の頂点まで上り詰めなくても、得るところは極めて大きいだろう。このように、個人の努力、国家の健闘、そして移民という三つの方法で、人々は自身の所得の地位を世界的に見て向上させることができる。

しかし個人の努力が果たす役割は小さい。個人が自国の成長率に影響を与えることも難しい。となれば唯一の選択肢として残るのは、移民ということになる。この移民の問題が次のテーマである。

2の4　世界は要塞都市《ゲーテッドコミュニティ》になるのか

国家間の所得格差が大きいうえに、その所得格差に関する情報が広く流布している不平等な世界では、移民はまぐれや偶発事、例外や珍事ではない。生活水準の巨大な格差に対する合理的な反応である。実際に流入する移民の数は、労働力の自由移動が可能になった場合の人数に比べれば、ごくわずかにすぎない。現在、1年間に貧しい国々から豊かな国々（OECD諸国）に移民する人々の数は、貧しい国々の人口の1パーセントの20分の1である。つまり大雑把に言って、貧しい世界の人口の10パーセントが豊かな世界に移転するには2世紀かかるということになる[1]。

しかしこれらの数字から推測されるより、移民を求める人々からの圧力ははるかに大きい。移民圧力が最も強い地域はどこだろうか。移民にはさまざまな要素がかかわっていることは疑いない。共通の言語や歴史などの文化的親和性、たまたま先例があったことなどがその一例だが、本書が注目するのは、平均的生活水準の格差と地理的な近さという二つの要素である。この二つの要素が存在するとき、たとえ共通の言語といった他の要素が存在しなくても、移民欲求は強くなると考えられる。世界地図を眺めると、4つの「圧力ポイント」が見つかる。①北アフリカとスペイン（地中海をはさんで最短13キロメートルの距離）、②メキシコと米国（国境を接する）、③アルバニア、マケドニアとギリシア、イタリア（国境を接する。またはアルバニアとイタリアの場合、イオニア海をはさんで約85キロメートルの距離）、④インドネシアとマレーシア（マラッカ海峡をはさんで2・8キロメートルの距離）である。これら4例の注目すべき点は、共通言語が話されているのは④インドネシアとマレーシアのみということだ（マレー語とインドネシア語は非常に似ている）。これ以外の3例では、言語に加えて主要な宗教も異なる。このように移民の背景にあるのは文化ではなく、純粋に経済的要因である。

移民の母国と移住先の国との平均所得の格差は、4例ともに1対3を超えている（この数字は、貧しい国々の比較的低い物価水準に合わせて調整した後のものであり、市場の為替レートを基にしたものよりは、格差は軽減されている）。2の3で述べたように、「船を飛び移って」貧しい国々からやってきた人々は、生活水準を3倍に改善できることになる。この格差は大きいばかりでなく、拡大し続けている。1960年の1人当たりGDP（購買力平価ドル換算）を、メキシコと米国とで比べると、その比率は1対2・5だったが、2005年には1対3・6にまで拡大している。また1960年代のスペインは、モロッコの約4倍豊かだった。それが今日では7倍豊かになっている。次頁の図4は、2国のうちで貧しいほうの国の1人当たりGDPが、豊かなほうの国の1人当たりGDPの何パーセントに当たるかを示している。注目すべきは、過去25年間、総じて下降傾向にあることだ。移民欲求が高まっているのも不思議ではない。

実際、受け入れ側の5カ国における外国人労働者の割合は高い。不法入国者を含めた外国人労働力の割合は、米国15パーセント、スペイン約17パーセント、マレーシアでは少なくとも14パーセント、ギリシア9パーセント、イタリア7・5パーセントと見積もられている[2]。そして予想通りのことだが、外国人労働者の中で一番多い国籍は、米国では明らかにメキシコ人、スペインではモロッコ人、ギリシアではアルバニア人、マレーシアではインドネシア人である。

世界銀行の最近の研究は、合法的に可能ならば、他の国に恒久的に、あるいは一時的に、もしくはちょっと試しに移り住みたいかについて、7カ国の人々に尋ねている[3]。恒久的あるいは一時的に自国外に移民することに興味を示した人は、アルバニア人の場合はなんと62パーセントに上る。同様に、ルーマニア人の場合は男性79パーセント、女性は69パーセント、バングラデシュ人の場合は男性73パーセント、

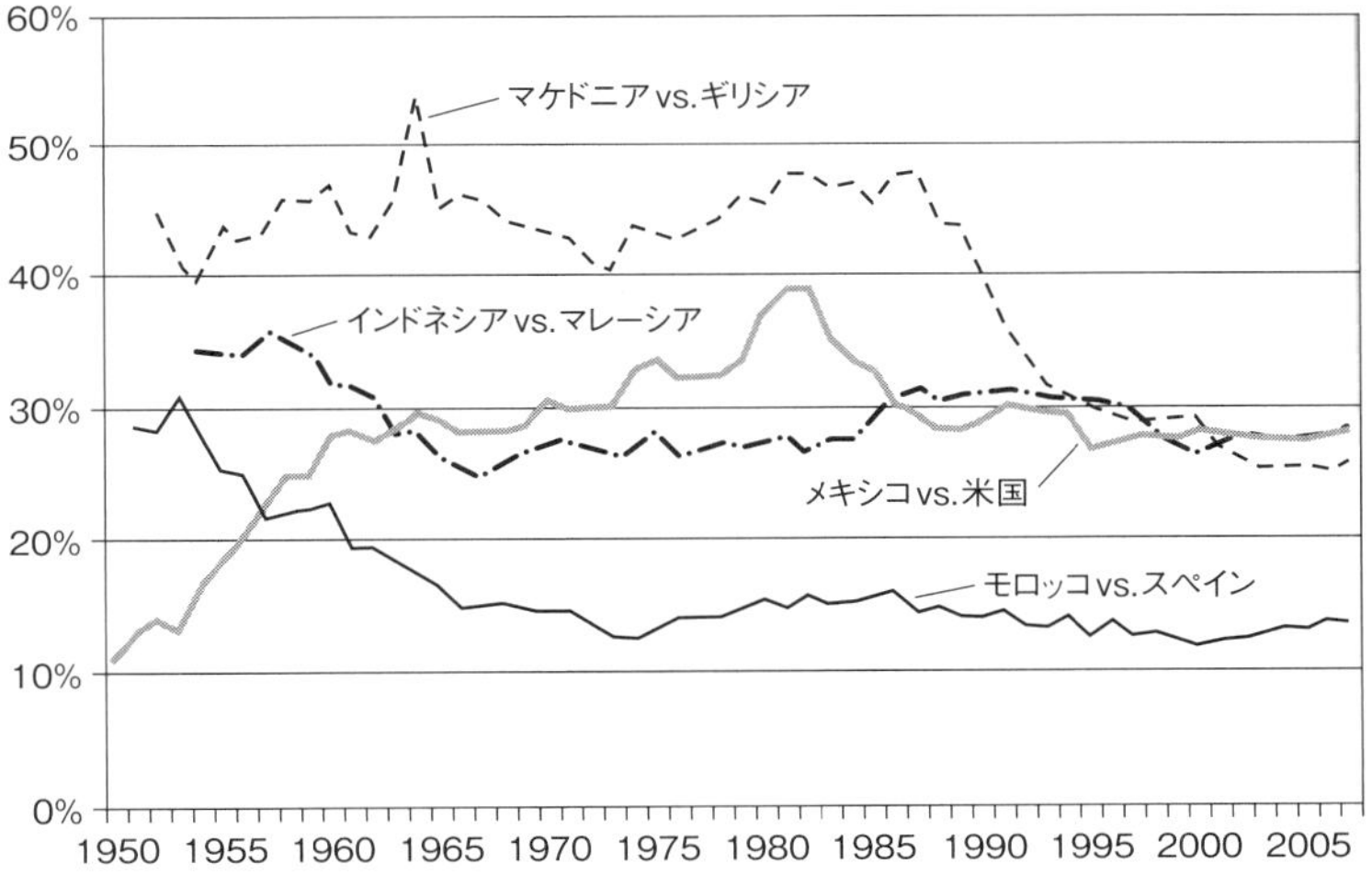

図４　移住者の出身国（左）の１人当たり所得が流入国（右）の１人当たり所得に占める割合（1950-2007年）

女性は47パーセントだった。この限られた小さな調査でわかることは、経済的に貧しい国々では、もし移民が自由に認められれば、人口の半分以上が出て行ってしまうだろうということだ。国境が完全に解放されたら、巨大な移民の流れが目撃されて、地球の一部の地域はほとんどからっぽになってしまうだろう。アフリカの人口の大多数、特に若者たちが、コンゴの言葉で天国にたとえられる地域、西欧諸国に溢れ返ることは疑いない。

しかし移民は相互的な問題である。貧しい人々が豊かな国への移民を望むことだけが理由ではない。彼らを待っている仕事が移民先には豊富にあるのだ。実際、労働力の移動が可能になるのは、正式には認められていない不法入国の場合が多いにせよ、移動を牽引する要素、すなわち需要が存在するからである。しかし特定の企業体や部門からの牽引力が存在するにせよ、移民の流入は一般的には反動をもたらす。なぜなら移民流入は受入国の国民の仕事を奪い、賃金を引き下げ、そして何より重大なことに、異なる文化的規範を持ち込むことになると考えられているし、実際にそうなるからだ。

　移民同化の問題は、どこでも同じように切迫しているわけではない。もともと移民によって成り立っている米国やカナダのような国々は、新参者を弾力的に吸収することができるだろう。しかし移民の流出国だった歴史の長いヨーロッパの国々は、流入する移民がもたらす文化的特殊性に対処するのに多くの問題を抱えている。「文化的に異なる」とされる人々が、西欧諸国で生まれて、その国籍を有する場合もある。そうであっても彼らが完全に受け入れられることはない。たとえばドイツ生まれの第二、第三世代のトルコ人は、その血統ゆえに（これを「血統主義」という）、最近までドイツ市民権を認められていなかった。フランスでは、生粋のフランス人とそうでない人は、かなりあからさまに差別されている。不満を抱く北アフリカ出身の若者たちが主導した２００５年夏の大暴動まで、フランス政府はこの問題を認めさえしなかった。法的には誰もが同じフランス人だというのだ。政府のエリートたちの目から見ると、黒人や北アフリカ系フランス人が一流校に入れなくても、有利な職業にほとんど就くことができなくても、別に問題なかったのである。国営テレビ局にはアフリカ系フランス人アナウンサーはひとりもいなかった。

　雇用に関する国内からの突き上げが原因か、はたまた文化的異質性に対する恐怖ゆえか、豊かな国々は自国を壁で囲い始めた。事実上、世界レベルでの要塞都市《ゲーテッドコミュニティ》の建設である。なかでも最も評判が悪いのは、全長１０００キロメートル以上にも及ぶ米国－メキシコ間の国境フェンスだ。この国境フェンスの一部は高さ約６メートルのコンクリートの壁であり、有刺鉄線で補強されて、多くのカメラとセンサーを備えている。メキシコとの国境フェンスが完成すれば、その長さはベルリンの壁の７倍、高さは２

倍となる。にもかかわらず毎年20万人以上のメキシコ人が米国に不法入国し[4]、少なくとも400―500人が越境を試みて死亡している[5]。

一方、EUは地中海全体にフェンスを建設することはできないが、数百隻の高速モーターボートを使って、必死に上陸を試みるアフリカやマグレブ諸国の人々を阻止している。毎年20万人もの人々が、発見を恐れて主に夜間に老朽船に乗って生命の危険を冒している。そして数百人が命を落としていると思われる[6]。その死に関しては、双方が申し合わせたように沈黙を守っている。ヨーロッパ人たちは「人権の擁護者」という自己イメージを損なうことを恐れて、この大惨事の規模を明らかにしようとはしない。アフリカ諸国も自国民の悲惨な運命に無関心であり、不法出国を犯罪として取り締まっている。例えばチュニジアでは、不法出国は3年から20年の禁固刑と罰金刑を科せられる。死者の家族さえ公表にはあまり熱心ではない。このように名もなき人々が無視されたまま日々死んでいるのであり、その遺骸は地中海の冷たい水の中やニューメキシコの灼熱の下で朽ち果てている。彼らに関心を向けて話題とし、彼らの人数を数え、あまつさえ彼らがこの世に生きて死んだことを認めようとする者は、誰一人としていないのである。

そうした不法移民のグループのひとつが、「身分証明書を燃やす人々」として知られるマグレブ諸国からのハラガと呼ばれる人々だ。ハラガとは、一体、どんな人たちなのか。

2の5　ハラガとは何者か

彼らは「身分証明書を燃やす人々」とも「国境を炎上させる人々」とも呼ばれている。彼らが身分証明書を焼く目的は、せっかくヨーロッパにたどり着いたのに、かの地の政府によって母国に送り返されそうになったときに、警察をけむに巻くためだ。警察は、そのハルガ（ハラガの単数形）がどこから来たのか、アルジェリアか、モロッコか、あるいはチュニジアからか、知ることができない。敵は混乱させたままにしておくのだ！

ハラガの大半は若い男たちだ。20歳から35歳くらいのマグレブ諸国出身者である。ヨーロッパの柔らかな下腹部である地中海とマグレブ諸国との間で生じている問題を理解するためには、まずこの不幸なドラマの三組の登場人物たちについて語らねばならない。南から話を始めると、最初の登場人物はサハラ以南の貧しいアフリカ人たち、すなわちヨーロッパという天国にたどり着こうと必死になっている人々だ。彼らは直接行動を取って、アフリカ西岸から小船でカナリア諸島（ヨーロッパ側が管理する、アフリカから最も近い土地）を目指すか、あるいは多くの場合、いったんは北アフリカのマグレブ諸国（リビア、モロッコ、アルジェリア、チュニジアなど）に行き、そこからヨーロッパに向かおうとする。この危険な旅で多くの人々が命を落とす。フランツ・ファノンの著書『地に呪われたる者』の主人公たちは、いまや「海に呪われたる者」となっている。

第二の登場人物はマグレブ諸国自体の出国移民たち、すなわちハラガである。ハラガたちは物理的にヨーロッパに近く、地中海を直接渡ることができる。もっともヨーロッパとの距離やアクセスのしやすさの点では、冷戦中のいわゆる「地中海の壁」の南側各地もさまざまである。そのためハラガの多くはリビア北部やチュニジアに集結する。もっともよく知られている出発地はリビアの二つの都市、ズワーラとトリポリで、これらの港から主に夜間、定員超えの人数を乗せた小舟が明かりもつけずに、原始的な航海装備を頼りに出港する。リビアを重要な通過国として利用しているのは、１００万人を超えると推定されるアフリカ人だけでなく（100万人といえばリビアの人口の6分の1に相当する）、仲間であるアラブ人たちも利用している。彼らはリビアに不法滞在して、建設労働者、漁師、修理工などとして悲惨な待遇で働きながら耐え忍んでいる。[1] 密入国ブローカーが課す1人当たりの料金約1000—1500ユーロを貯めながら、チャンスを——うってつけの闇夜、良い風、そして乗り込むボロ舟を——待っている。

ドラマの第三の登場人物はヨーロッパ人、遠征隊の目的地である国の人々だ。移民の流入が増大するにつれて、ヨーロッパはますます堅くその扉を閉ざしていった。赤外線監視カメラを装備した軍用船並みの高速艇、飛行機、そして電子機器を設置したフェンスなどを使って、不法移民がヨーロッパ側にたどり着く前に見つけ出して送り返している。フロンテクス（FRONTEX　欧州域外国境管理機関）と呼ばれるEUの阻止作戦には年間4000万ユーロが費やされている。皮肉なことに、これと同じ金額を、2008年単独で4万人に上る、海からイタリアに不法入国したアフリカ人が「輸送賃」として支払った（その人数は前年比75パーセントの割合で増加している）。[2] 禁止措置に続いて、ヨーロッパが取った次なる抑止戦略は、沿岸諸国と相互協定を結んで、不法出国者の引き取りと合同海上パトロールの実施を沿岸諸国に義務付けることだった。特にリビアはアフリカ諸国の中でも最も協力的で、リビア国内にいる不法出国希望者を収容する難民キャンプを開設しているほどだ。ヨーロッパに渡ろうとした人々は、保護施設送りか追放かが決まるまで、この難民キャンプにとどまることになる。このようにヨーロッパはその事実上の国境をさらに南側へと押し戻して、やってくる可能性のある移民希望者の数を減らすための努力を強めている。

しかし、いったん不法入国者がEUの領土にタッチダウンしたら、問題はさらにややこしくなる。不法入国者は直ちに送還されることはないが、「処分」を待たなければならない。その結果、最終的に処分が決まって、政治亡命や難民の地位が認められるか、ヨーロッパに一時滞在することを許されるか、あるいは本国に強制送還されるまで長期間待機することになり、その間は衣食住を供与されて保護されることになる。このとき問題が生じるわけだ。これら何千人もの人々、ヨーロッパの高速監視船の目を逃れて航海を生き延び、約束の地にたどり着いた人々を、どこで保護すればいいのだろうか。この問題についてもヨーロッパはできる限り中心地から遠い場所に国境を押しやろうと努めた。そこでシチリアよりもチュニジアに近い小島、ランペドゥーザに白羽の矢が立った。そこでは、本来は７００人程度を受け入れるように設計された収容所に、千人を超える人々が収監されている。その待遇は耐えがたいほど劣悪である。当初、「緊急援助・レセプションセンター」と呼ばれていた収容所は、２００９年1月にベルルスコーニ政権によって「身元確認・送還収容所」と名称を変更された。この名称変更がすべてを語っているだろう。２００９年2月、非人間的な待遇が改善しないことに絶望した難民たちが反乱を起こした。収容所では暴動が起きて、将来は国民になるかもしれない人々と看守との間で戦闘が行われた。かつての「緊急援助・レセプションセンター」の一部は焼け落ちた。

　ランペドゥーザ島は、ヨーロッパの収容所のひとつにすぎない。同様の収容所は、マルタのハルファールにもある。そこではアフリカからの難民たちが「我々は人間だ！」と書かれた横断幕を掲げて、有刺鉄線に囲い込まれて生きている自分たちに気づいてもらおうと、通行人たちに訴えかけている[3]。毎年約10万人の不法移民を追放しているスペインの政府は、もっとおぞましい問題に直面している。スペインの海岸に流れ着いて、観光客をパニックに陥れるハラガたちの遺体をどうすべきかという問題だ。観光客は日々の憂さを忘れるために、南スペインの海岸にやって来たのに！　最近、スペイン政府はアルジェリア政府に対して、これまでに見つかった170を超える遺体を引き取るよう申し入れた。しかしアルジェリア政府は拒絶した。その第一の理由は、遺体の身元確認ができないこと、そして第二の理由は、遺体がアルジェリア人かどうか定かでないからだ。モロッコ人やチュニジア人ではないとは言えないではないか(4)。

しかし、おそらくアルジェリア政府は、もっと深刻な理由のために拒絶したのだろう。ごく普通の幸せな人生を送りたいと願う若者たちの希望をかなえることができなかった、北アフリカ社会の失敗に対する、ハラガからのメッセージに耳を傾けたくなかったのだ。この問題は常に「臭いものには蓋」的な扱いを、ヨーロッパ諸国ばかりでなく、北アフリカ諸国の政府からも受けている。ごく最近までハラガに関して公式に語られたり、文書が作成されることはほとんどなかった。家族たちでさえ、身内からハラガが出たことを認めるのを恐れていた。ハラガは国家の恥であり一家の恥なのだ。無視するに限る。

ヨーロッパで希望をかなえられる保証のないままに母国を離れた人々は、貧しいだけではない。彼らは自分の未来と居場所を自分たちの社会に見つけられなかったのだ。ヨーロッパにたどり着こうとする必死の試みは、政府に対する無言の告発である。政府が社会的・経済的展望を与えることのできない若者の数はますます増えている。ハラガはまた、アラブとサハラ以南のアフリカ諸国の経済的失敗の告発者であり、地中海両岸で深まる所得格差の証言者でもある。実際、アルジェリア系フランス人社会学者のアリ・ベンザードは次のように言っている。「ハラガの不屈さと勇敢さに敬意を表すべきだ。政治的主張を伝える手段を欠いていながら、これらの若者たちは立ち上がったのだ。政治と文化の荒廃への憤り、政府によって生きる意味を奪われたことへの憤りをもって立ち上がったのだ(5)」

この解けない方程式を解くことはできるのだろうか。資本、財、知識、情報が障害なく伝播するグローバライズされた世界は、人間の移動が許されない世界と共存できるのだろうか。深刻な国家間の所得格差がますます拡大していく状況で、この異質で不平等な二つの世界は共存できるのだろうか。あらゆる貧しい国々からやってくるハラガは、これからもずっと、あちらこちらで見かけられるだけでなく、その数は増え続けるだろう。それは苦痛と死を記録する冷酷な統計でもあるのだ。

2の6　オバマ家3代

オバマ家の3世代の生き様は、本書のテーマにぴったりの好例である。

バラク・フセイン・オバマの短いが優れた著作『マイ・ドリーム――バラク・オバマ自伝』で最も世の関心を集め、脚光を浴びたのは、ケニア人の祖父である（もちろん、父親も注目に値する人物だが）。祖父のフセイン・オニャンゴ・オバマは1895年に生まれた。若くして家を出て自立し、結婚を勧める周囲のプレッシャーをはねのけて何年も勤勉に働いた後、その農業経営の才能のおかげで、ようやく社会的に認められるようになった[1]。

オニャンゴの人生は一風変わっていた。先祖代々の家を出ると、西洋風の服を着て、ナイロビに仕事を探しに行った。この勤勉で頑固で個性的な人物が見つけることのできた最もましな仕事は、英国人の下男の職だった。植民地主義ははっきりと目に見える天井を設定していて、どれほど野心的で怜悧であっても、黒人男性にはそれを超えることはできなかった。高い地位は英国人が独占していた。オニャンゴはこの状況を受け入れたように思われる。オニャンゴは決して表立った抵抗はしなかったし、ケニア独立には反対した。また、息子（バラク・フセイン・オバマの父親）が白人女性と結婚したときは激しく動揺した。しかし、彼はおそらくは不公平な扱いに憤慨していただろうし、そうではなくても少なくとも社会に大きな不正が潜んでいることは悟っていただろう。

1920年代から1930年代にかけてのケニアでは、社会的地位と所得の両面における黒人と白人の分離は、ほぼ完璧なのではなかった。完全に完璧だったのだ。黒人が社会的に高い地位に就くことはあり得ず、白人が社会的に低い地位に甘んじることもあり得なかった。これは、白人と黒人の間には不平等の経済学の専門用語で言うところの分布の「重なり」が存在しないということだ。白人であれば誰でも、いかなる黒人よりも裕福だった（ここで思い出してもらいたいのは、2の2で指摘したように、今日の豊かな国々と貧しい国々を比較したときも同様に「重なり」が存在しない場合が多いことだ）。

しかし、これほど巨大な格差でも数値化することはできる。バラク・フセイン・オバマが引用した祖父の仕事用の手帳、いわゆる「使用人登録帳」は、ケニア人労働者が就労時や求職時に携帯を義務付けられているものだった。この手帳には、以前の雇用者が労働者に関して肯定的あるいは否定的な所見を書き込んだ。オニャンゴの仕事ぶりに対する否定的なコメントはごくわずかだが、それでも雇用者のひとりは、オニャンゴは「月給60シリングには値しないし相応しくない」と書いている[2]。この所見は1930年代初めに書き込まれた（手帳がオニャンゴに発行されたのは1930年）。オニャンゴの通常の給料を（手帳に書かれているように）1カ月60シリングだったとみなすと、年間の労働所得は720シリングということになる[3]。当時のオニャンゴの家族は妻と子ども1人だったので、家族1人当たりの年間所得は240シリングだった[4]。

ケニア経済史の諸研究のおかげで、1927年のケニアの所得分布を推定することができる[5]。最も貧しく、明らかに最大の社会的グループ（全人口の82パーセント）はアフリカ人零細自作農家で、その年間所得は137シリングと推定される。これは最低限の生存維持レベルである。次いで零細よりはましなアフリカ人農業従事者（7パーセント）、アフリカ人自営業者（1・2パーセント）の家族1人当たり年間所得は、それぞれ211シリングと271シリングと見積もられる。オニャンゴ一家を取り巻く状況は、こうしたものだった。ケニアの全人口の90パーセントよりは裕福であるが、オニャンゴ一家よりも裕福なケニア人黒人層もわずかではあるが存在していた。

しかしケニアに住んでいるアジア人やヨーロッパ人とは、なんという差だろう！　アジア人の1人当たりの平均所得は3300シリング、オニャンゴ一家の約14倍だ。そしてヨーロッパ人（人口の1パーセントのさらに3分の1）の平均所得は、信じがたいことに1万6000シリングだった。このように、現在の米国大統領の祖父は、所得が自分の66倍もある人々の下男やコックとして働いていた。オニャンゴは、彼の英国人雇用者が1週間未満で得る所得を、1年間働かなければ得られなかった。これは異常ではなく、植民地では典型的な所得分布だった。3の7で後述するように、人口の大多数を占める現地人の所得は生存維持水準をわずかに上回る程度であり、現地人同士の所得格差はごく小さかった。オバマの祖父は名目上、人口の上位10パーセントの所得を得ていたが、必要最低限の生活をしている農民よりもかろうじて裕福な程度だった。しかし最上位に位置する人口の1―2パーセント――そのほとんどが入植者だ――の所得は、想像を絶する高さに急上昇するのだった。

このエピソードの冒頭で述べたように、『マイ・ドリーム』は主にバラク・フセイン・オバマの父親の人生をたどる著作ではあるが、ある意味、父親よりもむしろ祖父から学ぶところが多い。とはいえ父親に関する物語は、独立によってケニアに開けた新しい可能性を十分に例示している。ケニア国民を縛っていた所得と社会的地位の天井は取り除かれた。最高給の仕事に就くこと、組織の長や高級公務員や裕福な商人になることを、ケニア人は要求できるようになった。植民地支配の下では、バラク・オバマ・シニアが米国で勉学するチャンスを得るなど想像もできなかっただろう。たしかに、米国に行って勉強するという考えをバラク・オバマ・シニアに抱かせたのは、彼が極めて聡明で勤勉であることを知った二人の米国人女性だった。植民地支配の下でも高等教育を受けたケニア人は一部にはいた。しかし植民地支配の終焉は、高い地位を求めて生きることへの物理的・心理的障害を取り除いた。アフリカ人が大学教育を受けて極上の学位を得ても、国家が外国人によって運営されているときに何ができただろうか。せいぜい外国人の部下としてオフィスワーカーになる程度だっただろう。しかし1960年代にはそうした制約がなくなった。

バラク・オバマ・シニアは、ハーヴァードを卒業してケニアに戻った。これもまたポスト植民地時代の楽観主義を絵に描いたような成り行きである。当時、アフリカの若者たちは自分たちがいるべき場所は故国であると信じていた。最高の学校教育で得た知識を活用すれば、故国は低開発状態を脱して現代社会になるだろうと考えた。当時の若者たちにとって、時代は今日よりもはるかに楽観的だった。この時代背景を「締め付けの厳しい植民地時代に比べると、抑圧が取り除かれた分、突然に果てしない可能性が出現したように見えたからだ」などと説明するのは正しくない。ケニアと先進諸国の所得格差が、今日に比べると、はるかに小さかったことこそが背景にあるのだ。

周知のように、逆説的なことだが、独立はアフリカが抱える問題を解決しなかった。それどころか独立後の時代になってから、アフリカ諸国は先進諸国に大きく後れを取ることになった。アフリカ諸国は独立以前よりも貧しくなった。言い換えると、豊かな国々と同じスピードで成長することに失敗したのである。バラク・フセイン・オバマ・シニアが米国に留学した当時、米国とケニアの所得格差は13対1

だったが、彼の息子がアメリカ合衆国の大統領に就任したときには、格差は30対1にまで拡大していた。

1960年、夢にも思わなかった米国《ニューワールド》への旅立ちに際して、バラク・オバマ・シニアに尋ねることができたら、彼はどう答えただろうか――自分の息子がまだ見ぬ国の統治者になることと、新たに独立した祖国が米国に比べて以前の2倍も貧しくなることのどちらがあり得ないことだ、と答えただろうか。

ではは大統領であるバラク・オバマ・ジュニアはどうだろうか。オバマ・ジュニアの人生は実に多くのことを示唆しているが、すでに色々と取り上げられているので、ここで付け加えるべきことはほとんどない。しかし本書のテーマのひとつ、幸運にも豊かな国に生まれた人が手に入れる「賞金付き国籍」については、オバマ・ジュニア本人に語ってもらうのが一番だろう。ここではオバマ・ジュニアの母が、息子をその祖父母に預けてハワイの高校に通わせるために、インドネシアから送り出すことを決めた理由を引用しよう。

私が早くインドネシア社会に馴染むように、母は常に励ましてくれた。おかげで私は自分のことは自分でできるようになり、限られたお金に文句を言うこともなく、他の米国人に比べるとはるかに礼儀正しい態度を取れるようになった。海外で暮らす米国人特有の無知と傲慢がないまぜになった態度は唾棄すべきものであると、母は私に教えてくれた。しかしその母も、人生のチャンスという点では、米国人とインドネシア人を隔てる溝があることを知っていた。息子がその溝のどちら側に立つことを望むべきか、母は理解していた。私は米国人だ、私の真の人生は（インドネシア以外の）どこかほかの場所にあるべきだ――母は、そう決めたのである。(6)

2の7 脱グローバリゼーションで世界は不平等になったのか

労働力、資本、財の自由な移動、すなわちグローバリゼーションは、すべての関係国にとって有益であるばかりでなく、貧しい国々にとってはより一層有益である、という考え方は、単純な新古典派経済学では自明の理とされていた(1)。この考えは、主として三つの前提条件に基づいている。第一は、継続的な追加投資によって貧しい国々は豊かな国々よりも高い限界収益を得る、という前提条件である。なぜなら、貧しい国々の利益率は豊かな国々よりも高いので、資本は貧しい国々へと流れるからだ。第二の前提条件は、経済発展にとって極めて重要なテクノロジーは、国境が開かれているほうがより円滑に交流する、という考え方だ。技術移転の主たる受益者もまた貧しい国々である。貧しい国々は豊かな国々で発明されたテクノロジーを模倣するのに、対価をほとんど、あるいはまったく支払う必要はない。豊かな国々が技術革新と発明に多大な投資を行わなければならないのに対して、貧しい国々はそれらのテクノロジーを模倣することで、比較的安価で容易に利益を得ることができる。貧しい国々は飛躍的に技術を発展させることができる。ナイジェリアは地上電話回線を建設するのに時間と労力を費やす必要はないし、携帯電話技術を発明する必要もない。古い技術には目もくれず、ノキアの真似をして携帯電話工場を建設すればよい。そして第三の前提条件は、多少新しい理由だが、制度と関係がある。国家の統一が進むにつれて、どのような制度がより良く機能するかがわかってくる。この制度には、強力な財産権の保護と金融自由化も含まれると仮定しよう。そうすると貧しい国々の制度は一般に効率性が乏しいが、豊かな国々の優れた制度を模倣することができるので、この点でも利益を得るということになる。

すでに本章の冒頭で指摘したように、この単純な予想は完全な誤りであり、グローバリゼーション2・0時代の世界成長を説明することはできない。今ではこの事実は一般に認められており、別の経済成長理論で説明することが求められている。また産業革命以来、世界各国の平均所得が分岐していることとも認められている（2の1参照）。もし、この理論が正しくて、貧しい国々と豊かな国々の格差が拡大するなら、脱グローバリゼーションの時代に何が起きるだろうか。

　脱グローバリゼーションの時代は、従来は第一次世界大戦の終わりから第二次世界大戦の始まりまでの期間とされてきた。この時代に関する経済学的研究は乏しい。経済学的見地からすると、この時期は極めて政治的な時代だったからだ。１９１７年の十月革命は、世界最大の領土を持つ主要国を資本主義のコントロールの下から引き離した。１９２２年にイタリアでファシズムが誕生し、中欧と東欧でもファシズムが大いに模倣されるようになると、経済の役割は軽視されるようになった。ファシズムに打倒された自由主義政権以上に私有財産権を断固保護したという意味では、ファシズム国家は資本主義的ではあるが、経済における国家の役割を重視し、通商問題を重商主義的に、つまりお互いの利益になる関係ではなくゼロサム・ゲームとみなすようになった。中国の内戦とアフリカの残忍な植民地化（これもまた非経済的な行動である）がもたらした混乱は、自由経済の領域をさらに狭めた。そして、とどめを刺したのが、ドイツにおける国家社会主義の台頭である。この戦間期が教えてくれるのは、過度な政治は経済発展にとって望ましくない、ということだと経済学者たちは考えている。

　実際、この教訓は真実である。しかし、ここで興味深いのは以下の疑問である。この一連の経済にとってマイナスな出来事が、貧しい国々と豊かな国々の成長に対して予期された通りの効果をもたらしたのだろうか？　もちろん、当時の世界は今日よりもずっと小さかった。今日よりも独立国家の数が少ないというだけでなく、多くの国々（そのほとんどは植民地）のデータが入手不可能だからだ。ここでは約45カ国をサンプルとするが、その中には中国、ネパール、インドのような貧しい国々も、また米国、オーストラリア、ニュージーランドのような豊かな国々も含まれている。アフリカに関するデータはほとんど存在しないが、これで全世界の人口の約60パーセントをカバーしている。世界の人口に占めるアフリカの割合は、今日よりも小さかったからだ。(2)

これらの諸国のサンプル全体で不平等を計測するのだが、１９１３年（第一次世界大戦勃発の前年）から始めても、１９１９年（第一次世界大戦が正式に終結した年）から始めても、調査対象の全期間を通じて不平等には何らかの明らかな傾向は見られない。例えば１９１３年、最も豊かな国＝米国と最も貧しい国＝中国との所得の比率は10対１以下だった。その比率は、大恐慌の直前には12対１に拡大し、１９３８年には11対１となっている。この１９３８年には、米国に代わってオランダが世界でいちばん豊かな国となったが、中国は相変わらず世界で最も貧しいままだった。

結論として、世界は１９１３年から３８年の間に多くの騒擾と脱グローバリゼーションの動きを目撃するが、各国間の不平等は変わらなかった。すでに見たように、これは単純な新古典派経済学の結論とは異なる結果だ。しかし興味深い二つの事件に注目してみたい。まず第一に、大恐慌はどのような影響を及ぼしたのだろうか。そして第二に、第二次世界大戦はどのような影響を及ぼしたのだろうか。

まず、第二次世界大戦から検証しよう。その結果は明白だからだ。この不完全なサンプル調査でも、第二次世界大戦は極端に不釣りあいな影響を及ぼしている。戦争の主な受益者は、すでに最も豊かな国々となっていた米国、スイス、ニュージーランド、オーストラリア、カナダなどである。１９３９―45年の間に、米国の１人当たりＧＤＰは前代未聞の80パーセント増加――現在の中国でさえ年10パーセントだ――を記録し、カナダはほぼ60パーセント、オーストラリアとスイスは20パーセント、アルゼンチンは10パーセント増などとなった。他方、ドイツはその生産力の20パーセント以上を失い、ソヴィエト連邦は10―18パーセント、(3) フランスはほぼ40パーセント、ギリシアと日本は半分以上を失った。ただし最も荒廃した東欧諸国（ポーランドとユーゴスラヴィア）のデータは入手不可能である。別の情報源によると、東欧諸国の損失は50パーセントを超えると見積もられる。また、すでに1930年代には世界の所得グループの底辺にいた中国は、日本による占領や民族解放戦争に加えて内戦の混乱という災難が重なって、所得の絶対量を著しく減少させていた。第二次世界大戦は、豊かな西欧諸国内で広範囲な所得の分岐をもたらしたが、さらに重要なことに、世界全体でも所得の分岐をもたらした。第二次世界大戦によって利益を得たのは、領土が戦場とならなかった豊かな国々だった。注目すべきは、すべての「勝者」は軍事作戦の範囲外にあったことだ。第二次世界大戦は、領土が戦場となった交戦国の莫大な物的資本を破壊したのである。地域グループに分けて見た場合、西半球とオセアニアは利益を得た一方で、その他すべてが損失を被った（次頁の図5参照）。

その点、大恐慌は全体的に見てまったく異った影響を及ぼした。豊かな国々の中で最も損失を被ったのはカナダ、米国、ドイツだった。1929—33年の間に、米国とカナダは1人当たり所得の30パーセント、ドイツは同20パーセントを失った（もっとも、ドイツの場合、ヒトラーが1933年に政権を掌握した後、上昇に転じている）。これら3カ国に次いで、フランス、スペイン、オランダが10パーセント、英国が約5パーセントの損失を被った。しかし多くの貧しい国々は、比較的に無傷で大恐慌を乗り切った。日本と、日本の占領下にあった朝鮮は成長し続けていた。中国もまた同様だ（すでに指摘したように、1930年代当時、中国は世界で最も貧しい国だった）。ソヴィエト連邦は1928年に第1次5カ年計画を開始して、少なくとも20パーセントの成長を達成していた。ポルトガル、ノルウェー、トルコなどの国々も同様だった。大恐慌の影響を地域別に見た場合、最も深刻な影響を被ったのは「西欧の子孫たち」の国々、すなわち米国、カナダ、オーストラリア、ニュージーランドだった（これらの国々は後に、

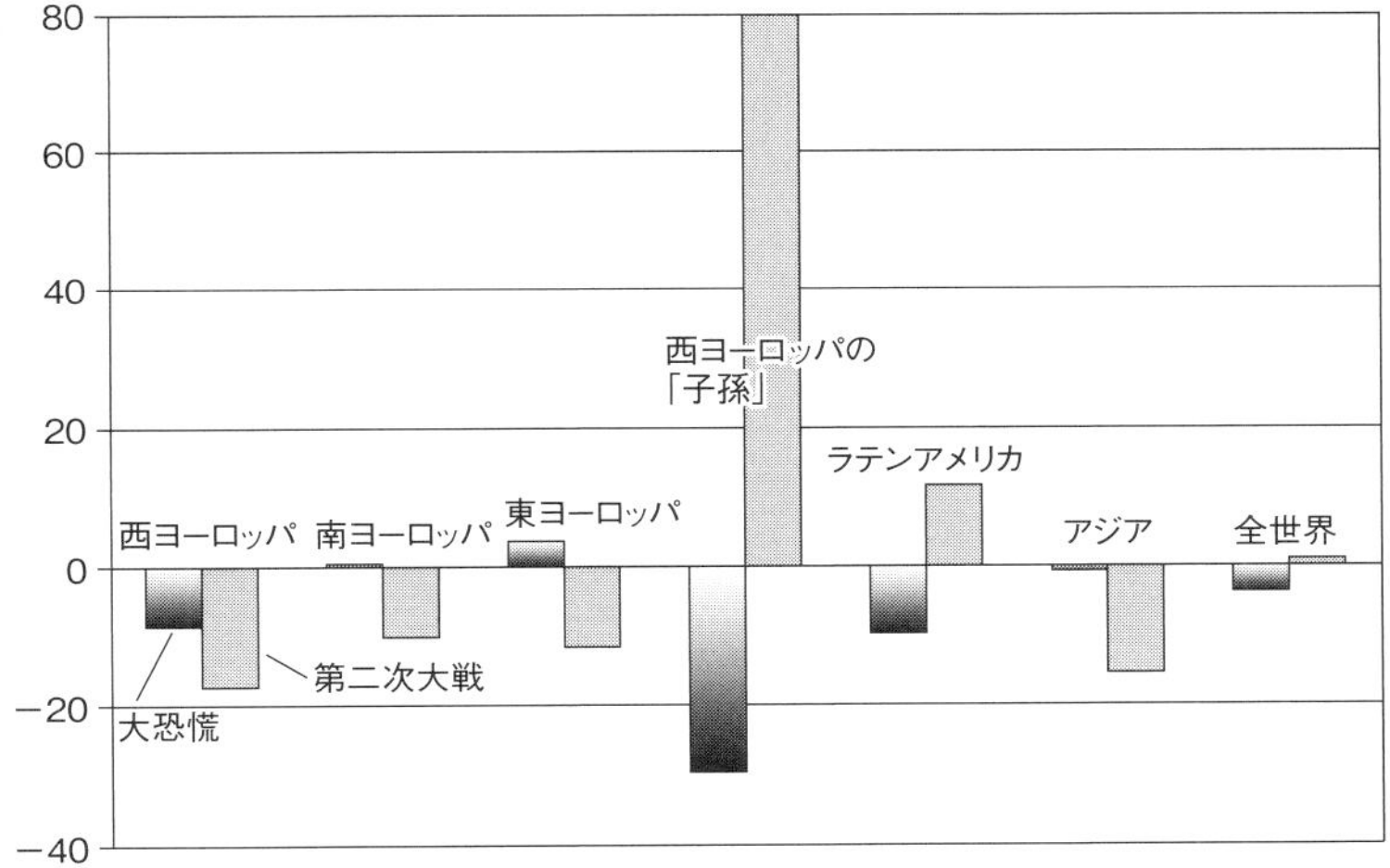

図5　1929-33年と1938-45年の両期間における1人当たり生産高の変化（単位はパーセント）

注：地域平均は人口で調整済み。1929-33年のデータは、1933年の43カ国の総人口18億人（全世界の人口の約90パーセント）に基づいている。また、1938-45年のデータは、43カ国の総人口約12億人（全世界の人口の約60パーセント）に基づいている。中国は、第二次世界大戦時の合計には含まれていない。中国を算入した場合、世界の総生産高の変化は（図に示したような）微増から微減に転じる可能性がある。

出典：次の資料を基に計算した：Angus Maddison, *Contours of the World Economy: Essays in Macroeconomic History, 1-2030 AD*（Oxford: Oxford University Press, 2004）.

第二次世界大戦の主たる受益者となる）。そして影響を最小限にとどめたのは、ソヴィエトの成長の恩恵を被った東欧、そして南欧とアジアだった（図5参照）。大恐慌の全期間を通じて、世界は1人当たり所得の約4パーセントを失った。これとは対照的に、第二次世界大戦では5000万人の命が失われたにもかかわらず、全世界の1人当たり生産高の点で見ると、せいぜい0・5—1パーセントの落ち込みで済んでいるのである（ただし、一般消費財とともに航空機、潜水艦、弾薬、戦車などの価値も算入している）。

第3章　不平等な世界——世界の市民の不平等

一国内の国民間の不平等と国家間の不平等を組み合わせることで、世界中の市民の間のグローバルな不平等を推定する——容易なことに思えるかもしれないが、残念ながら、さにあらずである。

第一に、必要なデータが欠けている。国家間の不平等を調べるために必要な1人当たりGDPに関するデータは、19世紀初頭から——それどころか、ローマ帝国のような古代社会に関しても——かなり正確に推定されているのに対して、国内の分布状況に関するデータは、ごく最近のものに限られている。各国内の個人間の所得格差を算出するのに必要な家計調査は、生産された財とサービスの単なる総和よりも入手が難しいのだ。さらにグローバルなレベルの所得分布にアプローチするためには、人口と総所得の観点から重要とみなされる国々すべての家計調査データを入手して、それらのデータが世界の人口と所得の少なくとも90パーセントをカバーするようにしなければならない。このベンチマークで遡れるのはせいぜい１９８０年代半ばまでで、それ以前については中国、ソヴィエト連邦、アフリカの3大地域に関して所得分布データは存在しないか、入手不可能だった。まず中国で最初の本格的な全国世帯収入調査が行われたのは、１９８０年代初頭だった。またソヴィエト連邦では、完璧さからはほど遠いものの、それなりに有効な調査が１９２０年代から実施されていたが、１９８０年代中頃のグラスノスチ導入以前には入手不可能だった。最後にアフリカ諸国では、統計機関が脆弱で情報源を欠いているなどの理由から、家計の実態調査はまったく実施されていなかった。しかしこの状況も、国際機関、特に世界銀行の積極的な関与によって期を同じくして変化した。これら3地域で運良く状況が進展したおかげで、国民所得の分布の型を推測することによってではなく、個人所得の直接的な推定に基づいて、グローバルな不平等を正確に評価する道が開けたのである。

データに関する問題以前に、ごく最近まで所得分布は純粋に国内問題であり、グローバルな問題ではないと考えられていた。所得分布とは一見無関係に思えるグローバルな不平等といった概念について考えたり、算定したりする必要もなかったのだ。グローバリゼーションが進展して、異なる大陸の異なる国々の多くの人々がより緊密に接触するようになり、加えて「グローバル・ガバナンスの初期制度」のようなものがおずおずと姿を現すようになって初めて、自分たちの所得を遠い国々の人々の所得と比較することは意味を持ち始めたのである。それも単に平均所得を比較するだけではなく、個々人の所得を直接的に比較するのである。世界がグローバル化するとともに、友人の人数も何倍にも膨れ上がったのである。

歴史上、このプロセスとよく似ているのが、中央集権化された政府を持つ国民国家が形成された事例である。これと同時に、国民所得の分布にも関心が寄せられるようになった。国民国家以前は、国は孤立した都市や町や村落で構成されていることが多く、その住民は滅多に交流することはなく、君主が交代して政治地図上に新たな主権が登場しても、それを知ることもなかったから、一国内の個人所得を測定する必要も能力も存在しなかった。パレートが国民所得の分布の実証に関心を抱いたときには（1章の冒頭および1の10参照）、所得の問題はすでに社会的に認識され、断片的ではあったがデータは入手可能だった。同様に、グローバルな所得分布の調査を行うことを可能にするデータが明らかになったのと、所得分布調査が知的で興味深く挑戦しがいのある仕事になったのが同時期であったことは、単なる偶然などではない。マルクスも次のように述べている。「人間は……必然的に、解決可能な課題のみを自らに課す。なぜなら、詳細に検証すれば常にわかることだが、問題を解決するための具体的な条件がすでに整っている場合にのみ、問題は出現するからである」[1]。実際、グローバルな不平等が問題にされるようになったのは、その研究に必要なデータが初めて入手可能になったのとほぼ同時期なのである。

関心が集まってデータがそろったため、各国の所得分布を巨大なグローバルな所得分布と照らし合わせて、世界をあたかもひとつの国のように扱って、グローバルな不平等を算定することが初めて比較的容易になった。一連の調査結果は、１９８８年から２００５年にかけての概ね5年間隔で、ベンチマークとなる年度ごとに作成された[2]。

調査の結果、グローバルな不平等は極めて深刻であることがわかったのは予想通りと言えよう。世界のジニ係数は70に達する。これは、世界中のどの国のジニ係数よりも高い値である。不平等の見本のような南アフリカやブラジルでさえ、ジニ係数はたった60かそこらだ[3]。しかも、このジニ係数70は、貧しい国々に住んでいる人々の個人所得を、それらの国々の低い物価水準に合わせて調整したうえでの値である。もしドル建て実質所得で計算したならば、不平等はさらに拡大して、ジニ係数は80に達してしまうだろう。しかしジニ係数70もしくは80とは、本当のところ何を意味するのだろうか。グローバルな不平等は、少なくとも直接的に測定することが可能になって以来、拡大したのだろうか、それとも縮小したのだろうか。グローバリゼーションとグローバルな不平等の因果関係に関して、何かを語ることはできるのだろうか。

今日のグローバルな所得分布は、最も富裕な所得層10パーセントが全世界の所得の56パーセントを受け取る一方で、最貧層10パーセントは全世界の所得のわずか０・７パーセントしか受け取っていないという状況だ。世界の最上位10パーセントと最下位10パーセントの、それぞれの平均所得の比率は約80対1である。わかりやすくするために比較すると、通常の先進国の国内の同様の比率は、10対1を上回ることは滅多にない。しかし、グローバルな所得分布について別の見方をすると、最も裕福な5パーセントが全世界の所得の37パーセントを占有し、最も貧しい5パーセントの占有率は０・２パーセント以下だということがわかる。このようにグローバルな所得ピラミッドの天辺と底辺の比率は、ほとんど２００対1なのである。最も富める者が1年間で手にするものを得るためには、最も貧しい者は2世紀以上というあり得ない期間を働き続けなければならないのだ。このような比較例はいくらでも挙げることができる。そして、ピラミッドの天辺あるいは底辺に近づけば近づくほど、話はさらに極端なものになっていく。

貧しい国々の比較的低い物価水準に合わせて調整した購買力平価ドルではなく、単純なドル換算で見た場合、その隔たりはますます大きくなる。上位10パーセントが世界の総所得の3分の2以上、さらに上位5パーセントは45パーセントを得ている。その一方で、下位5パーセントと10パーセントの人々の占有率はごくわずかである。

グローバルな所得分布は、１９８０年代末からよりいっそう不均等になったのだろうか。この疑問に対して最も慎重に答えるならば、おそらく「そうではない」となるだろう。グローバルな所得分布を作成するために利用された家計水準データは、それ自体が多くの問題を抱えている。まず、統計学的に言うところのＳ／Ｎ比〔noise-to-signal ratio、信号に対するノイズ（雑音）の量を対数で表したもの〕が大きい。調査が異なれば、データの収集方法は異なり、所得の構成要素の定義も異なるということだ。「住居の価値の帰属計算のための最も良い方法は？」「家庭で生産されて消費された財の価値を評価する方法は？」「自営業者の企業所得と家計所得を区別する方法は？」といった疑問への答えが明確でなく、富裕層が調査に参加したがるかどうかにも差がある。このように、ジニ係数の推定では標準誤差がかなり大きいのである。グローバルな不平等を算定することが最初に試みられた1988年以来、ジニ係数はほぼ同じ70の水準を維持してきた。つまり、毎回（5年ごと）の「測定値」は、他の回の標準誤差1個分の範囲内にあるのだ。

しかし、これは単に計算に関する技術的な説明にすぎない。より本質的な問題は、過去30年間のグローバルな所得分布は三つの力によって決定されてきた、ということである。そのうち二つは不平等を上昇させる力であり、残り一つは下降させる力である——それも、非常に強力な。不平等を拡大させる力は、重要な大部分の国々（小国にも当てはまるが）の国内における所得格差の増大のことである（このことについては1章の冒頭で触れた）。ここで思い出してもらいたいのは、グローバルな不平等にたどり着くためには、各国間の不平等に加えて、それらの国々の国内に存在する不平等も合わせて考えなくてはならないということだ。したがって、この国内の不平等という要素が、グローバルな不平等を拡大している第1の力である。グローバルな不平等を深刻化する第2の力は、各国の平均所得の分岐である。2章の冒頭で指摘したように、貧しい国々は豊かな国々よりも成長の速度が遅い。これに対して、グローバルな所得分布に影響を及ぼしている第3の力とは、同等化する力、すなわち中国とインドの急速な発展である。中国とインドが急成長の道をたどり始めたとき、両国は比較的に貧しかったし、それは今も変わらない。しかし、貧しい国々の経済が豊かな国々の経済よりも急速に発展するなら、不平等は縮小する。

このように、グローバルな不平等について考えるということは、曲芸師のように同時にいくつものボールを巧みに投げ操るようなもので、把握するのが難しい問題なのである。そこで問題を解く鍵となる三つの疑問を提示することで、わかりやすく考えてみたい。

1　国内の不平等は拡大しているのか、いないのか。
2　平均的に成長が早いのは、貧しい国々か、それとも豊かな国々か。
3　中国とインドは、豊かな国々よりも早く成長しているのか。

1980年代中頃から、第3の力〔中国とインドの成長〕は、第1の力〔国内の所得格差の拡大〕および第2の力〔国家間の平均所得の分岐〕と概ね均衡を保ってきた。最も重要なのは第3の力であり、その理由は、国家間の格差こそがグローバルな不平等の大半を説明するものだからである。そして、ここまで不平等が深刻化する原因となった、第1の力と第2の力のいずれかが方向転換したら、グローバルな不平等は著しく縮小するだろう。逆に、そうはならずに、中国とインドの成長が失速して世界平均のレベルかそれ以下に落ち込み、第1の力と第2の力に歯止めが掛からないままであれば、グローバルな不平等が再び拡大することは疑いないだろう。

グローバリゼーションとグローバルな不平等

グローバリゼーションとグローバルな不平等の変化の間の因果関係を把握することは可能だろうか。この疑問に答えることは難しく、状況にも左右される。グローバリゼーションがグローバルな不平等に影響を及ぼす経路は非常に複雑である。第一に、グローバリゼーションは貧しい国々と豊かな国々それぞれの国民所得の分布に、まったく異なるかたちで影響を及ぼすだろう。例えば、豊かな国々では不平等が拡大し、貧しい国々では不平等が縮小する、といった具合だ。第二に、グローバリゼーションは豊かな国々と貧しい国々の成長率に、それぞれ異なる影響を及ぼす。第三に、各国の成長率に対する影響の及ぼし方も国家の規模によって異なってくる。このように、これらの諸影響のもつれを解きほぐすことは、ほとんど不可能である。これらの影響のひとつひとつに関して、膨大な学術文献が存在し、それらの実証結果はあらゆる可能性を網羅している。グローバリゼーションがこの3つの経路でグローバルな不平等に及ぼす影響に関しては、コンセンサスは存在しないのである。

この問題について、その時々の状況に応じて答えるしかないことには深い理由がある。議論の便宜上、この学術的に論争の的となっている問題に関して突然にコンセンサスが成立したと仮定しよう。すなわち、グローバリゼーションは国民所得の分布にまったく影響を及ぼさず、貧しくて人口の多い国々の成長率を豊かな国々の成長率よりも速めていると仮定する。この考え方ではだめだろうか。こうすれば、第1の力（国内の所得格差）は影響を及ぼさず、第2の力（国家間の平均所得の格差）と第3の力（中国とインドの成長）は、平等にとってプラスに働くのだから、結局のところ、グローバリゼーションは世界を平等にするに違いない。しかし答えはなお、人口の多い国がすべての国の所得分布のどこに位置するかによって左右される。今日そうであり、また私たちが暗黙のうちにそう考えるように、人口の多い国々が貧しいのであれば、「グローバリゼーションは世界を平等にする」という先の結論には根拠がある。しかし、人口の多い国は必ず貧しい国でもあることを証明する確固たる証拠などない。米国は世界で3番目に人口の多い国だが、もっとも豊かな国のひとつではないか。それゆえ、貧しい国と人口の多い国を切り離して考えると状況は変わってくる。各国の平均所得が収斂すれば平等になるし、各国の不平等が変わらないという事実は中立に作用する。しかし、グローバリゼーションが人口の多い国にとってよいことであれば、そして、その人口の多い国が豊かな国であれば、世界の不平等は簡単に拡大してしまう。

この例は、ある単純なことを示している。もしグローバリゼーションがさまざまなやり方でグローバルな不平等に影響を及ぼしていることに同意するならば、例えば人口の多い国はグローバルな所得分布でどの位置にあるのかといった、その時々の状況が最終的な答えを決定するだろう。「グローバリゼーションはグローバルな不平等に対して、いかにして影響を及ぼすか？」といった疑問に対する一般的な答えなどあり得ないのである。せいぜい、そのときの状況に応じて答えるのが精一杯だろう。そうした状況から結論した、過去30年間で最善の回答は、すでに述べたように「グローバリゼーションの役割は良くも悪くもある」というものだ。不平等を拡大する力も働けば、不平等を相殺する力——その最たるものが、中国とインドの成長だ——も働くのである。

世界を背負うクジラたち

グローバルな不平等をより詳細に見るためには、頂点と底辺の所得を比較するだけでは不十分である。誰が頂点にいて、誰が底辺にいるかを知ることが重要である。各国間の所得格差がいかに大きいかについては、すでに2の1と2の4で触れたが、グローバルな所得分布の頂点にいる人々と底辺にいる人々とでは、国籍がまったく異なっていることを知っても驚く気にはなれないだろう。頂点の1パーセント、ざっと6000万人が世界で最も裕福な人々である。そのうちのほぼ5000万人が、西欧、北米、オセアニアの国民である（3の1参照）。次いで、上位10パーセントに注目しよう。この10パーセントでも状況は大して変わらない。その70パーセントが豊かな欧米諸国民であり、次いでアジア諸国民が20パーセント、ラテンアメリカ諸国民は5パーセント未満、そして東欧もしくは旧ソ連諸国民とアフリカ諸国民はごくわずかにすぎない。この上位10パーセントには、有意な数という意味では、中国人やインド人は含まれていない。しかし200万人以上の南アフリカ人と700万人のロシア人が含まれている。さて底辺の10パーセントの様相は、当然ながらまったく異なっている。70パーセントの人々がアジア出身、25パーセントがアフリカ出身、そして約5パーセントがラテンアメリカ出身である。底辺の10パーセントの中に、東欧諸国や豊かな欧米諸国の国民は含まれていない。

この状態を最適かつ美しく視覚化する方法は、ピラミッドを作成することである。そのためには、人々を最も貧しい者から最も富める者までランク付けした後、次の疑問に対して5回にわたって答えなければならない。最初の問いは「世界の所得の20パーセントを継続的に生み出すためには、最も貧しい人から順に何人必要だろうか」。次に、最貧よりはましな人々、中間所得層などについても、順番に同じことを問うとする。1回目の問いの最も貧しい人々の必要人数が多いことは明らかだろう。それは、最も貧しい人から順に世界の人口の77パーセントに相当する人数である。これがピラミッドの底辺層だ。次いで世界の所得の20パーセントを生み出すためには、最貧よりはましな人々は何人必要だろうか。必要となるのは世界の人口の12パーセントである。こうして、世界の所得の最後の20パーセントまで同様のことを繰り返す。この最後の20パーセントに必要なのは、世界の人口のわずか1・75パーセントの人々である。人数のピラミッドの最上層は小さく、底辺層は大きい。その結果を示したのが次頁の図6である。ピラミッドの斜面が急であるだけでなく、この図を見て思い出されるのは、この世を数頭のク

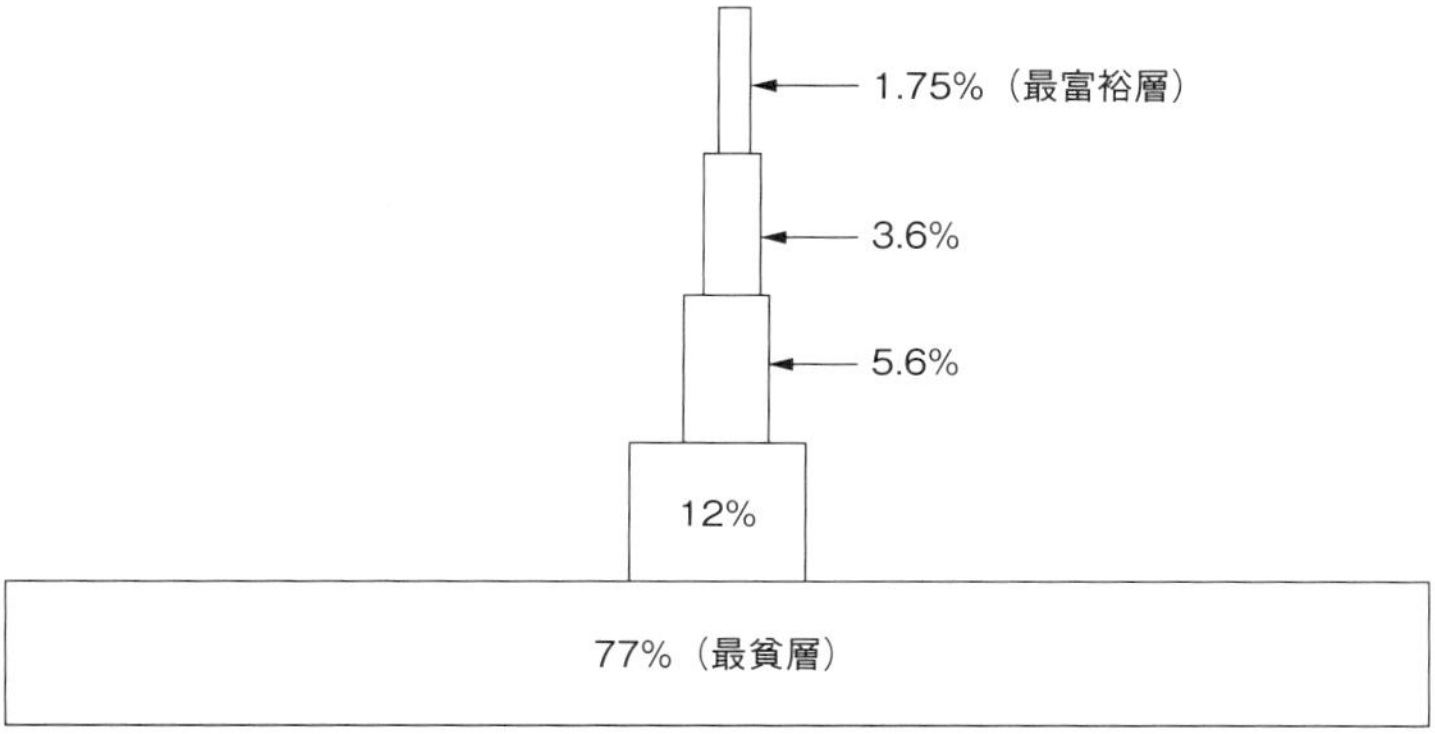

図６　ピラミッドで表した世界。世界の総所得の20パーセントを継続的に生み出すためには、世界の総人口の何パーセントの人々が必要かを示している。
注：各ブロックの幅は、総人口に占めるパーセンテージに比例している。一方、各ブロックの高さはすべて同じである（各ブロックはいずれも世界の総所得の20パーセントを生み出しているからだ）。

ジラの背に乗った板のようなものとして考える古代の世界観である。この比喩に登場するクジラは、実のところ世界の貧しい人々なのである。

長時間かけて変容してきたグローバルな不平等

１９８０年代以降、世界のほとんどの国で家計調査が行われるようになって以来、この時期のグローバルな不平等に関しては、かなり正確なデータを得られるようになったが、それ以前の時代にグローバルな不平等がどのように変化してきたかを知ることは非常に難しい。過去の各国の所得分布がどのようなものであったかについては、大胆な仮説を意欲的に用いた研究が行われるようになった[4]。またグローバルな不平等を拡大する主な力は、１人当たりＧＤＰの国家間格差にあるという重要な事実が解明された（これに関しては、詳細なデータが存在する）。以上の研究と事実解明のおかげで、過去におけるグローバルな不平等についても、多少なりともわかってきた。所得分布研究の権威である経済学者のフランソワ・ブルギニョンと、フランスの経済史研究家のクリスチャン・モリソンの推定によると、1820年のグローバルな不平等はジニ係数50だったが、1910年は61に上昇し、1950年は64、1992年には66に達した。[5] 産業革命以来、グローバルな不平等は常に拡大してきたが、その拡大率は縮小傾向にあった。ところが過去二十数年間、不平等の拡大率は上昇に転じ、極めて高い値を保っている。

将来、グローバルな不平等がどの方向に進むかを予測することは容易ではない。米国の著名な社会学者グレン・ファイアボーと、ノーベル経済学賞を受賞したロバート・ルーカスによれば、現在は巨大な「不平等過渡期」にあり、最悪の不平等はすでに通過したか、今まさに直面している最中だという。グローバルな不平等は今後、中国とインドが高い成長率を維持し続けることによって縮小されるだろう、というわけだ。[6] その可能性は大いにあるが、中国とインドの経済発展が中断することはないと性急に決めつけることなく、慎重であるべきだろう。両国の発展を狂わせかねない、予見不可能な状況は数多く存在する（特に中国に関しては1の9参照）。また、この予想は特定の一、二カ国の動向に基づいたものであり、世界情勢に基づくものではないことを認識する必要がある。すなわち、個々の国には世界情勢から逸脱、逆行する「自由」はあるにしても、大多数の国の動きが方向性を決定するだろう。たとえ中国とインドが現在の成長率を維持したとしても、それがグローバルな不平等の順調な縮小を保証するものではない。なぜなら、約20年後、中国とインドが成長して、国家として中間所得層の域を超えても、インドネシア、バングラデシュ、ナイジェリア、パキスタンなどの他の大国が大きく立ち遅れているままだとしたら、グローバルな不平等を拡大させることになるからだ。[7]

今日の世界の市民の間の不平等は、おそらく、これまでにない高いレベルに達しているのだろう。しかもこの不平等はピーク状態にあるのではなく、高レベルのまま安定状態にあるのだ。産業革命以来、グローバルな不平等は最初は急速に、次いでゆっくりと、しかし間断なく拡大を続けてきた。さらに重大なことに、グローバルな不平等を構成する要因、すなわちグローバルな不平等を拡大する原動力は、時代とともに変遷してきた。グローバルな不平等は、各国内の不平等に支配される状態から、多くの場合、平均所得の国家間格差によって決定される状態へと移行してきた（2の1参照）。中国、インド、そして米国の相対的な所得位置は、グローバルな不平等のレベルと変化を決定付ける重要な役割を果たしている。

グローバルな不平等は問題なのか

コロンビア大学経済学教授のジャグディシュ・バグワティは、その著書『グローバリゼーションを擁護する』で、グローバルな不平等に関する統計研究は、どれもこれも真面目に取り上げるまでもない馬鹿馬鹿しいものであると切って捨てた(8)。これほど過激でなくても、同様の主張をする人たちは他にもいる。なぜなら、あまりにも拡大したグローバルな不平等への不平不満を、直接ぶつける相手などいないからだ。一国内において人々は同じ政府を共有する。もし人々が、不平等はあまりにも深刻であり、社会はあまりにも不正であると感じたら、その意思を知らしめる政治的メカニズム――民主主義政権においては選挙、独裁政権においては反乱――を有している。統治者は、民主主義的であろうとなかろうと、自己保身のためには、民衆の意向に配慮して意思決定を行わなければならない。

しかし、グローバルなレベルでは、世界政府が存在しない以上、不平等に対する不満を有意義に表明したり、政治的行動に移したりすることは不可能であり、その意見は誰にも伝わらない。そして最も重大なことに、そうした意見に基づいて行動する政治家は存在しないのである。だからこそこう主張される。不平等は社会的に重要な問題であり、人々は不平等に関心を持ち、この問題のために進んで何かをなさなければならず、そのためには人々の間にグローバルなレベルでは欠如している連帯関係が存在していなければならない、と。この、いわゆる「分配的正義という政治概念」の有力な支持者であるトマス・ネーゲルは、次のように説明している。「正義とは、強力な政治的関係を結んでいる相手に対してのみ、共有する制度を通じて果たすべきものである。それは……連合体に属する者の義務なのである」(9)。分配的正義という政治的概念は、外国人を援助するという人道的な義務を除外するものではないが、それ以上のことを豊かな人々や豊かな国々に負わせてもいないのである。

哲学者のジョン・ロールズは別の視点から、グローバルな不平等が重要な問題ではない理由を述べている。ロールズの考えによれば、その著書『正義論』の諸条件が個々の国家において満たされるのが、最も望ましい世界的な制度である。すなわち、グローバルなレベルでは、それぞれに異なる諸原則が保持されて良いのであり、豊かな国々の援助義務は、その程度と期間において限定的であって然るべきなのだ(3の8参照)。言い換えると、正義ある世界とは、正義を果たす国家で構成される世界なのである。つまりロールズの考えでは、個々の国家レベルの最適条件が達成されるならば、グローバルな最適条件も自ずから達成されることになるのだ。

直感的に言って、これらの主張のどれひとつとして正しいとは思えない。世界の人口の1・75パーセントにすぎない最も豊かな人々の所得が、最も貧しい77パーセントの人々の所得と同じであるという事実は、妥当とも最適とも、関心を寄せる必要のない問題とも思えないのだ。不平等が重要な問題だとする十分な理由は、少なくとも二つある。まず第一に、不平等は別の問題の原因になっていると考えられる。国家間の深刻な所得格差に、社会的に持続不可能な国際的移民流出の原因となっている。国内では、共同体および個人間の深刻な不平等は、政治的不安定を伴う。一国内の政治的不安定は、隣国だけでなく他の地域にまで波及する恐れがある。そして不安定はカオスを招く。ソマリア沖の海賊行為からメキシコのインフルエンザまで、さまざまな最近の事例は、いかに局所的な貧困——グローバルな不平等を別の言い方で表現した言葉である——が、世界の他の地域に対して容易に影響を及ぼし得るかを示している。例えば、ソマリアにおける貧困と無秩序は、世界で最もデリケートな地域で船舶による石油の国際輸送を停止させる恐れがあった。また、メキシコ国内の貧困と劣悪な衛生状態は、世界の隅々までインフルエンザを流行させて、数千人が感染し、数百人が死亡する事態を招いた。言い換えると、グローバルな不平等が深刻化すると、世界的なカオスが引き起こされる恐れも高まるのだ。

第二に、グローバルな不平等を縮小するための倫理的議論も提示できる。正義について関心の領域を制限する必要はないし、援助義務の対象を政治制度を共有する人々、つまりは同国人に限定する必要もない。人々が共通の関心を抱くようになるのは、政治哲学者チャールズ・ベイツが言うところの「必然的関係」——何らかの重要性を持つ関係——が、世界のどこにいるかに関係なく、個人間で成立したときである[10]。それは商取引、移民、投資などの関係かもしれないし、世界銀行や国際通貨基金や世界貿易機関、あるいは気候変動に関する組織などの国際機関によって調停される関係——さまざまな国の個人に行動規範を課し、良かれ悪しかれ重大な影響を及ぼす関係——かもしれない。こうした原則を定義する国際機関が登場し、十分に濃密な経済関係が存在すると——つまり、十分な数の人々が相互に影響を与えあい、取引し、国際機関が発信する規範や措置によって影響を受けるようになると、正義を行う義務が生じ、それゆえグローバルな不平等と再分配についての関心も生じるのである[11]。

さらに積極的な立場を取っているのが、いわゆるコスモポリタニズムと呼ばれる考え方だ。この考え方では、世界は同等の道徳的価値を有し、それぞれに対して同等に道徳的主張を行うことができる人々によって構成されている。家族関係、地理的近接性、共有される制度のいずれも、ある集団の他の集団に対する特権を与えるものではない。我々がすべきことは――すでに実行している人々もいるだろうが――すべての人々を等しい注意と関心の対象とみなすことである[12]。その場合、国家レベルの不平等とグローバルなレベルの不平等の間に本当の意味での相違はあり得ない。両方ともに等しく重要なのである。国内で不平等の縮小を目指すなら、世界でも目指さなければならないのだ。

グローバリゼーションのトリレンマ

ハーヴァード大学の経済学者ダニ・ロドリックは世界経済では「三つの政策を同時に実行できない」という意味で「トリレンマ（さんすくみ）」という言葉を使ったが、これをグローバリゼーションに当てはめると、(1) グローバリゼーションが継続する、(2) 平均所得の国家間格差が巨大で、かつ拡大する、(3) 労働力の国際的移動が厳しく制限されたままである、という三つは同時進行しえないことがわかる。グローバリゼーション2・0をこれまで特徴付けてきた、これら3つの条件を永久に維持することは不可能である。グローバリゼーションは当然の帰結として、世界の人々の生活状況に関する知識と認識を深めることにつながり、国家間の所得格差が大きければ、移民を希望する人々が増えることになる。しかし、2の4と2の5で述べたように、豊かな国々にとって大規模な移民は政治的に受け入れ難く、以前にも増して移民流入を阻止するハードルを上げている。

しかし長い目で見れば、グローバリゼーションが続く限り、反移民の戦いに勝ち目はない。より良い選択肢は、各国間の平均所得の格差を縮小させるための援助を行うことである。そうなれば、移民を希望する人々は減少し、生活水準の観点から見て世界はより均質な場所となり、グローバリゼーションの継続が脅かされることもないだろう。さもなければ国家間の所得格差は拡大したままとなり、豊かな国々は移民を制限または禁止し、グローバリゼーションは縮小を余儀なくされるだろう。このように、グローバリゼーション、国家間の所得格差、移民圧力という3つの重要な問題が、相互に影響を与えながら推移していることは、十分には認識されていない。しかし選択は比較的に単純だ——厳しくはあるが。経済と人々をより緊密に統合するためには、貧しい人々の所得を、彼らが今現在住んでいる国々においても上昇させる必要がある。でなければ、貧しい人々は今まで以上に大挙して、豊かな国々に押し寄せてくるだろう。

3の1　あなたは世界の所得分布のどこにいるのか

世界の所得分布の中で自分はどの位置にいるかを知ることのできる、インターネットのサイトを利用したことのある人は多いだろう。所得額を入力するだけで間髪を入れず、世界の所得分布のどのあたりにいるかを、まるで魔法のように教えてくれるはずだ。実のところ、著者自身も自著『分断された世界』のデータを用いて所得分布を作成するために、この手のサイトのいくつかにアクセスしたことがある。もっとも、著者はこれらのサイトが行っていることと何の関係もないし、その計算方法についても知らないが。さて、本書でも同様のことを試みよう。

インターネット・サイトによる推測は、おそらく間違っているだろう。たぶん最良のデータを使っていないのだろうが、それだからでは必ずしもなく、グローバルな（もしくは、一国についての）所得分布のなかに自分の立場をまともに位置づけるために入力する必要がある情報について、きちんと説明していないからだ。

そういうわけで、まず、ちょっとした宿題を出そう。まるで国税庁みたいなことを言って申し訳ないが、三つの作業を行ってもらいたい。まず自分の世帯の人数を数え、年間の総世帯所得を計算し、最後に最も厄介な問題である住居費や住居からの収入の帰属計算などをどう扱うかを決めてもらいたい。

ではまず、世帯の規模から始めよう。同一世帯の人とは、家で一緒に食事をして、同じ屋根の下で眠る人々のことである。長年同居している親戚や友人は計算に入れるが、お手伝いさんや貸借人は、同じ家で暮らしていようと計算外である。別居している子どもも、たとえ大学生であるためにその生活費のほとんどを読者が負担していようと計算外である。奇妙で恣意的なことに思えるかもしれないが、さにあらず。同一世帯のメンバーはすべてを均等に共有する、というのが前提条件なのだ。つまり、長年同居している親戚も食事や家の設備などの恩恵を等しく受けているのだから、その所得で家計を分担しなければならない。しかし別居している子どもは、すでに別の世帯なのである。たとえ子どもの生活費を負担していようと、それは任意の私的な移転とみなされる。子どもの面倒をみてやることは、自分で決めたことなのだ。厳密に解釈すれば、そのお金で新車を買ったりヴァカンスに出かけたりすることもできるのに、好きこのんで子どもの面倒をみている、ということになる。

次に、いよいよ国税庁もどきの宿題に取り掛かろう。世帯所得の額を決めるのだ。家族全員の賃金と社会保障制度による収入（年金など）、家族が所有する資産からの収入（不動産賃貸料、銀行預金の利子、企業活動による利益、株式や債券の運用益など）を合計する。すべては年間ベースで計算するので、各収入源からの年間所得に着目しなければならない。企業所得か自営所得かを決めるのは難しい場合も多いが、納税申告書を書く時程度に考えておけばよい（ただし、課税所得を減じるために国税庁に申告する出費は、統計目的の家計所得を算出する場合には認められない）。キャピタル・ゲインも所得の一部に含めなければならない[1]。そののち、家族全員が支払った直接税を差し引く必要がある。社会保障負担額が義務的に源泉徴収される米国のように、税金が源泉徴収される国では、話はより簡単である。わざわざ税金を差し引く必要はなく、手取り給与は直接税が差し引かれた額である。

さて、ここで極めてややこしい問題、住宅について考えよう。多くの複雑な理由のために、この住宅の問題は概ね無視せざるを得ないが、その論理については説明しておくべきだろう。例えば、所得１００ドルの人物が２人いて、１人は自宅を所有し、もう１人は住居を賃借しているとする。常識では、自宅を所有している人のほうが、賃貸している人よりも恵まれているように思える。事実、所得１００ドルに住宅サービスの帰属価値、つまり、その住宅を貸した場合に受け取ることのできる賃貸料を加える必要があるのは、そのためである。これは本当に面倒なことだ。なぜなら、たいていの人たちの立場は中間的、つまり１００パーセントの持ち主でもなければ、まったくの賃借人でもないからだ。住宅ローンの一部、たとえば半分しか払い終えていない場合は、帰属できるのは推定賃貸料の半分だけということになる。これがただで住むことのできる部分である。しかし実際問題として、確実な範囲で所得を見積もりたいから、住宅の帰属計算は全体的に省略して、所得に何も加えない。住宅やアパートを完全に所有している場合だけ、算定された賃貸料を所得に加えるべきとしよう。

最後にもうひとつ、これも残念ながら極めて大雑把に行われなければならないことがある。ここまで計算してきた所得を、住んでいる国の物価水準に合わせて調整するのだ。さまざまな国々のさまざまな人々が享受する厚生を比較する場合には、物価水準は国によって異なるという事実を考慮しなければならない。例えば、同等の生活を米国とインドで営む場合、インドの生活費のほうが少なくて済む（2章冒頭参照）。一般的に言って、住んでいる国が貧しければ貧しいほど、物価水準はより低くなり、算出した所得をより上方修正しなければならない。もし米国に住んでいるなら、修正する必要はない。なぜなら、米国の物価水準が国際的な物価水準と等しくなるように国際的に計算されているからだ。算出した自分の所得に1を掛ければよい。大雑把な経験則から言うと、西欧、オーストラリア、ニュージーランドに住んでいるなら、これらの地域の物価が高いことを考慮して、算出した所得を10―20パーセント低めに調整しなければならない。もっと物価の安い南欧諸国、トルコ、ギリシア、ポルトガルなどに住んでいるなら、所得を10―20パーセント高めに調整する。ロシアを含む東欧、ラテンアメリカの場合は、所得を2倍にする。中国、アフリカ、インドネシアは2・5倍、最後にインドに住んでいる場合は3倍にする。ただし、エジプト、ボリビア、エチオピアに住んでいるのなら、4倍に調整したほうがいいだろう。

これで準備は整った。算出した所得額に、もしあるなら住宅の帰属家賃を加えて、同一世帯者の人数で割り、さらに住んでいる国の物価水準に合わせて調整ができたはずだ[2]。最終的な数字を書き留めよう。

もし所得が購買力平価1225ドル（以下、ドルと表記）より多ければ、世界の所得分布の上半分に属していることになる[3]。では、もっと上を狙ってみよう。上位40パーセントに入るためには、約1770ドルの1人当たり所得が必要となる。上位30パーセントなら、2720ドルだ。

一定のレベルを超えると、さらに数パーセント上位に入るために必要となる閾値は急激に高くなる。世界の上位5分の1（世界で最も裕福な20パーセント）に入るためには、年間5000ドル、世界の上位10分の1なら最低1万2000ドル必要だ。トップ5パーセントともなれば、必要条件は1万8500

ドルである。そして、いよいよ世界の頂点1パーセントの閾値は、3万4000ドルだ。

1人当たり年間3万4000ドル以上を稼ぐ、世界で最も裕福な1パーセントの6000万人は、どういった人々で、どこに住んでいるのだろうか[4]。驚くまでもなく、その約半分は米国人、厳密に言えば2900万人の米国人だ。次いで約400万人のドイツ人、そしてフランス人、イタリア人、英国人が各300万人、カナダ人、韓国人、日本人、ブラジル人が各200万人、スイス人、スペイン人、オーストラリア人、オランダ人、台湾人、チリ人とシンガポール人が約100万人と続く。統計学的に有意の数という意味では、アフリカ、中国、インド、東欧、ロシアの出身者はいない。

では最後に、世界で最も裕福な1パーセントの、さらにその10分の1に入るための閾値を算定してみよう。このレベルになると不確実さが増加して、このような尊い地位に必要な金額を少なく見積もってしまう恐れがある。なぜなら真に豊かな人々は、そもそも家計調査に参加しないか、あるいは自分たちの所得を意図的に過小評価するからである。これらの注意点を心に留めたうえで見積もれば、世界で最も豊かな600万人になるためには、年収7万ドルが必要だと考えられる[5]。これは簡単に覚えることのできる数字だ。世界で最も豊かな600万–700万人になるためには、家族1人当たり7万ドルの税引き後年間所得がなければならないのだ。

この「世界の頂点」に、1の10で定義したパレートの法則がいかに働いているかを確認してみよう。トップ1パーセントからトップ0・1パーセントへ上がることは、人数が6000万人から600万人に下がることを意味する。その一方で、所得の閾値は3万4000ドルから7万ドルへと、約2倍になる。公式によれば、パレートの「ギロチン」定数は3・2である[6]。この数値は、パレートが19世紀末から20世紀初頭のヨーロッパの国々を対象とした調査で推定した数値をはるかに上回っている（パレートの「係数」は1・4―1・5である）。結論を言うと、世界の所得分布の頂点では、「所得のギロチン」ははるかに鋭敏に作動する。要求される所得の閾値がほんのわずか上昇しただけで、かなりの割合の人々が「不適格」となってしまう。トップの地位は滑り落ちやすいものなのだ。

3の2　世界に中間層は存在するか

世界には中間層《ミドルクラス》が存在する、とよく言われる。(1) 中国とインドの高い成長率と膨大な人口、その多くの国民が中間層と呼べるだけの所得を得るようになったことは印象的であり、その結果、グローバルな中間層がすでに存在しているかのように語られている。しかし実のところ、グローバルな中間層はせいぜい芽生え始めた程度にすぎない。

グローバルな中間層について論じたいなら、規模に関係なく一国内の中間層を定義するための原則を用いて、グローバルな中間層を定義する必要がある。最近の一般的な手法では、国民所得の中央値の25パーセント以内の所得を得ている人々を中間層とみなしている(2)（所得の中央値とは、人口を等分する所得額のことである。人口の50パーセントの所得はその額よりも多く、残り50パーセントの所得はより少ない）。大部分のラテンアメリカ諸国のような、格差が大きくて中間層が少ない国々では、人口の約20パーセントしか中間層に該当しない。一方、先進国では、中間層は約40パーセントである。さらに、この二つの中間層は、それぞれの国民所得の平均から見ると、同じように豊かではない。ラテンアメリカ諸国では、中間層の平均所得は国民所得の平均の60パーセント程度である。西欧、米国、カナダでは、中間層の平均所得は国民所得の平均の約85パーセントである。(3) 中間層の割合とその所得という二つの数字から、中間層が小規模かつ脆弱であろうと推測される社会と、基本的に社会そのものが中間層である社会を、実証的に線引きできるだろう。これらのデータに世界を当てはめたらどうなるだろうか。

その結果は思わしくない。グローバルな数値を算出できる最新のデータが存在する2005年の場合、グローバルな中間層は8億5000万人で、世界の総人口のわずか15パーセント弱である。グローバルな中間層の平均所得もまた、世界の平均所得のわずか29パーセントである。こうした状況では、「中間層」と呼ぶことには、多少なりとも語弊があるだろう。その原因は、この世界に存在する巨大な格差であり、この格差が2005年の世界の平均所得をたった購買力平価で1225ドル〔以下、ドルと表記〕にしているのだ（3の1参照）。これは1人当たり1日3・3ドルであり、豊かな国々の法定貧困レベルの4分の1以下である。したがって、このグループは〈グローバルな中央値層〉と呼ぶべきだろう。この中央値層を構成するのは、1人当たりの1日の所得が2・5ドルから4ドルを少し超える範囲の人々である。言い換えると、グローバルな中央値層は、先進国の基準では貧困層に相当することを肝に銘じなければならない。しかも、グローバルな中央値層は、パナマやブラジルなどの中間層よりも小規模であり、経済的にもはるかに脆弱である。グローバルな中央値層が得ているのは、世界の総所得の4パーセントであるのに対し、先進諸国の中間層は世界の総所得の3分の1を得ているのだ。マーク・トウェインは「世の中には三つの嘘がある——嘘、真っ赤な嘘、そして統計だ」と言ったそうだが、その警句に従えば、「グローバルな中央値層の台頭」などというレポートは誇張が過ぎるというものだ。ましてや、グローバル「中間層」なんて、とんでもない！

しかし、次の問いを発することはできるだろう——これほど厳しい現状だが、それでも過去に比べれば改善されているのではないか。残念ながら、十分に過去をさかのぼって検証することはできない。この手の計算をするためには、世界中のほぼすべての国家の家計調査データが必要であり、そうしたデータは1988年以前については入手できないからだ。しかし、これまでと同じ定義を1988年にも当てはめると、当時のグローバルな中央値層は世界の総人口の13パーセントを占め、その平均所得はグローバルな平均所得の23パーセントだった。同様に、中央値層が世界の総人口に占める割合と、その平均所得のグローバルな平均所得に対する比率を時代を追って列挙すると、1993年は14パーセントと26パーセント、1998年は17パーセントと27パーセント、2002年は15パーセントと25パーセントとなっている。そして2005年について言えば、グローバルな中央値層と見なされる人々の割合に関して、明白な変動は見られない。中央値層の人口割合は13パーセントから17パーセントの間で動いており、一貫してグローバルな総所得の5パーセント未満しか取得していない。つつましい中間層社会というにもほど遠い状態なのである。

すでに見たように、グローバルな中央値層の絶対数は8億5000万人と推定されている。もちろんこれは大きな数字だが、グローバルなレベルでの購買力は小さい。中央値層が稼いで消費する所得は、グローバルな所得の4—5パーセントにすぎない。これに比べると、世界で最も豊かな1パーセントの人々はグローバルな所得の13パーセント以上を得ている。もし、何かを売り出す気なら、トップ・グループこそ狙うべきターゲットだろう。なぜなら、トップ・グループの購買力は、過度に評価されているグローバルな中央値層の購買力の約3倍だからだ。

グローバルな中央値層の大部分はアジアの人々で、その数は6億人をわずかに下回る。ラテンアメリカの人々は9000万人、北アフリカを含めたアフリカの人々は1億人だ。このグローバルな中央値層を構成するのは主に、かつて第三世界と呼ばれていた国々だ。先進諸国の住民はわずか1500万人にすぎず、まったく含まれていないに等しいことは明らかである。なぜなら、先進諸国の住民でそれほどまでに貧しい人はほとんどいないからである。そのことは、グローバルな中央値層の中では上位の所得層でさえ、豊かな国々の法定貧困レベルに遠く及ばないという事実が暗に物語っている。事実上、グローバルな中央値層に属する豊かな世界の人々はすべて、西欧諸国の中で最も貧しい国、トルコの出身者なのだ。[4]

このように、ごく限られた人数しかいないというのに、グローバルな中央値層もしくは中間層についてこれほど多くが語られているのはなぜか。著者は二つの理由があると考える。第一に、世の人々が中国とインドの経済発展に強い印象を受けていることは間違いない。だからあまり考えずに、これらの貧しい国々で中間層と定義されているものを基準にして、グローバルな中間層について論じているのである。グローバルな中間層を定義する際に、平均所得が米国の10分の１しかない中国、17分の１しかないインドを基準にしても意味がないことが十分に認識されていないのだ。この傾向は、大衆向けメディアから学界にまで及んでいる。最近、１人当たり１日２ドルから10ドルの所得のある人はすべてグローバルな中間層に含まれるとの定義が示された。[5] この定義によると、グローバルな中間層のなかの下位層の所得は西欧諸国の貧困レベルの５分の１以下、上位層の所得でも米国の貧困レベル以下なのだ。欧米の基準では極貧状態の人がグローバルな中間層であると宣言することに、果たして意味があるのだろうか。

第二の理由として、グローバルな中間層を論じる人々が、貧しい諸国の人々がカラーテレビや携帯電話などの耐久消費財を大いに購入できるようになった状況に幻惑されていることが挙げられる。少し前までは携帯電話など存在しなかったのに、テクノロジーの革命と相対的な価格下落のおかげで、多くの人々が消費財を購入できるようになった。その価値と重要性を否定する気はさらさらないが、携帯電話は中間層の証ではない。粗末な小屋に不衛生な状態で住み、所得は不安定で、必要最低限の生活をするのがやっと、子どもを学校にやることはできないし、家族に適切な医療サービスを受けさせることもできない——そんな人を、携帯電話を持っているという理由だけで、想像上のグローバルな中間層に分類したところで何の意味もないのである。(6)

3の3　アメリカ合衆国とEUの違いは何か

EUが2007年にブルガリアとルーマニアをメンバーに加えて拡大した結果、27の加盟国で構成されるEUにおける不平等と、50州で構成される米国における不平等はほぼ同等になった——極めて興味深いことにこのように信じられているが、これは真実ではない。確かに両者のジニ係数は40を少し超えている。フランス、スペイン、ドイツなどヨーロッパの個々の国々に比べると、米国内の不平等はより深刻であると一般には考えられているが、EU全体の不平等は米国と同じである。

しかし、EUと米国それぞれの不平等の根底にある構造は、まったく異なっている。EUにおいては、ジニ係数40ポイント全体のうち23ポイントの原因は、加盟各国間の不平等、つまり平均所得の国家間格差である。一方、米国では、ジニ係数40ポイント全体のうち、各州間の平均所得の格差に起因するのは5ポイント未満である。

簡単に言うと、EUの不平等の主な原因は、各国が異なっていること、つまり豊かな国もあれば貧しい国もある、ということなのだ。一方、米国の不平等の主な原因は州に関係なく、富める者と貧しい者がいるということだ。ヨーロッパとは異なり、米国の富裕層と貧困層は特定の州に地理的に集中することなく、50州全体に分散している。

ＥＵを構成する諸国は、１人当たりＧＤＰが購買力平価で７万ドル〔以下、ドルと表記〕を超えるルクセンブルクのような最も富める国から、ルーマニアのように１人当たりＧＤＰがわずか１万ドル（それも、ルーマニアの低い物価水準に合わせて調整した金額である）の国まで、広範囲にわたっている。ルクセンブルクとルーマニアの平均所得を比べると、７対１になる。ヨーロッパ各国の国内所得分布は比較的幅が狭いので、ルクセンブルクとルーマニアそれぞれの人口を、最も貧しい層から豊かな層まで５パーセント刻みでグループ分けすると（これを「ベンティル」と呼ぶ）、ルクセンブルクの最も貧しいベンティルは、ルーマニアで最も豊かなベンティルよりも高い所得を得ている。言い換えると、ルクセンブルクの所得分布とルーマニアの所得分布はまったく重なり合わないのだ。ルーマニアの所得分布が終わったところから、ルクセンブルクの所得分布は始まる。実際、すべてのルクセンブルク人はすべてのルーマニア人より豊かなのだ。これほど極端ではないが、同様の状況は、デンマークやフィンランドをリトアニアやブルガリアなどの国々と比較したときにも生じる。デンマークやフィンランドの最も貧しいベンティルも、ルクセンブルクと同様、ＥＵで最も豊かな層だ。デンマークで最も貧しい人々でも、ブルガリアの人口の85パーセントよりは豊かなのだ。

これに対して、米国の不平等の状況はまったく異なっている。最も豊かな州ニューハンプシャーと最も貧しい州アーカンソーの１人当たり所得の比率は、１・５対１にすぎない(1)。各州の平均所得は非常に近い値にまとまっている。そのことは、米国の地図がほぼ均一な色合いで、各州の１人当たりＧＤＰを示していることからもわかる（次頁の地図）。これに対してＥＵ各国は、多様な平均所得を示している。米国の州全体の平均所得がまとまりを示しているという、いわゆる「収斂」は、過去50年間にわたって

所得水準
米国およびEUにおける1人当たりGDP、2008年

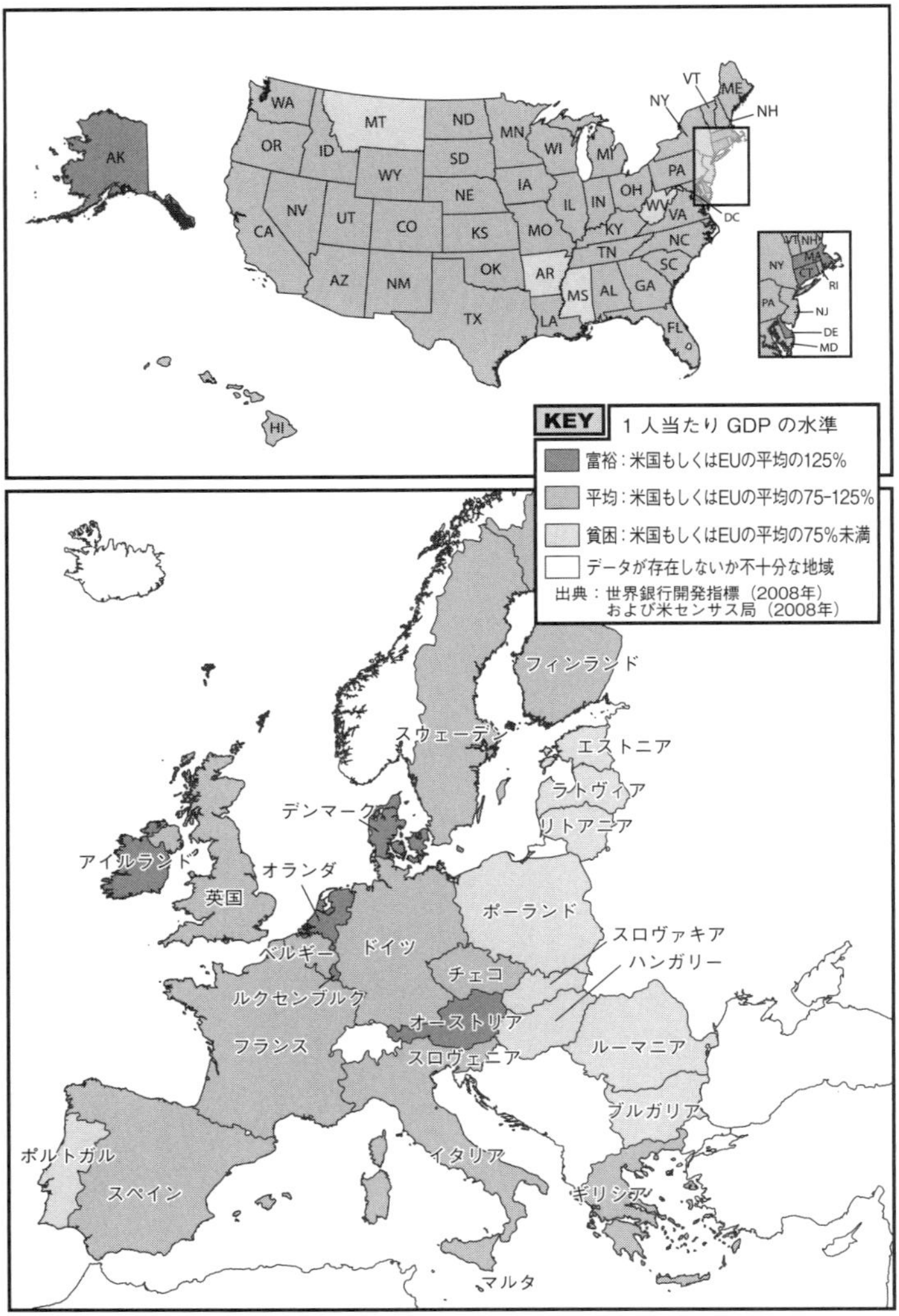

続いてきた。[2] しかし個々の州そのものは極めて不平等である。州レベルのジニ係数は、サウスダコタ州とウィスコンシン州の33ポイントで始まり——つまり、この２州が最も平等である——テキサス州とテネシー州の45ポイントという、ほとんどラテンアメリカ諸国並みの値で終わる。これもまた、ヨーロッパ各国における不平等と対照的である。ヨーロッパのジニ係数は、最も平等なデンマークとハンガリーの24—25ポイントから、最も不平等な英国とエストニアでも37ポイントまでである。

言い換えると、米国各州とヨーロッパ各国を個別に見た場合、英国のような不平等が深刻な国でも、米国に比べれば、かなり平等であるとみなせるのだ。英国を米国に当てはめると、16番目に平等な州に相当する。次頁の地図は米国とヨーロッパの不平等を対比させたもので、米国全体がジニ係数の高い不平等状態を意味する濃い色を均一に示しているのに対して、ＥＵ各国はさまざまな色合いを示し、一般にジニ係数は比較的に低い。

米国では、不平等は個人の問題である。ＥＵでは、不平等は国の問題である。したがって、不平等と貧困に取り組む政策もまた、米国とＥＵとでは当然異なる。米国では居住場所を問わず、貧しい個人を対象とした社会政策が実施されている。一方ＥＵでは、「結束」政策と呼ばれる社会政策が、貧しい国や地域（例えばイタリア南部）を対象に実施されている。なぜなら、それらの地域や国には、不釣り合いな数の貧しい人々が存在するからだ。

どちらのやり方がより優れているだろうか。所得の低い人々は地理的に集積していたほうがいいのか、それとも分散していたほうがいいのか。確かに、平均所得に大きな格差がある状態は、結束を成功させるためには望ましくない（１の８参照）。とりわけ、そうした格差が、民族、言語、文化、歴史など、人々の差異を際立たせる特徴に重なる場合はなおさらである。所得の溝とその他の溝は、互いの溝を深

所得の不平等
米国および EU、2005年頃

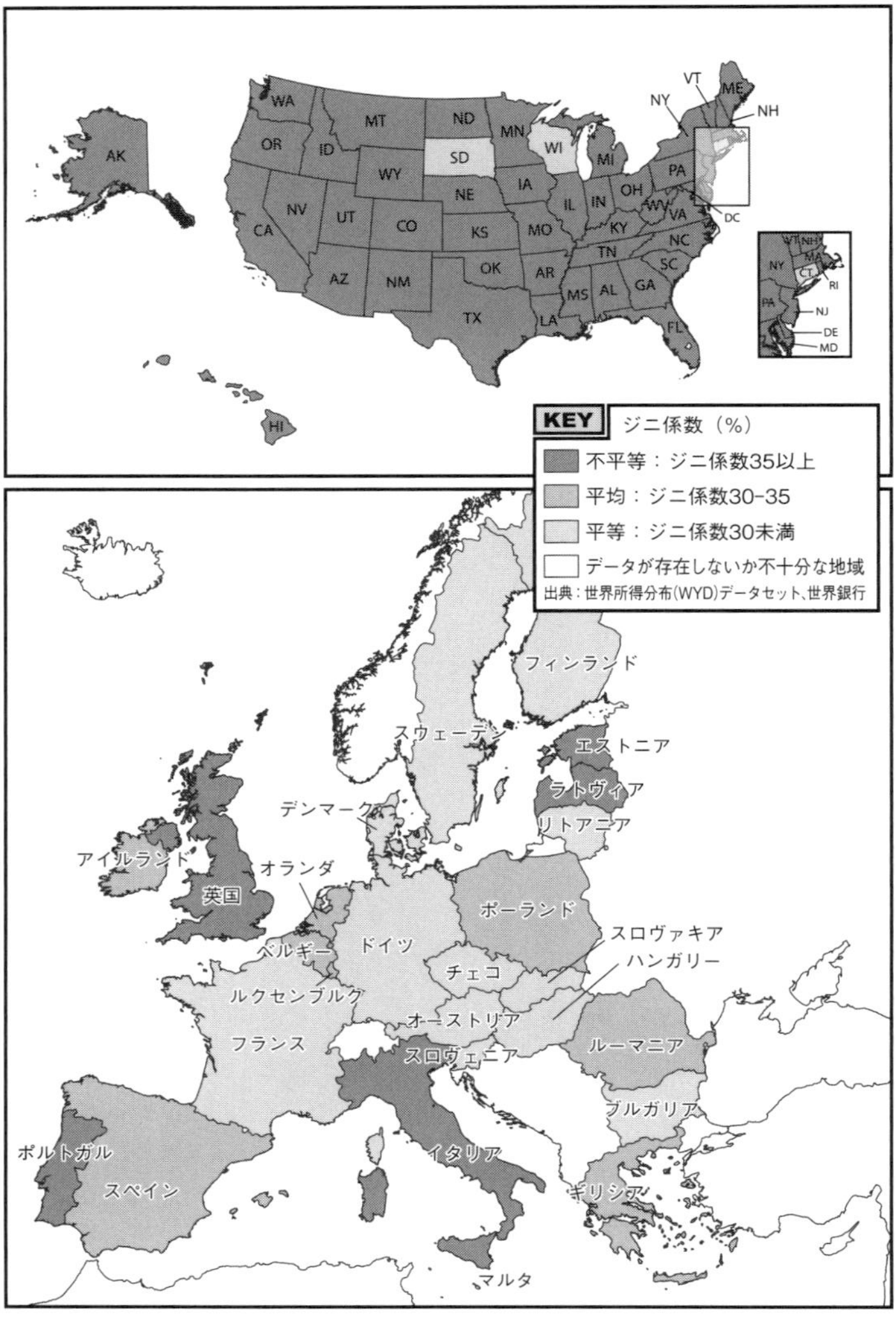

刻化させ合うものである。米国の場合に当てはめてみると、貧しい諸州ではアフリカ系住民、豊かな諸州では主としてコーカソイドが優勢であり、まるで所得格差が人種間の分裂を深刻化させているかのように見える。

ＥＵの立案者たちは、経済的に不平等な国同士が連合しても長続きはしないことを承知していた。それゆえ長年にわたって、貧しい加盟国の成長率を助成する政策が取られてきたのである。実際、加盟時には貧しかったメンバー国の所得を上昇させることに、ヨーロッパは成功した。スペイン、ポルトガル、ギリシア、アイルランドはＥＵ加盟当時、ＥＵ全体の平均よりも貧しかった。ポルトガルが１９８６年にＥＵ加盟国になったとき、ポルトガルの1人当たりＧＤＰは、当時のＥＵ平均の45パーセント以下だった。しかし約20年後の今、ポルトガルの１人当たりＧＤＰはＥＵ平均の3分の2程度である（より正確には、ここで言う「ＥＵ平均」とは、１９８６年のポルトガル加盟当時にメンバーだった西欧諸国の平均である）。だから、新たに加盟国になった東欧諸国が、次世代または次々世代に追いつけない理由はないのである。その後押しをするのが、ヒト・モノ・カネの自由な循環だろう。それはちょうど１９５０年代以降の米国で、人材と資本と財が自由に流通することが、各州の平均所得の均一化に貢献したのと同じである。

3の4　アジアとラテンアメリカが鏡像関係にある理由

ラテンアメリカは、国内的に極めて不平等な国々で構成された大陸であるが、各国の所得水準に大きな違いはない。一方アジアは、国内的には比較的平等な国々で構成された大陸だが、各国の平均所得は大きく異なっている。(1) 簡単に言うと、これがラテンアメリカとアジアの違いである。

２００７年のラテンアメリカの1人当たりのGDPは、最も貧しいニカラグアで購買力平価で２４００ドル〔以下、ドルと表記〕、最も豊かなチリでは1万３０００ドルを越えている。つまり、５・４対1の範囲に納まっている。一方、アジアにおける所得の範囲は、ネパールやバングラデシュの１０００ドルから、シンガポールの４万７０００ドルや香港の４万ドルにまで及んでいる。シンガポール、香港といった都市国家の経済は除外して[2]、アジアで3番目に豊かな日本の1人当たりのGDP３万２０００ドルと比較したとしても、比率は32対1である。ラテンアメリカ、アジアともに、比率は購買力平価ドルで計算しているので、各国民の生活水準の実質的な格差を反映している。

もっと高度な方法で不平等を算定しても、結果は同じである。端的に言うと、すべての大陸の中で、アジアは最も多様性に富んでいる。アジアには、バングラデシュ（1億６０００万人）やネパール（約３０００万人）のように人口は多いが、所得水準は古代ローマ帝国の推定所得を大して上回らない国々が存在する（1の3参照）。大国インド（11億人）、パキスタン（1億６２００万人）、ヴェトナム（８５００万人）、ビルマ（４８００万人）の状況も似たようなものである。これらの国々の所得は、ラテンアメリカで最も貧しい国、ニカラグアとほぼ同水準である。

ここで、アジアで最も豊かな国々について考えてみよう。マレーシアは、ラテンアメリカで最も豊かなチリと同水準であるが、この他にもアジアでそれより豊かな国は5か国ある。２つの都市国家シンガポールと香港、日本（1億２７００万人）、韓国（４８００万人）と台湾（２３００万人）である。このようにアジアの上層部はラテンアメリカの上層部よりも高く伸びているが、アジアの底辺もまた、ラテンアメリカよりも低く、より分厚く広がっている。つまり、アジアの人口の相当数が底辺に属しているのだ。「奇跡」と言われる中国さえ、エルサルバドルよりわずかに下の水準であり、ラテンアメリカ諸国に置き換えると、22か国中で下から7番目の位置にすぎない。

ここで視点を変えて、ラテンアメリカとアジアの諸国の国内における不平等について考えてみよう。最も不平等なブラジルとボリビアでは、ジニ係数は60ポイントをわずかに下回っている。アジアで不平等の程度が最も低いのは日本とバングラデシュで、ジニ係数は30ポイントをわずかに下回り、最も不平等な香港のジニ係数は50ポイントである。驚くべきは、ラテンアメリカで最も平等な国、あの小さなウルグアイをアジアに置き換えると、3番目に不平等な国になってしまうという事実だ。ラテンアメリカ諸国が示す不平等の範囲では、始点である最も平等な国の位置が、アジアでは最も不平等な国の位置と同じになってしまうのだ。それぞれのジニ係数の幅、アジアの30―50とラテンアメリカの45―60は、ほとんど重ならない。

これら二つの事実――（1）各国間の平均所得の格差は、アジアでは大きく、ラテンアメリカでは小さい、（2）国内の所得の格差は、ラテンアメリカでは大きく、アジアでは比較的に小さい――を総合すると、アジアとラテンアメリカの両地域の不平等を横断的に見た場合、個人間の不平等は非常に似通っていると考えられる。（1）はラテンアメリカの平等を促進し、（2）はその逆、ラテンアメリカの不平等を助長する。同じことはアジアについても言える。ラテンアメリカ全体のジニ係数は56ポイントであり、アジア全体のジニ係数は60ポイントである。ここで注目すべきは、ラテンアメリカ全体のジニ係数は、ラテンアメリカ各国内の不平等の水準と同じようなレベルにあることだ。言い換えると、ラテンアメリカを構成する国々をまとめた結果は、どれかひとつの国を無作為に取り上げて、それをラテンアメリカ全体のレベルとみなしたとしても大きくは異ならないということだ。ペルー、アルゼンチン、ボリビアは、平均所得もしくは所得分布の点で等しくラテンアメリカ全体を代表している。しかし、これはアジアには当てはまらない。アジア全体の不平等は、アジアで最も不平等な国における不平等よりもはるかに深刻である。なぜ、そんなことになるのか。なぜなら、平均所得の水準がこれほどまでに異なるアジア各国を総合すると、全体としての不平等は拡大するからだ。アジアのいずれかの国を無作為に取り上げることは、判断を誤ることにつながるだろう。バングラデシュはアジア全体を代表しないし、それは韓国も同様である。アジア各国は平均所得の点で互いに異なっており、アジアを代表する国など存在しないのである。

このように、ラテンアメリカとアジアには不平等の原因に重要な違いが存在する。アジア全体の不平等の原因は概ね、各国間の平均所得の格差、つまりは発展レベルの格差である。一方、ラテンアメリカでは、格差の原因の大半は各国内の不平等に起因している。以前に用いた用語で言うと（2の1参照）、ラテンアメリカの不平等の原因は「階級《クラス》」であり、アジアの不平等の原因は「出身地《ロケーション》」である。ラテンアメリカが体現しているのは、200年前に存在していた世界像である。そこでは、上流階級の所得は同じようなものであり、上流階級に属する人々は気軽に社交して、お互いは対等の者同士であると認識していた。一方、アジアが体現しているのは、今日的な世界像である。そこでは、各国間に巨大な隔たりが存在し、国籍こそが生涯所得を決定する。日本に生まれるか、それともネパールに生まれるかで、大きく違ってくるのだ。

今後、このラテンアメリカとアジアのあべこべの関係の距離は縮まるのだろうか。可能ではあるが、一夜にして実現できることではない。アジアの貧しい国々は、これまでよりも高い成長率、しかもアジアの豊かな国々よりも高い成長率で成長し始めるかもしれない。そうなれば、アジアはより均質な大陸となるが、それには非常に長い時間がかかるだろう。また、「ラテンのピューマ」が現われて、他のラテンアメリカ諸国を力強くリードしていくこともあり得るだろう。そうなれば、南米大陸は多様性を増すだろう。それと同時に、各国内の所得の不平等は大幅に縮小し、ラテンアメリカは今日のアジア、さらには今日の世界に近い姿となるだろう。しかし、そうしたことが実現される可能性は極めて低い。ラテンアメリカ諸国は概ね同じような速度で成長しており、これといったピューマの姿は見かけないし、不平等の解消は不毛な骨折り仕事となるだろう。これまでにも多くのラテンアメリカ諸国の政府が努力したが、ほとんど成功しなかったからだ。既得権、教育水準の違い、人種間の格差などのすべてが、短期・中期的には不平等の解消を難しくしている。

最後に、アジアの不均質な多様性がもたらす興味深い影響力を指摘しておこう。アジアの多様性は、アジア大陸における緊密な政治同盟を極めて難しく、もしくは不可能にしている。中国とインドという二人の巨人は、アジアの政治構造の範囲に適合するのが難しいので除外するとしても、アジア各国の経済成長には大きなギャップがあるために、ヨーロッパで実現されたような緊密な政治同盟は難しい。すでに1の8と3の3で触れたように、同盟が存続するためには、加盟各国の生活状況に幅広い類似性が存在していなければならない。これをアジアで近い将来に実現することは不可能であり、同盟を進めるためには、必ず豊かな国々から貧しい国々への大規模な援助が必要となるだろう。そうした援助は極めて巨額にならざるを得ないので、緊密な政治同盟を実現するコストは、日本、韓国、マレーシアのように豊かな国にとっても、たとえ同盟実現の意志があったとしても、大変な重荷となるに違いない。そんなわけで、近々にアジア連合が登場するのではないかと、戦々恐々とする必要はないのである。

3の5　試合が始まる前に、勝者を知るには

クラブチームレベルの一流サッカーチームは、最も純粋な資本主義企業のように組織されている。[1] 米国流のスポーツでは、フランチャイズ（リーグ）がリーグ全体の競争力を保証するような規則をクラブに課すが、これとは異なり、ヨーロッパのサッカーにはそのような規則は存在しない。各クラブは財政的に独立した競技企業体である。豊かなチームは最強の選手たちを獲得して、国内とヨーロッパのチャンピオンシップに君臨するだろう。しかし、貧乏なクラブにそんなチャンスはなく、取り得る最善の策は、才能ある若手選手を見出してお金のあるクラブに売ることくらいだ。

もっとも、必ずしも常にこうだったわけではない。極めて資本主義的なクラブの規則にも、外国人選手の数は1クラブ2人までという資本主義的でない制限があった。外国人とは、クラブが設置されている国の国籍を持たない人間を意味する。このように、ACミランでプレイできる非イタリア人は2人だけ、バイエルン・ミュンヘンでプレイできる非ドイツ人も2人だけだった。こうした制限を粉砕したのが、いわゆるボスマン判決だ。ベルギー人選手のジャン＝マルク・ボスマンは1995年に、外国人選手は2人までとする規則に対する欧州司法裁判所の判決を引き出した。外国人選手に対する制限は、EU加盟各国間の労働力の自由流通を保証した取り決めを明らかに侵害している、ドイツ人のコンピュータサイエンスの専門家は無制限に何人でもスペインで働くことができるのに、なぜドイツ人のサッカー選手はだめなのか、というのだ。こうしてボスマン判決は、他のEU加盟国出身の外国人選手の人数に対する制限を取り除いた。さらにボスマン判決は、主にラテンアメリカやアフリカなど、非EU諸国出身のサッカー選手に対する規制の緩和にもつながった。各地のリーグも次々に制限を緩和または廃止

した。こうして、本章の冒頭で述べたような状況が出現したのだ。すなわち、労働力（この場合は選手とコーチ）と資本が自由に移動できる、束縛のない自由な資本主義である。特に資本の移動の自由は、いくつもの有名クラブの買収劇に反映されている。イタリア首相でメディア王のシルヴィオ・ベルルスコーニはイタリアのクラブチーム、ACミランを所有し、ロシアの寡頭資本家《オリガルヒ》ロマン・アブラモヴィッチはロンドン・チェルシーを買収し、前タイ首相のタクシン・チナワットはマンチェスター・シティに投資し（その後、マンチェスター・シティは資金豊富なアラブの投資会社に売却された）、米国の大富豪ジョージ・ジレットとトム・ヒックスはリヴァプールFCを取得し、インドの鉄鋼王ラクシュミ・ミッタルはブルガリアのレフスキ・クラブを買収し……と、例を挙げればきりがない。

グローバリゼーション、あるいはディローカライゼーション（非地域化）の流れを受けて、クラブチームは次第にその国民性や地域的特徴を失っていったが、その一方で選手や資本ばかりでなくサポーターについても、そのグローバル性は大いに進展した。ロンドンのアーセナルやミラノのインテルでは、英国人やイタリア人がひとりも試合に出ないことがままあるのだ。そのコーチたちもまた外国人である。(2) 他のクラブでも事情は似たようなもので、11人中8人か9人は外国人ということもある。こうした状態は極めて一般的なので、事実上もう誰も気にしなくなっている。これはさまざまな意味で望ましいことではある。

サッカーのクラブチームはグローバルなブランドでもある。最も知名度の高いマンチェスター・ユナイテッドは、中東を含むアジアで厚いファン層を持っているし、アジアに比べると少ないが、北米にもファンがいる。毎年、夏になると、マンチェスター・ユナイテッドは稼ぎの良い遠征試合を数多くこなす。これらの試合は競技の観点からは得るものは少ないが、遠く離れたファン層を支えているはずだ。

マレーシア、シリア、ラトヴィアなどの人々が、自国のチームやリーグに対する以上の関心と興味を持って、イタリア、スペイン、ドイツなどのヨーロッパのトップリーグの試合を注視するのは、ごくありふれた光景となっている。外国人ファンに情報提供して喜んでもらうために、多くの有力クラブは、イタリア語やカタロニア語のウェブサイトと同時に、英語のウェブサイトも更新し続けている。

「ファンになること」と「地理的な近さ」が離婚してしまうのは、いまや一般的なことである。クラブチームがホームゲームを行う本拠地から遠く離れた場所に住むファンは大勢いる。これはある意味、良いことだ。サッカーでは特定のクラブに結び付きやすかった、民族、宗教、階級が薄まることになるからだ。しかし、ファンと選手の間の親密な関係が失われるというマイナス面もある。以前なら、ファンと選手はバーや街中で出会ったりして、同じコミュニティの一員であることを実感していたものだ。しかし今日では、チュニジア人が地元クラブのエスペランスよりもバルセロナを贔屓にしているとしたら、バルセロナまで行く旅費がない限り、リオネル・メッシ本人と会うことは望めないし、まして彼と地元のバーでばったり出会うことは望めないが、メッシのドリブルやパスをリアルタイムで観戦することはできるのだ。

しかし、ここで関心を向けるべきは、もっと別のことである。財政面で各クラブが不平等であることは、外国人選手の獲得に対する制限がなくなったことと相まって、優秀な選手や強いクラブが豊かな国々に集中することにつながった（もちろん、国民のサッカー熱の程度にも左右されるが）。こうして、イングランド、スペイン、イタリア、ドイツがヨーロッパのクラブサッカー界を支配し、それぞれのリーグで有力なのは3つないし4つのクラブという状況になった。

最も裕福なクラブは、優秀な選手を買うことができるという意味で、「最多勝利」のクラブでもある。

つまり、対戦するクラブチームそれぞれの懐具合を知りさえすれば、どちらが勝つか正確に予想できるのだ。どの選手が金持ちクラブあるいは貧乏クラブに所属しているのか、どれくらい優秀なのか、体格はどうか、などといったことをわざわざ知る必要はない。経済学の法則が保証しているのは、より豊かなクラブは、より優秀な選手を擁しており、選手層も厚いので、トップクラスの選手が怪我をしても交代要員を投入できるし、より優秀なコーチにチームを管理させることができるだろう、ということだ。

このように、トップクラスのクラブチームは自分たちだけの業界に属して、すべてとは言わないまでも、ほとんどすべてのチャンピオンシップを独占している。ヨーロッパのサッカー界のエリートはチャンピオンズリーグである。開催形式に多少の変更はあるものの、チャンピオンズリーグは１９５６年以来、50年以上にわたって続いてきた。毎年開催されて、その勝者はヨーロッパのクラブチャンピオンである。有力選手が集中しているために、現実的に準々決勝までたどり着いて８強となるチャンスに恵まれているクラブの数はますます限られて、結果を予測することも容易になっている。実際に優勝候補となり得るのは、15チームから20チームくらいの最も裕福なクラブに限られている。これ以外のクラブが優勝する可能性は極めて小さいのだ。

実際、チャンピオンズリーグ開始当初から各５年間ごとの準々決勝進出クラブの顔ぶれに注目すると、エリートクラブばかりであることに気付かされる。理論的には、毎年異なる８クラブが準々決勝に進出するなら、各５年間に最大40クラブが登場して然るべきである。しかし、それは有力選手が最大限に分散している場合であり、そうなれば勝者に関する不確実性も最大となる。その対極が、毎年同じ８クラブしか準々決勝に残らない場合だ。第１期の５年間（１９５８—６２年）[3]から第８期の５年間（１９９３—９７年）に至る40年間に、各期の８強にまで残ったクラブの数を実際に計算すると、26—30クラブである。つまり、有力選手の分散度は非常に高く、とりうる最大の値である40クラブのほぼ4分の3だった。しかし、ボスマン判決の後の2期10年には、その数は急落した。１９８２—２００２年においては、8強進出クラブの実数は22チームにまで、そして２００３—０７年には21チームに減っている。

同様の有力選手の寡占化は、国内大会においても見られる。過去15年間でイングランドのチャンピオンシップで勝利したのは、１回の例外を除いて、マンチェスター・ユナイテッド、チェルシー、アーセナル、リバプールのいわゆる４強だけである。集中の度合いがより高いのがイタリアだ。過去20年間、トップの４クラブ（ACミラン、ユベントス、インテル、ローマ）以外に、有名なセリエAを制したクラブは存在しない。言うまでもなく、イタリアのトップ４クラブは、イングランドのクラブ同様、ヨーロッパで最も裕福な20クラブのリストに載っている。(4) スペインでは、過去20年間のチャンピオンシップで16回、レアル・マドリッドとバルセロナの２クラブが優勝を分け合っている。ドイツでは過去17年間の13回までが、優勝クラブはバイエルン・ミュンヘンである。そして、本書の執筆から1年以上たった２０１０年、各国のチャンピオンシップで優勝したのは、大方の予想通り、イングランドではチェルシー、イタリアではインテル・ミラノ、スペインではバルセロナ、ドイツではバイエルン・ミュンヘンだった。

評論家やファンによると、選手の身体能力や持久力、戦術やコーチングの点で、現在のサッカーのレベルは二、三十年前に比べると各段に進歩しているというが、富と才能の集中は、こうした進歩を可能にした半面、見る者の興奮が減退するという代償を払うことになった。実際、サッカーの最大の魅力は、まるで人生そのもののように、結果の予測がつかないことだった。(5) 優れたチームが順当に勝利を収める一方で、明らかに弱いチームが運や一瞬のひらめきで強敵に勝利するという番狂わせもあり得ることが受けていたのだ——ダビデがゴリアテを倒したように。しかし今では、ゴリアテとダビデの差にますます開き、サプライズが起きる可能性も小さくなってしまった。勝つのは常にゴリアテなのだ。しかも、しばしばゴリアテは、ダビデと戦ってはくださらない。

3の6　所得格差と世界金融危機

現在の金融危機の原因は一般に、無能な銀行、金融自由化、縁故資本主義《クローニー・キャピタリズム》などだとされている。(1) 確かに、これらの要因は何らかの影響を与えただろうが、純粋に金融面から説明するだけでは、この危機の根本的原因を見逃してしまう。原因は実態の中に潜んでいる。より正確に言うなら、個人や社会階層で見た所得分布にこそ、原因を見ることができる。規制緩和は無責任な行動を助長して、危機を悪化させたが、危機そのものを生み出したわけではない。

危機の原因を理解するためには、過去30年間にわたって所得の不平等が世界中の国々、特に米国で深刻化したことに目を向ける必要がある。米国では、上位1パーセントの富裕層の所得が国民所得全体に占める割合は、１９７０年代中頃には約8パーセントだったが、２０００年代初頭にはほぼ16パーセントと倍増した。(2) これは不気味にも、１９２９年の世界恐慌直前の状況にそっくりである。その当時も、上位1パーセントの富裕層の占有率が最高値に達していたのだ。米国における所得の不平等の変化は、過去１００年以上にわたって、巨大なU字型を描いてきた。１９２９年をピークに１９７０年代まで常に下降し、その後の30年間は再び上昇に転じた。

富裕層の占有率の増加は、何を意味しているのだろうか。このように莫大な富が、個人の消費のためだけに費されることはあり得ない。ひとりの人間が費やすことのできるドンペリニョンやアルマーニのスーツの数には限度がある。当然ながら、賢明な投資を行えば富を増やせるというのに、これ見よがしな浪費に「投資」することは非合理的である。こうして、所得の不平等が深刻化した結果として、利用可能な莫大な金融資本が貯め込まれた挙句、有利な投資機会を求めるようになったのだ。

しかし、最も裕福な人々も、それなりに裕福な何十万もの人々も、独力で投資することはできない。そこで必要になるのが、仲介者となる金融機関である。こうして金融機関に莫大な資金が殺到したが、良好な投資機会は不足しており、その一方で巨額の取引手数料に誘惑されて、金融機関は基本的に誰にでも金を貸し付けた。有望な投資機会がどこにどれだけあるかを先験的に知ることができない以上、投資可能な資金源が、安全で利幅の大きい投資機会の数を上回っていたことを証明することはできない。しかし、金融機関が引き受けざるをえなかった投資のリスクが高まっていたことから、このことは強く推測される。

しかし、これは方程式の前半にすぎない。巨額の投資資金は、どうやって、なぜ、資金に対する収益を求めたのだろうか。方程式の後半が説明するのは、その金を借りたのは誰か、ということである。ここで再び、不平等の拡大という問題に戻る。富裕層の富が増大したことは、中間層の所得が実質的に増えていなかったことと結び付いていた。米国では、1人当たりGDPはほぼ2倍になったというのに、実質賃金の中央値は25年間も停滞している。1976年から2006年にかけて生じた実質所得の伸びの半分は、上位5パーセントの最富裕層によるものだった[3]。購買力が伸び悩んでいた中間層にとっては、当然ながら、この新たな「金ピカ時代」は身近なものではなかった。中間層の所得停滞は、米国政治に対して繰り返し突きつけられてきた課題であり、民主党も共和党も解決できなかった問題である。当然ながら政治家たちにとって、有権者を幸せにすることは利益となる。さもなければ投票してもらえないからだ。にもかかわらず、政治家たちは賃金を上げることさえできなかった。結局、中間層が以前よりも多く稼いでいるかのように見せかける方法は、信用取引の敷居を低くして間口を広げることで、購買力を高めることだった。人々は自動車ローンや住宅ローンを増やし、クレジットカードの借金を膨らませて生活するようになった。ジョージ・W・ブッシュ大統領が、所得に関係なく、米国のあらゆる家庭が家を所有できるようにすると約束したのは有名な話だ。こうして米国の大量消費が始まり、１９８０年代初頭にはGDPの48パーセントだった家計債務は、金融危機直前には１００パーセントにまで膨らんだ。

一方、巨大な利益集団が足並みをそろえるようになった。すでに触れたように、富裕層の人々と金融業界は、新規の融資案件を求めていた。政治家は、中間層の所得停滞という過敏な問題を解決したがっていた。中間層や、より貧しい階層の人々は、まるで魔法の杖でも振ったかのように家計の厳しさが消え失せたことを喜んで、富裕層が買うような贅沢品を消費し、第二次世界大戦以後最長の景気拡大に参加した。突然、中間層も自分たちが勝ち組のような気分になったのだ。

これと同様の現象を、２００年以上前のフランスで紙幣の導入が試みられた時、哲学者モンテスキューは次のように冷笑した（この試みは結局、大失敗に終わったが）。「バエティカ〔現在のスペイン・アンダルシア地方〕の人々よ、諸君は金持ちになりたいか？　それなら、この私も諸君も、大金持ちだと思い込むことだ。毎朝、夜の間に財産が倍に増えたと、自分自身に言い聞かせるのだ。借金相手には想像で支払うことにして、相手にも支払われたと想像してもらうのだ」[4]

信用取引を原動力とするシステムを助長したのは、巨額の経常赤字を抱え込む米国の体質である。経常赤字が意味するのは、米国の消費の一部が外国の資金によって賄われているということだ。大量消費によって、階級闘争が起きることなく、すべてのボートを上げ潮に乗せるというアメリカンドリームが維持されてきた。しかし、これは持続可能ではなかったのだ。中間層が債務不履行に陥った途端、アメリカンドリームは崩壊した。

ここで注目すべきは、金融派生商品《デリバティブ》取引の極意といった、金融危機の表面的な様相ではない。注目すべきデリバティブがあるとしたら、過去四半世紀にわたって追求されてきた成長モデルからの「派生物《デリバティブ》」だ。金融危機の根本的原因は、ヘッジファンドや銀行にあるのではない。ヘッジファンドも銀行も、その習性である貪欲さを発揮したにすぎないし、経済学者たちもそうした貪欲さを称賛してきた。危機の真の原因は、所得分布における多大な不平等にあり、この不平等がますます多くの投資待機資金を生み出して、利益を生むべく利用されたのだ。中間層の所得拡大が不十分であるという政治的課題は、低利融資の間口を広げることで解決された。融資の間口を広げてでも中間層をなだめた理由は、民主主義制度においては極端に不平等な成長モデルは政治的安定とは両立しないからである。

果たして、こうした結果を招かずに済む可能性はあっただろうか。可能性はあった——30年間にわたって不平等が拡大することなく、国民所得がおしなべて同等であったならば、中間層の所得はもっと増えていただろう。並みの所得しかない人々なら、余った金を利回りの良い投資に注ぎ込むことに夢中になる前に、やるべきことがたくさんあるものだ。そうであれば、消費の構造はもっと違ったものになっていただろう。おそらく、レストランのディナーよりも家庭料理に、海外でのエキゾチックなヴァカンスよりも近場での休暇に、デザイナーズブランドのドレスよりも子供服に、より多くのお金が使われたことだろう。経済がもっと公平に成長したならば、政治家にとっても、中間層の有権者の怒りを和らげるための痛み止めを探し回る必要はなかったはずだ。言い換えると、もっと公平で安定した経済成長は可能だったはずだし、そうであれば米国と世界は不必要な経済危機を免れたはずなのだ。

3の7　植民地支配者は搾取の限りを尽くしたのか

すでに述べたように、不平等を測る主な手段はジニ係数である。[1] その数値は、理論的にはゼロから最大値1にまでおよぶ。ジニ係数ゼロとは、観察対象が国家、コミュニティ、大陸、世界など何であれ、その総所得がすべての人々に正確に等しく分配されている場合である。一方、ジニ係数1とは、1人の人間が総所得を独占し、その他すべての人々の所得はゼロという場合である。通常、ジニ係数や不平等の状況は、1年を単位時間として計測されるが、たとえ1年未満の期間であろうと、人間が無収入あるいは消費ゼロで生きることなどできないのは明らかである。そこで、社会のあらゆる構成員には、生理的に生存可能な最低限の所得があるという制限をもうけよう。さもなければ、人々は死に絶えて、社会は縮小・消滅するからだ。この制限の下で、可能性な最大の不平等をジニ係数で計算する。ジニ係数が最大値の場合とは、ごくわずかなエリート層を除いた社会の全構成員が生存可能な最低限の所得で生活する一方で、わずかなエリート層（その人数は、極端な場合は1人ということになる）は、社会の総所得から他の人々の最低限の生活に必要な額を差し引いたすべてを独占する、という状況だろう。

しかしよく考えてみると、平均所得が極めて低い社会であれば、支配エリート層がどれほど少ないかにかかわらず、不平等の測定値はそれほど高くはないだろう。つまり、その社会の平均所得は最低生活水準の所得をわずかに上回る程度であり、エリート層に残された所得も相当に低いということになる。

不平等を測定する際は、原則的にすべての人々の間の所得の格差を考慮に入れるものだが（1章の冒頭参照）、平均所得が極めて低い社会は、それほど不平等ではないことになる。なぜなら、所得をすべての人の間で比較しても、その99・99パーセントのすべてが最低水準の生活をしているのだから、これらの人々の所得の差はゼロになるからだ。平均所得が上昇するにつれて、不平等になるだけの余裕が出てくるので、ジニ係数の最大値も高くなるだろう。次頁の図7の曲線は、現実化し得る最大のジニ係数と、可能性のある平均所得を結びつけたものだ（詳しくは図の説明を参照）。上方に膨らんでいる右上がりの曲線は、平均所得が必要最低限のレベルから何倍も増大するにつれて、ジニ係数の最大値100に近づいていく。この曲線を「不平等可能性フロンティア」と呼ぶ。[2] 必要最低限の生活に必要な金額の2倍が平均所得に相当する社会の場合、ジニ係数の最大値（すなわちフロンティア）は50になる。平均所得が必要最低限の生活に必要な金額の3倍ならば、ジニ係数の最大値は66になる。もし、平均所得が必要最低限の生活に必要な金額の100倍以上ならば――今日の豊かな国々がこれに該当する――ジニ係数の最大値は99である。

以上のようなジニ係数の解釈は、不平等が大きいままの状態を維持するためには、社会は比較的に豊かでなければならないことを示しているという意味で非常に重要である。近代社会はもちろん、いまだに産業化されていない国々の社会にも「不平等フロンティア」は存在するのだから、不平等可能性フロンティアの概念を用いて、社会における実際の不平等を比較することは可能である。想定上最大限の不平等状態（フロンティア）に近い社会の場合、エリート層は極めて貪欲で搾取的であり、物理的、非物理的方法によって、生理的に必要とされる最低限の所得以外の余剰分をすべて独占していると結論付けられるだろう。逆に、実質的な不平等がフロンティアから遠く離れているならば、エリート層は抑制的

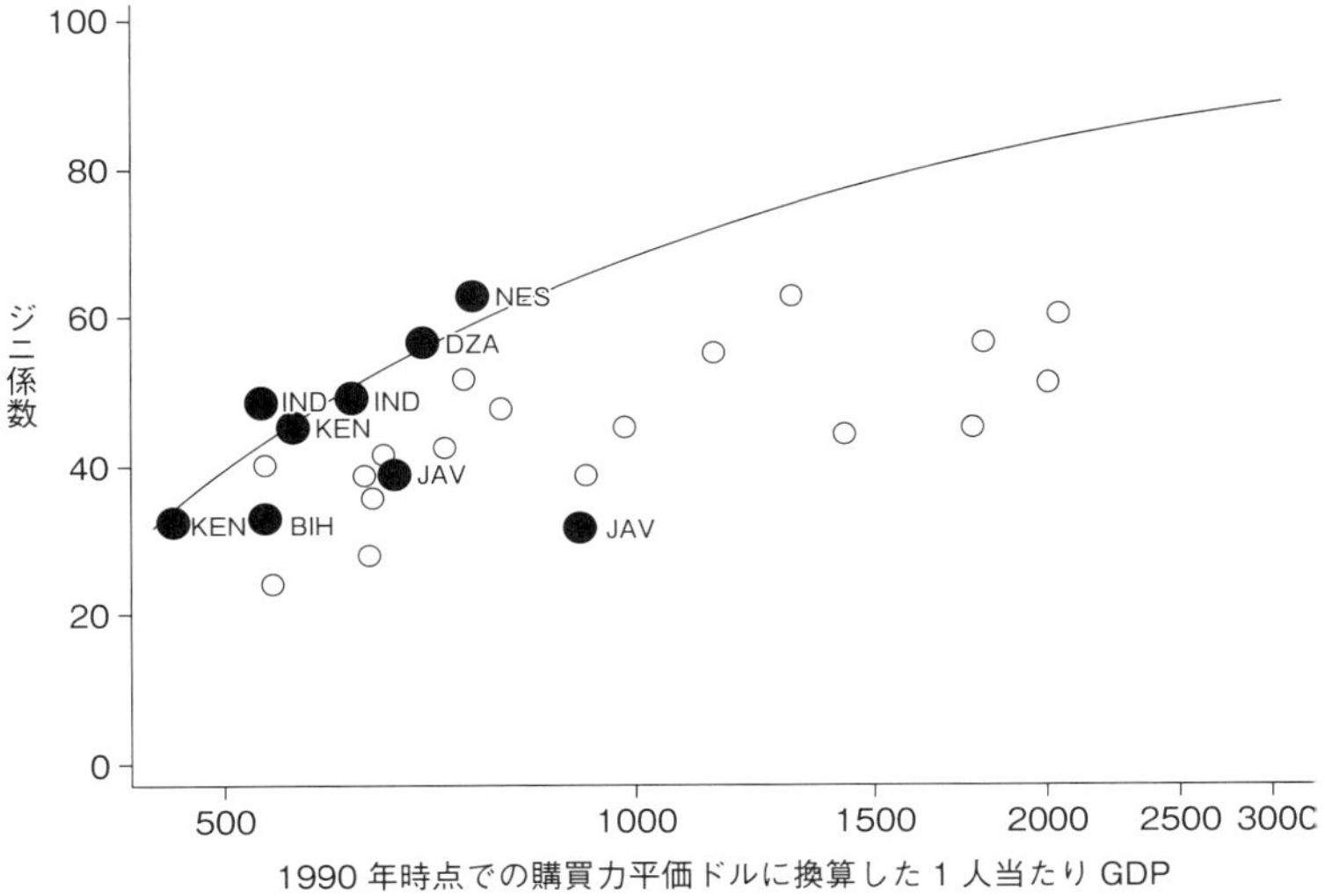

図７　植民地およびその他の前産業社会における、現実のジニ係数と「フロンティア」ジニ係数

注：不平等可能性フロンティアとは、最大の不平等（ジニ係数、垂直軸上）である。この不平等は、任意の平均所得（水平軸）で理論的に可能な最大値である。また前提条件として、その社会において必要最低限の所得を得られない構成員はいないとする。植民地は黒丸で、その他の前産業社会は白丸で示されている。KEN ＝ケニア、BIH ＝ビハール、IND ＝インド、JAV ＝ジャワ、DZA ＝マグレブ、NES ＝ヌエバ・エスパニャ（現在のメキシコおよび米国南西部）。

出典：Milanovic, Lindert, and Williamson, *Measuring Ancient Inequality*.

であるか、あるいは余剰分を搾取することを阻まれているということになる。明らかにこのアプローチが効果的なのは、前産業社会を研究対象とした場合である。前産業社会のエリート層は搾取的な傾向が強いと想定されるばかりでなく、前産業社会は所得が低いため、不平等フロンティアに引き寄せられて、そこから脱することが難しいからだ。実際の不平等と、フロンティア上の不平等（想定上最大限の不平等）との比率を、「不平等実現比率」と呼ぶ。この不平等実現比率の値が１００に近づくほど、エリート層はより効率的に余剰分を搾取していることを意味している。

30例に上る前産業社会の経済——紀元14年の古代ローマ帝国から1947年のインドまで、さらには1209年、1688年、1759年および1801—03年の英国も含む——を対象とした、ミラノヴィチ、リンダート、ウィリアムソンの共同研究によると、不平等実現比率の平均は約75パーセントとなった。これは現代の米国の約2倍の数値であり、現代米国のジニ係数は40で、フロンティア・ジニ係数はほぼ100である。そして興味深いことに、前産業社会の30例中6例で、不平等実現比率はほぼ100パーセントだった。その6例とは、1750年のムガール帝国時代のインド、1790年のヌエバ・エスパニャ副王領時代のメキシコ、1880年のマグレブ、1914年と1927年のケニア、そして1947年のインドである。これら6例の共通点は、植民地だったことである。研究対象の30例の中には9例の植民地が含まれているが、上記6例以外の3例——1807年のビハール〔インド北東部〕および1880年と1924年のジャワ——でも、不平等実現比率は約70パーセントである（図7参照）[3]。植民地9例の内6例で、究極の「搾取術」が駆使されたのであり、これほど高い搾取率を示す社会はすべて植民地である、と結論付けられるだろう。植民地の支配者の国籍は重要ではない。最も搾取的な6例の植民地を支配していたのは、英国人、フランス人、ムガール人、スペイン人だからだ。

植民地支配者たちが現地の住民から最大限の余剰を搾取することに熱心に取り組み、しかも少なくともしばらくの間は、そうした搾取が可能であったことは、驚くにはあたらない。むしろ衝撃的なのは、植民地支配者のエリート層の所得が、今日の基準に照らしても極めて高額なことだ。1880年のジャワでは、最も裕福なヨーロッパ人（主にオランダ人）の1人当たりの年間所得は購買力平価で20万ドル〔以下、ドルと表記〕を越えていた[4]。この金額は、今日の世界の所得分布の上位1パーセントの、そのまた上位10

パーセントに匹敵する（３の１参照）。同様に１９１４年のケニアでは、人口に占める割合が０・04パーセントである英国人が、国民所得の総額の１・４パーセントを得ており、１人当たりでは年間約10万ドルという莫大な「報酬」を受け取っていた。これらの英国人たちもまた、今日の世界の所得分布の上位1パーセントの、そのまた上位10パーセントに相当する。これは今日の英国の所得分布の上位1パーセントでもある。(5) １９２７年のケニアに住んでいた英国人上層部の富裕度は１９１４年よりわずかに劣るが、それでも1人当たり年間7万４０００ドルである（２の６参照）。１９２７年のケニアの英国人も、今日の英国の所得上位1パーセントに匹敵する。

このように、植民地支配者たちは当時の基準で裕福だっただけでなく、今日の彼らの本国の所得分布の基準に照らしても、極めて裕福なのだ。植民地支配者は最大限の搾取を行い、最大限の不平等をもたらしたが、そんな良い思いも永遠には続かず、植民地支配は終わった。しかし、それほど楽天的ではない見方をすると、植民地支配者の跡を継いだ現地エリート層が、最大限の搾取を行う同様の政策を続けていることに気付かざるを得ない。今日、ニジェール、モザンビーク、ギニアビサウなど多くのアフリカ諸国で、ジニ係数が不平等可能性フロンティアに近付きつつある。支配者の国籍が変わっても、搾取の程度は変わらない国々が存在するのである。

3の8　なぜ、ロールズはグローバルな不平等に無関心だったのか

『正義論』を読んでジョン・ロールズを知った人たちは、この節のタイトルに驚いたことだろう。結論から言うと、ロールズはまさしく、平等主義を強く支持する立場を取っている。しかし、「平等からの

逸脱が正当化されるのは、その不平等が最も貧しい者の絶対位置（すなわち所得）を向上させるために必要であるときのみである」という、有名な「格差原理」でロールズが表明した立場は、一国家のレベルでのみ有効なのである。いかにして一国内での公平を実現するかが、ロールズの『正義論』のテーマだったのだ。もっとも、後に1999年に出版された『万民の法』では、ロールズはさらに理論を深めて、全世界統治《グローバル・ガバナンス》と世界正義《グローバル・ジャスティス》の問題に取り組んだ。そこでロールズは、グローバルな所得不平等と所得再分配について明確にも婉曲にも論じており、「格差原理」をグローバルなレベルで適用することを否定した。グローバルな不平等が世界で最も貧しい者の地位を改善していると主張できれば、グローバルな不平等の拡大を正当化せざるを得ないことを、「格差原理」は暗に示しているからだ。

グローバルな所得分布の妥当性を論じる前に、移民問題に対するロールズの見解に注目してみよう。すでに触れたように、移民問題の原因は、各国の平均所得水準に大きな格差が生じていることであり、そしてグローバリゼーションが進展した結果として、その格差の存在が広く知れわたり、加えて移動コストの低価格化が移民を促進することとなった（2の3および2の5参照）。しかしロールズは、移民の受け入れは政治的・宗教的迫害を逃れてきた人々に与える亡命者保護のレベルに引き下げるべきだと主張した。だが結局のところ、移民の動機は一般に経済的理由であり、そのことは多くの米国市民にも当てはまるだろう。あえて言うなら、ロールズの祖先も同様だったはずだ。それなのに、ロールズは経済的理由による移民を明確に否定している。

領土と、その領土が国民を永続的に支える能力は、国民の資産である。その能力の執行者は、政治的に組織された国民自身である……彼ら［貧しい国の国民］は自国の領土とその天然資源を適切に管理する責任を果たせなかったことを、戦争または同意を得ていない移民によって他国民の領土を侵略することで埋め合わせることはできないことを自覚すべきである。(1)

豊かな国々が移民に対する障壁をますます高くしていることを、ロールズは完全に正当化していると思える論調だ。引用文が述べているように、各国の国民は、自国の文化と伝統および全領土の管理者とみなされている。そうであれば、各国の国民には他国民の流入を受け入れたり拒絶したりする権利があるということになる。世界の人々の生活水準を平等化するための重要な手段となり得る移民を、ロールズは永遠に遮断したと言えるだろう。

グローバルな不平等に対するロールズの無関心ぶりは、さらに続く。ロールズによれば、不利な条件の「重荷に苦しむ社会」が「秩序ある国民」のレベルに達するために必要な場合に限り、国際援助は承認、支持されるという。「重荷に苦しむ社会」とは、歴史的原因によって所得水準が低いために、政治的行動についての法的規則を確立できず、基本的人権を尊重することができない社会である。政治的規則と基本的人権に加えて、他国民に対する平和的行動が「秩序ある国民」と定義されるための条件である。蔓延する貧困が原因で「秩序ある国民」になれない場合に限って、「重荷に苦しむ社会」を援助することは進歩的諸国民の義務となる。援助が継続されるのは、「重荷に苦しむ社会」がもはや物質的貧困に拘束されることなく、法的統治と基本的人権と実現できるようになる時点までである。(2)つまり、この時点で援助は終了する。

「重荷に苦しむ社会」が「秩序ある社会」に変容したら、各国間の所得水準の格差はもはや何の関係もない。ロールズははっきりと述べている。「いったん……適切に機能するリベラルな政府が確立できたら……各国の平均的な富の隔たりを縮めなければならない理由は存在しない」[3]。ようするに、所得の格差は集団的選好の相違の結果である、とロールズは考えているのだ。「秩序ある社会」の中には、消費よりも節約を好む社会もあれば、余暇を楽しむよりも一生懸命に働くことを好む社会もあるだろう。その結果として成果も異なり、一部の社会はその他の社会よりも裕福になる、というわけだ。基本的に、これらの違いは重要でない。なぜなら社会が到達した豊かさのレベルは、その社会の選択を反映したものだからだ[4]。

各国間で平均所得の不平等が拡大していること（所得の分岐）については、すでに2の1および2の2で触れているが、ロールズの理論によれば、すべての国々が秩序ある状態である限りは、この所得格差を容認してよいということになる。おそらくロールズも、世界の最貧国の多くが現実に「重荷に苦しんでいる」のであり、裕福な国々は（所得の分岐が憂慮される限りにおいては）財政援助を行うべきであることには同意するだろう。しかしロールズは明らかに、秩序ある国々の間の所得の分岐が問題であるとは考えていなかった。インドも米国も、ともに秩序ある社会である。つまり、インドに対するいかなる援助も不要である、なぜならインドの物質的貧困はインド人の社会的選択の結果にすぎない、というわけだ。これと同じ趣旨のことを、ロールズを信奉する有力な研究者、ジョシュア・コーエンも明言している。「いったん、集団的自治の重要性を認めたならば、生活水準の収斂〔生活水準を先進国並みに引き上げること〕を望む理由は存在しない。収斂の欠如は、修正すべき欠陥ではない[5]」

こうしたロールズの姿勢は、互いに関連した二つの前提条件に基づいている。（1）政治制度（進歩的に機能する政府、すなわち、国民全員の利益を考慮する政治制度）と基本的人権の順守は極めて重要であり、（2）個人的あるいは社会的目的としての富の取得は拒絶される。（2）は明らかに経済学の常識ばかりでなく、一般の常識からもかけ離れている。

もし、大規模な移民が起きてはならず、各国の平均所得の格差が許容されるのであれば、たとえ世界が『万民の法』で述べられたロールズ主義的原則を完璧に厳守したとしても、グローバルな不平等の状況は、現状と大して変わらないだろう。唯一異なるとしたら、それは一国内の所得不平等の状況だろう。国内の不平等に関しては、『正義論』の原則が適用されるからだ。前述したように、最も貧しい構成員の絶対所得を上昇させるために必要な場合にのみ不平等は正当化される、というのが『正義論』の原則である。それゆえ、各国（例えば米国、フランス、中国、ロシアなど）における現在の不平等が許容範囲を超えて深刻化しており、ロールズの世界観に照らせば、そうした不平等は解消されてしかるべきではないか、といった議論も可能だろう。だから、すべての国で国内の不平等を縮小させるべきである。しかし、すでに論じたように、国内の不平等はグローバルな不平等に対してごく限定的な影響しか及ぼさない（本書で用いた不平等の計測方法に基づけば、せいぜい10―20パーセント程度である）。それゆえ、世界中のすべての国々で国内の不平等が最低水準にまで縮小されたとしても、グローバルな不平等は数パーセント程度しか改善しない。極端な話、国内の不平等がゼロになったと仮定しよう。全世界の人々は、それぞれの国の平均所得を得ていることになる。ここに至って、ロールズ主義に基づく世界の不平等の実態が見えてくる。ロールズが各国の平均所得の格差を放置していたことを思い出してほしい。グローバルな不平等は、ジニ係数70ポイントから63ポイントくらいへと下がるかもしれないが、この「国内の不平等ゼロ」というあり得ないシナリオでも、世界の不平等はたった10パーセントしか減少しない。その理由はもちろん、今日のグローバルな不平等の主たる原因は各国間の所得の格差であるからであり、この格差に対してロールズは制限を設けていないのだ。

以上の理由から、所得の分岐もグローバルな不平等の深刻さも、ロールズは批判しないのである。こうした解釈は厳しすぎるかもしれない。ロールズが『万民の法』を執筆していた当時は、グローバルな不平等という概念はあまり知られていなかった。もしロールズがグローバルな不平等という現実に直面していたならば、彼もその姿勢を再考していたかもしれない。しかしだからと言って、ロールズの著作に対する評価を変えるわけにはいかないのである。

3の9 グローバル経済と地政学

第二次世界大戦の終結からベルリンの壁崩壊までの間、世界を支配していたのは、安楽で知的な分裂だった。もちろん、地球上には第三世界と、豊かな資本主義諸国からなる第一世界が存在していた。当時、第一世界のすべての国が民主主義国家だったわけではないが、民主化は徐々に進んでいた（例えばギリシア、スペイン、ポルトガルにおける政治的自由化）。また、第一世界のすべての国が西欧諸国だったということもなく、日本という確固たる例外も存在していた。

第二世界も存在していたが、奇妙なことに、この言葉は滅多に使われなかった。第二世界についてはっきりと語られることはなかった。第一世界と第三世界が存在するのだから、第二世界も存在して当然だ、という程度であった。そしてその世界は、一党独裁の社会主義経済の世界だった。社会主義諸国は自らを第二世界と呼ぶことは決してなかった。なぜなら、社会主義諸国は世界的な社会改革の先鋒を自認し、西側の資本主義諸国ほど豊かではなくても、ある意味、すべての国々の先頭に立っていると自認していたのである。

そして、第三世界である。第一世界や第二世界とは違って、第三世界は多様性に富んだ世界だった。インドのような巨大な国もあれば、チャドのようなちっぽけな国もあった。ブラジルのようなかなり発展した国もあれば、ネパールのような貧しい国もあった。エジプトのような古代文明の栄えた国もあれば、パプアニューギニアのような新しい国もあった。ともあれ、第三世界は原則としてラテンアメリカ、アジア、アフリカという３つの「南」の大陸の国々だった。その定義は専ら「～ではない」――ヨーロッパではなく、米国ではなく、ソヴィエト連邦でもない――ことによる消去法的なもので、実態を踏まえた定義ではなかった。第三世界の国々に共通する事実は、その多くが１世紀かそれ以上の長きにわたってヨーロッパ人に支配されて、第二次世界大戦後に独立した、ということだろう。もっとも、この点に関しても明白な例外はあり、例えばラテンアメリカ諸国はほぼ１５０年間独立を保ってきたし、タイのように一度も植民地化されたことのない国々もある。

これに対して中国は、当時も現在も特殊で、ある意味、外れた存在である。毛沢東時代には中国は第三世界の国々を少なくとも言葉のうえでは強力に支持していたが、非同盟諸国会議や77カ国グループのような第三世界の国々に限定した組織に正式に加盟したことは一度もなかった。その理由としては、おそらく、「最も社会主義的な国家」という地位を賭けたソヴィエト連邦との競争に関心を奪われていたことや、その国土の広さゆえに第三世界運動の支配を目論んでいると疑われることを恐れて、積極的な参加を控えたことなどが挙げられるだろう。あるいは、最近の情勢から推測すると、中国はもっと深い歴史的な制約から、その客観的に重要な地位に相応しい役割を国際社会であえて果たさないようにしているのかもしれない。

このように世界を三つに分類する見方は、若干は不適切な面もあるが(1)、概ね合理的であり、少なくとも頭の中では整合性のある世界像を形成することができるだろう。また、世界各国の経済政策の違いとも概ね一致している。第一世界は資本主義的だが、一枚岩ではなかった。中欧・北欧諸国は福祉指向的だったが、米国では民間企業が支配的だった。第二世界の特徴は生産手段の国有化だったが、この世界にも多様性は存在し、ソヴィエト連邦が中央集権的だったのに対して、ユーゴスラヴィアは市場志向的だった。そして第三世界を支配していたのは開発主義的政策だったと、あっさり断言していいだろう。第三世界では国家が大多数の欧米諸国のように徴税と財政支出だけではなく、生産においても積極的な役割を果たした。国家主導の開発と輸入代替は、ブラジル、トルコ、インド、タンザニア、ガーナなどさまざまな国々で国家の指針となっていた。

しかし最も重要なのは、世界を三つに分類する見方は結局のところ、それぞれの構成国の所得水準に関係がある、ということである。第二次オイルショック、1980年代の債務危機、そして中国の経済成長が起きる以前、世界が三つに分裂した状態がピークを迎えた1975年の時点で、第一世界を構成していた国々の所得は、下は1人当たりGDPが購買力平価で1万ドル〔以下、ドルと表記〕のポルトガルから、上は同2万7000ドルのスイスにまで及んでいた[2]。同時期、第二世界は目立って貧しく、最も高い所得層でさえ第一世界の最底辺にも及ばないほどだった。第二世界の所得の幅は、下はソヴィエト連邦に属する中央アジア諸国の2000ドル未満から、上はスロヴェニアやチェコ共和国の1万4000ドル程度だった。そして第三世界は、中国やサハラ以南アフリカ諸国など、500ドル以下という生存水準ぎりぎりの所得しかない国々から、一部の産油国を除外した上限は、アルジェリアや韓国の4000ドル、さらに豊かなメキシコとブラジルの約7000ドルに達していた[3]。要約すると、1人当たりGDPの分布は、第一世界が1万—2万7000ドル、第二世界が2000—1万4000ドル、第三世界が

4００—7０００ドルとなる。若干の重複があることは明らかだが、実に整然とした分類である。今日では、これほど簡潔に分類する方法を考案することはできないだろう。

この分類法は1990年代に破綻した。第二世界は存在しなくなったばかりでなく、そのメンバーの多くが第一世界に加わった。とりわけ目立ったのは、かつての共産主義国10カ国がEUに加わり、その他の国々も第一世界の最高組織であるNATOに加盟したことだ。そして、第三世界も概ね姿を消した。アジア太平洋地域の経済発展は、日本からシンガポール、韓国、台湾、マレーシアにまで広がり、この地域の富を欧米先進諸国並みに増大させた。これらの諸国は、事実上、豊かな第一世界の一部となるとともに、第一世界の民主主義制度と同様の諸制度を導入した。加えて、中国の経済発展は、権力を掌握した鄧小平とその保守的後継者たちがいわゆる第三世界問題に対する関心を欠いていたこともあって、第三世界の結束力をますます低下させた。インドもまた、イデオロギーよりも経済に関心を向けるようになった。第三世界諸国の共通の関心事が何であるかはもはや明確ではなく、かつてはあれほど活発だった非同盟諸国会議は瀕死状態となった。第三世界の団結は、現実的なものではなかったにせよ、かつては常に宣言されていたが、経済成長（あるいはその欠如）、宗教対立、地域紛争などの諸問題に取って代わられてしまった。

さて、それでは21世紀最初の10年間の世界を大まかに分類するとしたら、それはどのようなカテゴリーだろうか。もちろん第一世界はいまだに存在している。かつての第二世界と第三世界のメンバーを取り込むことで、第一世界は拡大している。第二世界はもはや存在しないが、ロシアは存続している。ロシアが目指しているのは、第一世界に統合されていないユーラシア大陸の諸国に対して、かつてのアフリカ植民地におけるフランスのような役割を果たすことだ。そしてアラブ諸国は、産油国であるかないかという偶然の要因によって持てる者と持たざる者に分裂して、団結しているとは見なし難い。おそらく、かつての第三世界の原型を多少なりと留めているのは、ラテンアメリカ諸国だけだろう。ラテンアメリカ諸国は、1960年代から1970年代にかけての第三世界のように、主流である西欧諸国とは少々異なる経済政策を試みている唯一の地域である。ネストル・キルチネル、ルラ・ダシルヴァ、エボ・モラレス、ウゴ・チャベスのような政治家たちがほぼ同時に登場した点にも、ある種の一貫性が感じられる。ラテンアメリカ諸国はグローバリゼーション2・0からほとんど利益を得ていなかったこともあり、異なる政策を試みたとしても不思議はないだろう。もっとも、過去の基準に照らすと、ラテンアメリカ諸国の政策はむしろ穏当であり、相違も本質的ではなく、枝葉末節に関するものだ。しかし、世界各国の経済政策が均質化している状況を考えると、ワシントン・コンセンサスに基づいた正統的政策からほんの少し逸脱しただけでも、注目を集めることになるのだ。

アフリカは当然ながら第三世界のままである。しかし20世紀の最後の25年間に、アフリカ諸国はその窮状が救済されないまま、多くの場合、相対的というより絶対的に衰退していることを考えると、第四世界というありがたくない名称を献呈しても誤りではないのだろう。

中国は相変わらず別世界のままである。今日の中国の所得は、以前に比べるとはるかに増えていることは明らかだが、その野心は不透明であり、国際的にどんな役割を果たしたいのか、あるいは役割を果たす気があるのか、国内も葛藤している。中国の信じがたい経済成長は、前代未聞の混合的な手法を用いることによって達成された。実際、その手法はワシントン・コンセンサスが提唱する経済政策とは極めて異なっている。そして中国の経済成長の顕著な特徴は、経済活動に関する「成文化された」ルールをまったく生み出していないことだ。中国の政策を他の国々で実施する方法を説明するためにパッケージ化しようという試みは一切なされていない。言い換えると、中国独自の成長モデルや経済イデオロギーを売る気がないのである。これとは対照的に、産業革命は1776年の時点で今日の中国のテイクオフとほぼ同じ期間続いていたが、経済的成功を収めるための成分化されたルールは同年に出版されたアダム・スミスの『国富論』にはっきりと書かれていた。スミスは次のような不滅の言葉を残している。「国家を最も高い富裕度に至らしめるためには……平和、簡潔な税制、寛容な司法制度……以外はほとんど必要ない」(4)。似たような見識が、あるいは見識そのものが、中国から、あるいは中国経済の奇跡を解明したと自負している非中国人研究者から発信されることはない。中国の経済成長は、運の良い、独特で再現不能な一連の状況ないし事件が続いた結果であり、何らかの偉大な理念に結びつくものではないかのように見える。単なる暗中模索《タトヌマン》であり、実験であり、少しばかり大当たりが続いたに過ぎない。たぶんそうだったのだろう。しかし世界に影響を及ぼそうとする、あるいは及ぼすことを望む国家は、おもちゃやビデオレコーダを売るだけではだめなのであり、世界に対して何らかのイデオロギーを、物事をなす方法を提示しなければならない。今までのところ、中国にそうする意思も能力もないことは明らかである。中国がその成功から得られる教訓を簡潔にまとめて提示することができない限り、中国のイデオロギー的影響力は限定的なままだろう。

今日、世界各国を分類する試みを困難にしている主な原因は、アジアの多様性である(この問題は3の4で取り上げた)。アジアを構成しているのは、日本、韓国、台湾、シンガポールなどの第一世界の国々、それよりは貧しくて安易な分類を拒む二大国、インドと中国、そして多くの極めて貧しい国々である。これら貧しい国々の中にも、日本と韓国の成功に倣おうとするタイやインドネシアもあれば、所得と経済の停滞ゆえに第四世界に帰属しているようなビルマ、カンボジア、ラオスもある。もし、経済に基づいた分類を試みるなら、アジアの一部は「豊かな世界」に組み込み、その他の国々は――その重要性で劣るわけではないが――第四世界に分類しなければならないだろう。しかし、貧しいアジアの国々とアフリカ諸国の間には共通点がほとんどないことは明らかである。かつての第三世界とは異なり、共通の利益や政策を打ち出したり、貧しい国々同士で団結するために努力することはないだろう。

アジア以外の大陸の国々は、すでに指摘したとおり、比較的容易に分類できる。ロシアを除く全ヨーロッパ諸国は、EUに加わることによって、最終的には第一世界に「再所属」するだろう。今世紀における最重要課題は、アフリカを経済発展させることである。さもなければ、アフリカ大陸はあらゆる面で他の世界から取り残されて、対処不能な様相を呈することになるだろう。アフリカ諸国に地理的に近く、歴史的結び付きもあるヨーロッパ諸国は、EUで貧しい加盟国を吸収した成功体験に基づいて、アフリカの開発でも重要な役割を担うべきである。もちろん、EUに成功裡に統合されたヨーロッパ諸国と、アフリカ諸国との違いは大きい。EUとサハラ以南のアフリカ諸国が高度な政治的・経済的協力関係を築くことは構想可能だろう。ただし、その前提条件は、EUが「拡大疲労」をあからさまに示さないこと、ヨーロッパ人が自分たちの能力――財と資本ばかりでなく人間も自由に移動することを許容するグローバル化された世界に直面して成功を収める能力――を疑わないことである（2の4、2の5参照）。

そしてアフリカ諸国は、成功するにせよ失敗するにせよ、自分たちの考えで行動すべきだろう。もし、成功を収めることができたとすれば、それは素晴らしいことだ。なぜなら、自力で成し遂げた成功は簡単に潰えることはないからだ。一方、「外部からの援助や過剰で表面的な心配はアフリカの邪魔となるだけだから、アフリカには手を出さないほうが良い」と考える人たちは知っておくべきだろう――西欧、東アジア、そして南欧が成功できたのは、他の国々が政治的な意欲をもって発展の手助けをしてくれたからだ、という事実を[5]。西欧と東アジアの場合、米国が自由貿易を促進して、経済回復こそが共産主義に対する防壁になると重視したことが、西欧のみならず日本や韓国が豊かになる助けとなった[6]。南欧にとって、そしておそらくは東欧にとっても助けとなったのはEUという金持ちクラブへの統合だった。こうした前例から考えて、アフリカもまた最初は、他者によって牽引されなければならないだろう。その役割を果たせるとしたらヨーロッパ以外にはないだろう。中国は近年アフリカへの投資で注目を集めてはいるが、すでに述べたようにイデオロギー的な理由からその役割は限定的であり続けるだろう。それに、中国も依然として比較的に貧しいのである。

21世紀の重要課題は、次のように要約できるだろう——いかにしてアフリカを上昇させるか、いかにして中国を平和的に取り込むか、いかにしてラテンアメリカをその妄想から乳離れさせて現実世界に取り込むか。しかもこれらの課題すべてを平和裏に、イデオロギーの聖戦を避けて実行しなければならないのだ。

しかし、一世紀前、コンスタンディノス・カヴァフィスは次のように書き記している[7]。

凡人は知る、今起こっていることを。
神々は知りたもう、未来の事柄を。
あまねく光を受けているのは神々だけである。

索　引

【あ行】

【か行】

【さ行】

【た行】

【な行】

【は行】

【ま行】

【や・ら・わ行】

原　注

はじめに

1. この「不平等の歴史」については、補足の必要がある。「不平等の歴史」が当てはまるのは、定住型農業が導入された後の有史以来の時代である。人類史の90パーセント以上に相当する、有史以前の時代の大半を通じて、人間は集団生活を送ってきたが、そこでは平等が絶対的だった。Ken Binmore, "The Origins of Fair Play," Keynes Lecture 2006, The Papers on Economics and Evolution, No. 0614, (Jena: Max Planck Institute, 2006) 参照。

第1章

1. フランシスコ・フェレイラ（Francisco Ferreira）の極めて有益なコメントに感謝する。

2. 限界耕作地よりも良質の土地の所有者であれば、比較的に高い地代を得ていた。

3. "Response by Thomas Piketty and Emmanuel Saez to: 'The Top 1% [...] of What?' by Alan Reynolds" を参照。http://www.econ.berkeley.edu/~saez/answer-WSJreynolds.pdf で閲覧可能。

4. コレステロールの比喩を最初に用いたのはフランシスコ・フェレイラである。"Inequality as Cholesterol," in *Poverty in Focus* (Brasilia: International Poverty Center, June 2007).

5. Max Weber, *The Protestant Ethic and the Spirit of Capitalism* (reprint, London: Routledge, 1992), 53〔邦訳　ヴェーバー『プロテスタンティズムの倫理と資本主義の精神』大塚久雄訳、岩波文庫、1989年、47頁〕。

6. J. M. Keynes, *The Economic Consequences of the Peace* (1920; reprint, New York: Penguin, 1971), chap. 2, pt. 3（傍点は原書）〔邦訳『ケインズ全集2 平和の経済的帰結』早坂忠訳、東洋経済新報社、1977年、13頁〕。

7. Stefan Zweig, *The World of Yesterday* (Lincoln: University of Nebraska Press, 1964), 7–8〔邦訳　ツヴァイク『昨日の世界 I』原田義人訳、みすず書房、1999年、24頁〕。

8. これは、いわゆる中位投票者定理である。Kevin Roberts, "Voting over Income Tax Schedules," *Journal of Public Economics* 8 (1977): 329–340, and Allan Meltzer and Scott Richard, "A Rational Theory of the Size of Government," *Journal of Political Economy* 89 (1981): 914–927.

9. 真の再分配は行われず、成長に対する悪影響が続くということはあり得るだ

ろう。例えば、貧しい者による政権奪取を防ぐために、富める者たちが結束してロビー活動を行い、票と司法を買収して再分配を阻む、といった場合だ。しかし、ロビー活動を行う努力など、極めて非生産的である。ロビー活動はゼロサム・ゲームであり、再分配だけに関心を払って、新たな富の創造を考えていない。経済成長の観点からはまったくの無駄であり、ゆえに低成長が再び続くことになるだろう。

10. 以下参照。Oded Galor, "Income Distribution and the Process of Development," *European Economic Review* 44 (2002): 706–712; and Oded Galor and Omer Moav, "From Physical to Human Capital Accumulation: Inequality and the Process of Development," *Review of Economic Studies* 71 (2004): 1001–1026.

11. この対話に出てくる「彼」は、プラトンの兄、アデイマントスである。

12. Plato, *The Republic*, translated by Desmond Lee (New York: Penguin, 1973), pt. IV, sec. 3, p. 189〔邦訳　プラトン『国家　上』藤沢令夫訳、岩波文庫、1979 年、299 頁〕。

13. "On the Measurement of Inequality," *Journal of Economic Theory* 2 (1970).

14. Amartya Sen, "Equality of What?" Tanner Lecture on Human Values, delivered at Stanford University, May 22, 1979. 次のサイトで入手可能 http://www.tannerlectures.utah.edu/lectures/sen80.pdf。また、次の文献も参照。Amartya Sen, "Social Justice and the Distribution of Income," in vol. 1 of *Handbook of Income Distribution*, edited by A. B. Atkinson and F. Bourguignon (Amsterdam: Elvesier, 2000).

15. センの考え方は、正確には次のようなものである。すべての人々の平等に必要な条件を定義するのは潜在能力（ケイパビリティ）の空間であり、断じて効用ではない。

16. 一部の経済学者は効用の個人間比較が可能と考えているが、その前提には、人は自分自身が受ける効用を測定する尺度に加えて、他人が享受する効用を測定できるという意味での共感的な効用の尺度を持っている、という考えがある。自分自身の効用の尺度と、他人の効用に対する共感的な尺度とでは、厳密な数値は異なるかもしれないが、自分の感じ方がわかっているなら他人の感じ方もわかるという意味で「換算的」であり、例えるならば摂氏と華氏のようなものである。この考え方を最初に提示したのは、ジョン・ハーサニである。John Harsanyi, "Cardinal Welfare, Individualistic Ethics, and the Inter-personal Comparisons of Utility," *Journal of Political Economy* 63 (1955): 309–321.

17. John Rawls, *A Theory of Justice*, rev. ed. (Cambridge: Harvard University Press, 1999), 13〔邦訳　ロールズ『正義論』川本隆史ほか訳、紀伊國屋書店、2010 年、21 頁〕。

18. 同上、54〔同上、86 頁〕。

19. ロールズが間接的に除外したのは、富める者と貧しい者の双方に絶対的改善が実現されて（つまり、ロールズの格差原理に一致して）、その一方で所得分布の

中間層が損失を被る状況である。所得分布は相互に連結した1本の鎖のように変動すると、ロールズは考えたのである。『正義論』2章13項の「緊密性(close knittedness)」の定義を参照。

20.「(それ以外に)変化がない」が意味するのは、富める者は相変わらず富めるままである、という事実である。さもなければ、富める者と貧しい者の立場が入れ替わることになり、不平等が解消されたと主張することは不当だからだ。

21. しかし、最後に示した原則は、わかりにくいうえに、大いに問題がある。注意すべきは、この原則が意味しているのは、2人の所得の絶対的な差が拡大したとしても、測定結果は変化しないということである。この原則に基づいた不平等の測定は、いわゆる「相対的な」測定であり、ほとんどの測定はこの方法でしか行われていない。しかし絶対的測定(それは所得の絶対的な差が拡大すれば増大するだろう)をまったく無視することはできない。

22. Corrado Gini, "Measurement of Inequality of Incomes," *Economic Journal* (March 1921): 124.

23. ラテンアメリカと東欧の状況は、アフリカ諸国よりはましだ。信頼の置ける調査が両地域で開始されたのは1960年代である。残念なことに、その多くが失われてしまって、全体としてはごくわずかな統計結果しか残っていない。かつてラテンアメリカ諸国で行われて、失われてしまった調査結果は、ガルシア＝マルケスの『百年の孤独』に登場するマコンドの町を連想させる。マコンドでは、過去は霧と靄のベールの向こうにゆっくりと退き、やがて伝説と化す。そして、わずかな人工物だけが残るように、数件の集計結果が残るのみである。

24. 家計の所得のかわりに消費に基づいて同じことができる。この場合、消費可能な金額を示す家計所得よりも、実際にどれだけ消費したかを示す家計の「福祉」のほうに関心を寄せているということになる。

25. それぞれの合計は、同じ値である。

26. ミケーレ・ゼンガ(Michele Zenga)の論文 "Il contributo degli italiani allo studio della concentrazione: Prima parte: Dal 1895 al 1915," in *La distribuzione personale del reddito: Problemi di formazione, di ripartizione e di misurazione*, edited by M. Zenga (Milan: Vita e Pensiero, 1987), 307–328 によれば、のちにジニ係数と呼ばれることになるものが最初に発表されたのは、以下のジニの論文中である。"Sulla misura della concentrazione e della variabilita dei caratteri," published in 1914 in *Atti del Reale Istituto Veneto di Scienze, Lettere ed Arti* (Venice: Premiate Officine Grafiche Carlo Ferrari, 1914), vol. 73, pt. 2a, pp. 1203–1248. このことを教えてくれたアンドレア・ブランドリーニ(Andrea Brandolini)に感謝する。

27. これらの数字の基になった、国勢調査局による総可処分所得に関するデータが掲載されていたのは、アンドレア・ブランドリーニ(Andrea Brandolini)とティム・M・スミーディング(Tim M. Smeeding)の論文である。"Inequality Patterns

in Western Democracies: Cross-Country Differences and Changes over Time," in *Democracy, Inequality, and Representation: A Comparative Perspective*, edited by Paolo Beramendi and Christopher J. Anderson (New York: Russell Sage Foundation, 2008), fig. 2.5. さらに詳細な研究に関しては、次を参照。Richard V. Burkhauser et al., *Estimating Trends in U.S. Income Inequality Using the Current Population Survey: The Importance of Controlling for Censoring*, Working Paper 14247 (Cambridge, MA: National Bureau of Economic Research, August 2008).

1の1

1. ミシェル・デ・ヌヴェール（Michele de Nevers)、キャロル・レナード（Carol Leonard)、およびブランカ・サンチェス・アロンゾ（Blanca Sanchez Alonso）のコメントに感謝する。

2. ジェーン・オースティンが小説を書いた当時に 2000 ポンドの所得があるということが何を意味するのか、現代の解説者は次のように説明する。「『高慢と偏見』のベネット氏（ジェントリ階級の地主）と『分別と多感』のブランドン大佐の年収である 2000 ポンドでは、家計の財布のひもを大いに締めなければならなかったに違いない。特に『高慢と偏見』の場合は、持参金を必要とする 5 人の娘たちがいたのだから。……『分別と多感』のジェニングズ夫人は、年収 2000 ポンドで落ちついた家庭生活を送る喜びを強調したうえで、ブランドン大佐のデラフォードの屋敷を「借金も欠点もない、要するに何もかもが望ましくて素敵な場所」と評している」Edward Copeland, "Money," in *The Cambridge Companion to Jane Austen*, edited by Edward Copeland and Juliet McMaster (Cambridge: Cambridge University Press, 1997), 156.

3. 利回りを通常の年間 4.5 パーセントと仮定すると、ダーシーの財産は 20 万ポンドに相当する。

4. ロバート・コルクホーンの統計に基づく。

1の2

1. ナターリア・ドロズドワ・ペトローバ（Natalia Drozdova Petrova）の詳細なコメントには大いに助けられた。

2. *Anna Karenina* (New York: The Modern Library, 2000. Constance Garnett translation revised by Leonard Kent and Nina Berberova), 813〔邦訳　トルストイ『アンナ・カレーニナ』木村浩訳、新潮文庫、1998 年〕。

3. 同上、745。

4. 同上、347。

5. この記述は、ヴロンスキーが弟と交わした会話（5 部 13 章）と、その後のヴロンスキーの出費が増えていることから推察したものである。

6. この計算は、アンナがカレーニン氏との間にもうけた息子はカレーニン氏のもとに留まり、アンナとヴロンスキー伯爵の娘はアンナたちと暮らしていることを前提としている。

7. このことは間接的にしかわからない。アンナは裕福なおば——おそらくアンナの両親よりもずっと裕福だろう——と暮らしていたこと、カレーニンとの結婚で社会的地位が大きく向上したことから推測される。

8. トルストイの小説からは、中間層の所得について詳しいことはわからない。『アンナ・カレーニナ』で言及されている唯一の「専門職」の給与は、ドイツ人帳簿係の年収500ルーブルである。「ドイツ人」であることが強調されていることから推して、この人物は同等の能力を有するロシア人帳簿係よりも高い給与を得ていたことは間違いない。4人家族だと仮定すれば、こうした「中流」家庭の1人当たりの所得は、100ルーブルをわずかに超える程度だろう。

1の3

1. Adam Smith, *Wealth of Nations* (New York: Pelican Books, 1970), 133〔邦訳 スミス『国富論 1』水田洋監訳、岩波文庫、2000年、63頁〕。

2. Aldo Schiavone, *The End of the Past: Ancient Rome and the Modern West* (Cambridge: Harvard University Press, 2000), 71. セステルティウスは「3番目の半分」という意味で、ローマのもうひとつの硬貨単位であるアスの2と2分の1の価値があった。

3. レイモンド・ゴールドスミス（Raymond Goldsmith）はその論文「ローマ帝国初期の国民生産の規模と構造の評価」"An Estimate of the Size and Structure of the National Product of the Early Roman Empire," *Review of Income and Wealth* 30 (September 1984) で、年間6パーセントという通常の利率を適用した場合、アウグストゥスが年間所得1500万セステルティウスを得ていたことから推して、その資産は2億5000万セステルティウスに上ると見積もっている。

4. Tacitus, *Annals* (New York: Penguin, 1996), bk. 12, chap. 53. パッラスはネロの数々の悪行の手助けをしたが、タキトゥスによれば、ついにはネロの命令で毒殺されたという（bk. 14, chap. 65）〔邦訳 タキトゥス『年代記 下』国原吉之助訳、岩波文庫、1981年、231頁〕。

5. Goldsmith, "An Estimate of the Size and Structure." この見積もりは、ブランコ・ミラノヴィッチ（Branko Milanovic）、ピーター・リンダート（Peter Lindert）、ジェフリー・ウィリアムソン（Jeffrey Williamson）が論文 "Preindustrial Inequality" (*Economic Journal*、近刊）の中で行ったもの。論文の先行版は *Measuring Ancient Inequality*, National Bureau of Economic Research Working Paper 13550 (National Bureau of Economic Research, October 2007)。1人当たりGDPは1990年の国際価格で購買力平価で633ドルに達した。アンガス・マディソン（Angus Maddison）

の見積もりはもう少し低く、570ドルである。*Contours of the World Economy, 1–2003 AD*（Oxford: Oxford University Press, 2007）, chap. 1.

6. これは単なるたとえである。コロセウムはクラッススの死後100年以上たってから、ティトゥス帝の治世下で建設された。

7. 1937年『ニューヨーク・タイムズ』紙の死亡記事とウィキペディアに基づく。アラン・ネヴィンズ（Alan Nevins）は、資産総額は9億ドルを上回らなかったとしている。*Study in Power: John D. Rockefeller, Industrialist and Philanthropist*, 2 vols.（New York: Charles Scribner's Sons, 1953）, 404–405.

8.『フォーチュン』誌、2004年度世界長者番付。

1の4

1. Goldsmith, "An Estimate of the Size and Structure"（1の3　注3参照）。

2. 同上。コルクホーンの社会統計資料と、リー・ソルトーによる計算に基づく。Lee Soltow、"Long-run changes in British income inequality," *Economic History Review*, 29（1968）: 7–29.

3. Tacitus, *Annals*, bk. 1, chap. 8（1の3　注4参照）〔邦訳　タキトゥス『年代記　上』国原吉之助訳、岩波文庫、1981年、22頁〕。

4. 同上、bk. 6（year 33）, p. 208〔同上、349頁〕。

5. タキトゥス『年代記』の中のデータに基づく。

6. Cassius Dio, *The Roman History: The Reign of Augustus*（New York: Penguin Classics, 1987）, 131.

7. シャイデルから直接聞いた話である。

8. Alfred Marshall, *Principles of Economics*, vol. 2: notes, 9th edition, Marshall's reply to criticism by William Cunningham（London: McMillan, 1961）, 745〔邦訳　マーシャル『経済学原理　2』馬場啓之助訳、東洋経済新報社、1966年〕。

9. 米国の1人当たりGDP（2008年では約42,000ドル）の500倍に相当する。

10. 以下参照。Jessica Holzer, "Meet Senator Millionaire," *Forbes*, November 20, 2006. 次のウェブサイトで入手可能。http://www.forbes.com/2006/11/17/senate-politics-washington-biz-wash_cx_jh_1120senate.html.

11. Milanovic, Lindert, and Williamson, "Preindustrial Inequality," appendix（1の3　注5参照）。

12. 同上および以下の資料を参照。Walter Scheidel and Steven J. Friesen, "The Size of the Economy and the Distribution of Income in the Roman Empire," *Journal of Roman Studies* 99（2009）: 61–91. ミラノヴィッチ、リンダート、ウィリアムソンは紀元14年、シャイデルとフリーセンは紀元150年を対象に推定している。

13. Maddison, *Contours of the World Economy*, 53–55（1の3　注5参照）。

14. 最も豊かな地域だったイタリア半島の所得は平均を50パーセント上回り、

最も貧しい地域だったドナウ河流域の属州の所得は、平均よりも25パーセント低かった。

1の5

1. ウラジミール・ポポフ（Vladimir Popov）の有益なコメントに感謝する。

2. こうした計算を始めたのは、モンテック・アルワリア（Montek Ahluwalia）である。"Inequality, Poverty, and Development," *Journal of Development Economics* 3（1976）: 307–342.

3. George Psacharopoulos and Harry Patrinos, *Returns to Investments in Education: A Further Update*, World Bank Policy Research Working Paper 2881（Washington, DC: World Bank, September 2002）を参照。

4. この傾向が顕著だったのは、極めて平等主義的であったチェコスロヴァキアだ。所得の人口統計学的決定という理念を導入したのが、チェコの社会学者、イジー・ヴェチェルニク（Jiři Večernik）である。例えば、次を参照。*From Needs to the Market: Changing Inequality of Household Income in the Czech Transition*, William Davidson Institute Working Paper 370（Ann Arbor: William Davidson Institute, April 2001）.

5. 1980年代中頃にワシントンに住んでいた友人の中国人は、次のようなことを語ってくれた。友人はかつて紅衛兵として内モンゴルの荒野で奉仕活動を行っていたとき、党の命令で厳しく管理されていたジラスの『新しい階級』の訳書を読んで、イデオロギー的に覚醒したという。文化大革命の混乱は、「極秘文献」を所蔵する共産党専属図書館にまで及んでいたのだ。若き毛主義者は、密かに反体制派に変身したのである。

6. この問題に関して優れた歴史的考察を行っているのが、次のアルバート・ハーシュマン（Albert Hirschman）の研究である。*The Passions and the Interests*（Princeton: Princeton University Press, 1977）, 127–128〔邦訳　ハーシュマン『情念の政治経済学』佐々木毅ほか訳、法政大学出版局、1985年、130頁〕。

7. 寄生罪に問われた有名人としては、詩人で後に米国に亡命してノーベル文学賞受賞者となったヨシフ・ブロツキーがいる。

1の6

1. ギヨーム・ドーダン（Guillaume Daudin）の数々の優れた提言とコメントにより、本書の内容は大いに向上した。また、ネイサン・サスマン（Nathan Sussman）には13世紀のパリに関する資料と地図、トマ・ピケティ（Thomas Piketty）には2007度の申告所得に関する資料を提供してもらった。

2. 実際のところ、16区は7区に次いで2番目に裕福な区である。ただし、人口は16区のほうが多い。

3. 最も所得の低い階級に相当するのは、年間所得9400ユーロ未満の世帯である。

最も所得の高い世帯層を構成しているのは、年間所得 9 万 7500 ユーロ以上の家庭である。

4. 13 世紀のデータ分析は、ネイサン・サスマンの次の論文に基づいている。Nathan Sussman, "Income Inequality in Paris in the Heyday of the Commercial Revolution"（未刊行原稿）。

5. 同上、p. 3.

6. http://www2.cnrs.fr/presse/thema/592.htm 参照。

7. http://www.inshea.fr/RessourceProductions/SDADV/Tactimage_6e/Pages/PlanLutece.htm.

8. ユリアヌス帝『ミソポゴン』（*The Misopogon*）。「髭嫌い」の意。

1 の 7

1. その理論的根拠は、個人が受け取る年金は原則として、あらかじめ就労期間中に賃金からの天引きをされて積み立てられたものであり、賃金所得は最終的に「再構成される」からである。例外は、いわゆる社会年金である。社会年金とは雇用者負担の年金で、かつ、一度も働いたことがないために退職金を得ていないなどの理由で困窮している高齢者に支払われるものである。

2. Branko Milanovic, "The Median Voter Hypothesis, Income Inequality, and Income Redistribution: An Empirical Test with the Required Data," *European Journal of Political Economy* 16, no. 3 (2000): 367–410.

1 の 8

1. ベラルーシの状況は、はっきりしていない。ソ連全体の平均以上とする統計もあれば、平均以下とする統計もあるからだ。

2. 本書では 6 つの共和国に加えて、共和国よりも行政レベルの低い 2 つの州のデータも用いている。

1 の 9

1. ウラジミール・ポポフのコメントに感謝する。

2. これら 34 行政区のうち、省の公称を持つのは 23 行政区だけだが、本書ではわかりやすく説明するために、全行政区を省と呼んでいる。

3. これらのデータはすべて中国政府の公式資料、主に中国統計年鑑の各年度版を基にしている。

4. 重慶は 1997 年にようやく、独立した行政区画である直轄市の地位を得た。

5. 忘れてはならないのは、バルト海沿岸諸国は 18 世紀前半に帝政ロシアに組み込まれたことである（大まかに言うと、エストニアとラトヴィアは、スウェーデンとロシアの戦争が終わった 1721 年に、リトアニアは 1772 年のポーランド分割の

後に組み込まれた)。

1の10

1. ピーター・リンダートの有益なコメントと提言に感謝する。また、所得分布に関するパレートとクズネッツの理論については1章冒頭を参照されたい。

2. 以下参照。Branko Milanovic, "Why We All Do Care About Inequality (but Are Loathe to Admit It)," *Challenge* 50, no. 6 (2007): 109–120.

3. David Kynaston, review of *Family Britain, 1951–57*, by Nicholas Spice, *London Review of Books*, April 8, 2010, 14.

4. 驚いたことに、パレートは1歳前後の頃、2人の著名人と1キロと離れていない近所に住んでいた。1人はカール・マルクス、パレート家と同じセーヌ左岸に家族とともに住んでいた。もう1人はアレクシ・ド・トクヴィル、当時の外務大臣として右岸のマドレーヌ広場の近辺に住んでいた。パレートは5区のギ・ド・ラ・ブロス街10番地で生まれた。これについては以下参照。Pier Carlo Ferrera, "Appunti e precisazioni su alcuni aspetti della biografia di Vilfredo Pareto," *Paretiana*, no. 160. マルクスは1849年6月3日から8月24日まで、7区のリール街に住んでいた。以下参照。Saul K. Padover, *Karl Marx: An Intimate Biography* (New York: Meridian, 1980), 359–360. トクヴィルに関しては、その『回想録』を参照。*Souvenirs* (Paris: Gallimard, 1999), 239. パレートに関する情報を提供してくれたアンドレア・ブランドリーニに感謝する。

5. Raymond Aron, *Main Currents in Sociological Thought* (New York: Pelican, 1967), 2:176〔邦訳　アロン『社会学的思考の流れ II』北川隆吉ほか訳、法政大学出版局、1984年、230頁〕。

6. Vilfredo Pareto, *Manual of Political Economy*, translated by Ann S. Schwier (New York: Augustus M. Kelley, 1971), 2.

7.「こうした理由から、パレートは常に他の教授たちや社会学者たちから距離を置いていた。少なくとも教師たる者の精神にとって、真実それ自体が有害であることを認めるなど、ほとんど耐えがたいからだ」(Aron, *Main Currents*, 2:177)〔邦訳　アロン『社会学的思考の流れ II』233頁〕。

8. Joseph Schumpeter, *A History of Economic Analysis* (1952; reprint, New York: Oxford University Press, 1980), 860〔邦訳　シュンペーター『経済分析の歴史 下』東畑精一ほか訳、岩波書店、2006年、209頁〕。

9. この公式は、もう少し複雑である。ギロチン定数を1.45と仮定しよう。もし、n人がyよりも高い所得を得ているなら、閾値を1.1yに上昇させると、それだけの高所得を得ている人数は $n/(1.1)^{1.45} = n / 1.148$ に減ることになる。

10. Pareto, *Manual of Political Economy*, 312.

11. パレートは1923年に死去した。ムッソリーニが権力を掌握した1年後のこ

とだった。パレートがイタリアのファシズムに影響を及ぼしたと考えたり、非難する向きもあるが、アロンがその著作で述べているように、両者の関連性は乏しい。*Main Currents*, 2:171–172〔邦訳　アロン『社会学的思考の流れ II』224 頁〕。

12. 以下参照。Peter H. Lindert, "Three Centuries of Inequality in Britain and the United States," in *Handbook of Income Distribution*, edited by Atkinson and Bourguignon（1 章冒頭の注 14 参照）; Peter H. Lindert and Jeffrey G. Williamson, "Reinterpreting Britain's Social Tables, 1688–1913," *Explorations in Economic History* 20, no. 1（1983）: 94–109.

第 2 章

1. 平均所得と 1 人当たり GDP は、同じ意味で用いられることがある。

2. 米国とインドを比較すると、もっと衝撃的な数字が出てくる。絶対所得の差は、1980 年では購買力平価で 2 万 5000 ドル未満だったのに、今日では 4 万ドルを越えている。

3. これ以前の 1990–2000 年の間、投資の差はもっと大きかった。以下参照。Branko Milanovic, *Why Did the Poorest Countries Fail to Catch Up?* Carnegie Working Paper 62,（Washington, DC: Carnegie Endowment for International Peace, September 2005）.

4. 以下参照。UNCTAD, *2007 World Investment Report*（Geneva: United Nations, 2007）.

5. Robert Lucas, "Why Doesn't Capital Flow from Rich to Poor Countries?" *American Economic Review Papers and Proceeding* 80, no. 2（1990）: 92–96. ルーカス・パラドックスは労働力に関しても当てはまる。スキルを持つ人々は、米国やヨーロッパなどスキルを持つ人間の多い国に移住し、スキルを持つ人間が少ない自国にはとどまろうとしない傾向がある。

6. Nicholas Crafts, *Globalization and Growth in the Twentieth Century,* IMF Working Paper 2000/44（Washington, DC: International Monetary Fund, March 2000）, 26–27, 30. また以下も参照。Richard Baldwin and Philippe Martin, *Two Waves of Globalisation: Superficial Similarities, Fundamental Differences*, National Bureau of Economic Research Working Paper 6904（Cambridge, MA: National Bureau of Economic Research, January 1999）.

7. データの出典は Maurice Obsfeld and Alan Taylor, "Globalization and Capital Markets," in *Globalization in Historical Perspective*, edited by Michael D. Bordo, Alan M. Taylor, and Jeffrey G. Williamson（Chicago: University of Chicago Press, 2003）, 121–187. これは Niall Ferguson and Moritz Schularick, "The Empire Effect: The Determinants of Country Risk in the First Age of Globalization, 1880–1913," *Journal of Economic History*（June 2006）: 285 の中で引用されたもの。

8. Paul Romer, "The Origins of Endogenous Growth," *Journal of Economic Perspectives* 8, no. 1 (1994): 3–22.

9. Paul Romer, "Are Non-convexities Important for Understanding Growth?" *American Economic Review* [Papers and Proceedings of the American Economic Association] 80, no. 2 (1990): 97–103.

2の1

1. 以下参照。Peter H. Lindert and Jeffrey G. Williamson, "Revising England's Social Tables, 1688–1812," *Explorations in Economic History* 19, no. 4 (1982): 385–408; Lindert and Williamson, "Reinterpreting Britain's Social Tables" (1の10　注12参照); Lindert, "Three Centuries of Inequality" (1の10　注12参照)。

2. 以下参照。Jan Luiten van Zanden, "Tracing the Beginning of the Kuznets Curve: Western Europe During the Early Modern Period," *Economic History Review* 48, no. 4 (1995): 643–664. ドイツに関しては、以下参照。Rolf Dumke, "Income Inequality and Industrialization in Germany, 1850–1913: The Kuznets Hypothesis Revisited," in *Income Distribution in Historical Perspective*, edited by Y. S. Brenner, Harmut Kaeble, and Mark Thomas (Cambridge: Cambridge University Press, 1991).

3. アンガス・マディソンのデータに基づく。一方、経済史学者ポール・ベロック（Paul Bairoch）は、19世紀初期の最も豊かな国と最も貧しい国の格差を2対1と、もっと小さく見積もっている。*Victoires et déboires: Histoire économique et sociale du monde du XVIe siècle à nos jours* (Paris: Gallimard, 1997), 1:111. 今日、オランダと中国の格差は、過去四半世紀の中国の目覚ましい成長にもかかわらず、8対1となっている。さらに例を挙げると、1760年頃は1.5対1以下だった英国とインドの格差（Bairoch, 2:845）は、今日では13対1となっている。

4. Gregory Clark, "The Condition of the Working Class in England, 1209–2004," *Journal of Political Economy* 115, no. 6 (2005): 1307–1340.

5. 1858年のマルクスに宛てた手紙には、次のように書かれている。「英国のプロレタリアートは、実のところ、ますますブルジョワ的になってきている……もちろん、全世界を搾取している国にとっては、これはある程度当然のことである」*Marx and Engels: Selected Correspondence*, 4th ed. (Moscow: Progress, 1982), 132. 以下も参照。Eric Hobsbawm, *The Age of Capital* (New York: Vintage Books, 1996)（特に224–229）〔邦訳　ホブズボーム『資本の時代―― 1848–1875』柳父圀近ほか訳、みすず書房、1981年〕。

6. Leon Trotsky, *Le terrorisme et communisme* (Paris: Edition 10/18, 1963) (originally published in Russian in 1920).

7.「永久革命」はトロツキーとレーニンの思想であり、その主旨は「プロレタリア革命は比較的に遅れているロシアでも成功したのだから、早晩、世界の先進的な

地域でも勃発するに違いなく、マルクスの期待は実現されて、世界中に共産主義が確立されるだろう」というものだった。

8. 宗教に基づく連帯はまったく異なる事柄である。

2の4

1. 2006年には、出生地ではない国で暮らしている人々の数は1億9100万人（世界人口の3パーセント）と推定されている。Richard Freeman, *People Flows in Globalization*, National Bureau of Economic Research Working Paper 12315 (Cambridge, MA: National Bureau of Economic Research, 2006). 注意すべきは、これは何年もかかって蓄積された人数であることだ。当然ながら、その年間増加数はずっと少なく、毎年300万人程度だ。以下参照。http://www.oecd.org/dataoecd/17/39/23664717.gif。

2. 2008年には、米国における労働力の15.6パーセントは外国生まれだった。以下参照。Bureau of Labor Statistics, News Release, March 26, 2009 (http://www.bls.gov/cps/). スペインに関しては、以下参照。Instituto Nacional de Estatistica, *Labor Force Survey* (Madrid: Instituto Nacional de Estatistica, 2008). ギリシアに関しては、以下参照。*Employment in OECD Countries* (year 2002). 以下で入手可能。http://www.childpolicyintl.org/contexttablesemployment/Table%202.31%20Employment%20in%20OECD %20countries.pdf. イタリアに関しては、以下参照。Banca d'Italia, *Relazione annuale sul 2008*, May 29, 2009, chap. 11, table 11.4, p. 128. 以下で入手可能。http://www.bancaditalia.it/pubblicazioni/relann/rel08/rel08it/.

3. 以下参照。David Blanchflower and Chris Shadforth, "Fear, Unemployment and Migration," *Economic Journal* (February 2009): table 17, p. F157.

4. 米国国土安全保障省が算出した、2000–05年間のメキシコ人不法入国者数、推定130万人を基にした数字。

5. ベルリンの壁を越えようとして殺害された人々の総数は、壁が存在した27年間で約200人だった。国境を越えようとしたメキシコ人死亡者の数は、年間ベースでベルリンの壁の50倍に上る。

6. BBC, July 2, 2007, http://news.bbc.co.uk/2/hi/europe/6228236.stm.

2の5

1. 数百人のアルジェリア人とチュニジア人が、リビアで収監されていると推定される。

2. BBC, March 31, 2009; Radio France Inter, March 16, 2009.

3. 皮肉なことに、19世紀には多くのマルタ人、シチリア人、コルシカ人が自由に海を渡って、チュニジアに定住した。

4. アルジェリアの日刊紙 *El Watan*, March 5, 2009.

5. Agence France Presse, March 31, 2009.

2の6

1. 祖父は1895年生まれ（1979年死去）、父は1936年生まれ（1982年死去）、バラク・フセイン・オバマ本人は1961年生まれである。祖父オニャンゴの第1子（サラ）は1933年、オニャンゴ38歳の時に生まれた。1930年代のケニアでは、父親になる年齢としてはかなり遅いほうだ。

2. Barack Obama, *Dreams from My Father* (New York: Crown, 2007), 426〔邦訳『マイ・ドリーム――バラク・オバマ自伝』白倉三紀子ほか訳、ダイヤモンド社、2007年、522頁〕。

3. おそらく、休暇も病気等による欠勤もなかっただろう。

4. オニャンゴ一家の最終的な家族構成は、オニャンゴ本人、妻2人、子ども5人というものだった。

5. Arne Bigston, *Income Distribution and Growth in a Dual Economy: Kenya, 1914–1976*, Memorandum 101 (Gothenburg: Gothenburg University, Department of Economics, 1987).

6. Barack Obama, *Dreams from My Father*, 47〔邦訳 『マイ・ドリーム――バラク・オバマ自伝』白倉三紀子ほか訳、ダイヤモンド社、2007年、53頁〕。

2の7

1. ウラジミール・ポポフ（Vladimir Popov）とマイケル・エルマン（Michael Ellman）の、ソヴィエトの成長データに関する助言に感謝する。

2. このエピソードでは、特に出典に言及しない限り、アンガス・マディソンによる2004年の人口と1人当たりGDPに関するデータを用いている。

3. 後者の数字の出典。Mark Harrison, *The Economics of World War II: Six Great Powers in International Comparison* (Cambridge: Cambridge University Press, 1998), 95.

第3章

1. Karl Marx, *A Contribution to the Critique of Political Economy* (preface)〔邦訳 マルクス『経済学批判』武田隆夫ほか訳、岩波文庫、1956年〕

2. 以下参照。Branko Milanovic, *Worlds Apart: Measuring International and Global Inequality* (Princeton: Princeton University Press, 2005). ベンチマークとなる年が必要なのは、家計調査は必ずしも毎年すべての国で実施されているわけではないからである。5年という比較的大きな幅を設けることによって、事実上すべての国の調査を利用できるようにする必要があるのだ。つまり、5年間のうちの1年を決めたうえで、その年に調査を行っていない国に関しては、一番近い年の調査結果を利用

するのである。

3. この数字は、直近の 2005 年のデータを基に算出したものである（詳細は 1 章冒頭参照）。

4. グローバルな不平等の歴史的パターンに関する主要な研究で（以下で論評する）、ブルギニョンとモリソンは当然のことながら、大部分の国の所得分布の推定はいっさい行っていない。世界を 33 の地域に分割し、地域内の 1 国の所得分布を選んで、各地域内のすべての国々はそれと同じ所得分布を示しているものとしている。そのことが大まかで誤った一般化を招き、土地所有が極めて不平等な帝政ロシアなどの国家の所得分布が、対照的に農民がそれぞれに狭い土地を所有しているのが特徴のバルカン諸国に当てはめられてしまっている。しかし、データ不足のために、それ以上の精査を行うことは不可能である。

5. François Bourguignon and Christian Morrisson, "The Size Distribution of Income Among World Citizens, 1820–1990," *American Economic Review* (September 2002): 727–744 (see table on 731–732).

6. 以下参照。Glenn Firebaugh, *The New Geography of Global Income Inequality* (Cambridge: Harvard University Press, 2003); Robert Lucas, "The Industrial Revolution: Past and Future" (mimeograph, University of Chicago, 1998).

7. 以下参照。Branko Milanovic, "True World Income Distribution, 1988 and 1993: First Calculations Based on Household Surveys Alone," *Economic Journal* 112, no. 476 (2002): 81.

8. Jagdish Bhagwati, *In Defense of Globalization* (Oxford: Oxford University Press, 2004), 67〔邦訳　バグワティ『グローバリゼーションを擁護する』鈴木主税ほか訳、日本経済新聞社、2005 年、112 頁〕

9. Thomas Nagel, "The Problem of Global Justice," *Philosophy and Public Affairs* 33, no. 2 (2005): 121.

10. 以下参照。Charles Beitz, *Political Theory and International Relations* (1977; reprint, Princeton: Princeton University Press, 1999), 164–169.

11. 以下参照。Charles Beitz, "Rawls' Law of Peoples," *Ethics* 110, no. 4 (2000): 669–696; Joshua Cohen and Charles Sabel, "Extra Rempublicam Nulla Justitia," *Philosophy and Public Affairs* 34, no. 2 (2005).

12. これは、「一元論」と呼ばれる。すべての倫理的に意義ある関係は、個人間の関係であり、国家によって調停される関係ではない。個人的に面識のない人々の貧困よりも、家族や同朋に対する経済的収奪を重視するような「親近感の循環」は存在しない。例えば、以下参照。Thomas Pogge, "An Egalitarian Law of Peoples," *Philosophy and Public Affairs* 23, no. 3 (1994): 195–224; Peter Singer, *One World: The Ethics of Globalization* (New Haven: Yale University Press, 2002)〔邦訳　シンガー『グローバリゼーションの倫理学』山内友三郎ほか監訳、昭和堂、2005 年〕

3の1

1. キャピタル・ゲインが高過ぎる場合は、統計学者は端数を切り捨てて上限を設けて、高いけれども少々低めの数字に丸める。これが、いわゆる「トップコーディング」である。利子、配当、その他の財産所得のトップコーディングは、測定された不平等を著しく縮小してしまうとして、米国では議論の争点となっている。以下参照。Burkhauser et al., *Estimating Trends in U.S. Income Inequality*（1章冒頭の注27参照）。

2. 例えば、子どもが1年間のうち半年だけ一緒に住んでいる場合は、0.5人として数える。

3. 所得が世界の中央値より少ない人々が本書を購入するとは思えない。悲しいが、それが世の中というものだ。本書の価格は30ドル前後だろう。所得が世界の中央値より少ない人々が本書を購入するとしたら、月収の3分の1を費やすことになる。誰がそんなことをするだろうか。

4. 2005年の調査対象となった人々の総数は60億人弱である。しかし、最貧国や紛争多発国（例えばスーダン、アフガニスタン、北朝鮮、ソマリア、イラクなど）に住む、全世界の約5パーセントの人々は調査対象となっていない。なぜなら、これらの諸国は全国的な家計調査を実施していないからだ。それゆえ、ここで示されている不平等に関する調査結果は、真の値に比べると、わずかながら過小評価されたものである。

5. 米国の所得分布の上位1パーセントに入るためには、1人当たりの純所得9万ドルが必要となる。

6. $60/(2.06)^{\alpha}$ は、α が3.2だから、約6になる。

3の2

1. そのひとつが、Thomas Friedman, *The World Is Flat* (New York: Farrar, Straus, and Giroux, 2005）である〔邦訳　フリードマン『フラット化する世界』伏見威蕃訳、日本経済新聞社、2006年〕

2. この手法はレスター・サローが開発した。Lester Thurow, "A Surge in Inequality," *Scientific American* 256（1987）. 最近では以下の論文でも用いられている。Carol Graham, Nancy Birdsall, and Stefano Pettinato, *Stuck in the Tunnel: Is Globalization Muddling the Middle?* Brookings Institution Center Working Paper 14 (Washington, DC: Brookings Institution, August 2000)。また、先進11カ国の中間層の研究である Steven Pressman, "The Decline of the Middle Class: An International Perspective," *Journal of Economic Issues* 40, no. 1（2007）: 181–200 でも用いられている。所得分布においては、平均所得は中央値よりも高いのが一般的である。なぜなら、所得分布は対称的ではないからだ。人間は無収入では生きていけないので、あ

る値で切って底値とするが、最高の所得はほとんど無制限に、極めて高い値に達する。

3. これらの数値から、中間層が総所得の何パーセントを得ているかを計算することができる。ラテンアメリカではわずか12パーセント（人口の20パーセントが平均所得の60パーセント相当額）を、先進諸国では34パーセント（人口の40パーセントが平均所得の85パーセント相当額）を得ている。

4. トルコを西欧世界の一員として扱うことが妥当かどうかは、意見の分かれるところだろう。しかし、EUに加わろうとしていること、そしてかつての共産主義国ではないことを理由に、トルコをイスラエルとともに西欧の一員とみなすことには妥当性があるだろう。

5. Abhijit Banerjee and Esther Duflo, "What Is Middle About Middle Classes Around the World," *Journal of Economic Perspectives* 22, no. 2 (2008): 3–28。この論文は、発展途上国13カ国をサンプルとして取り上げている。

6. 携帯電話は社会学的に非常に興味深い存在である。比較的に安価で、機種によって大きな差がないゆえに、「社会的平衡装置」となったからだ。その携帯電話がいまだに特別感を漂わせていることは奇妙だが、それはおそらく、携帯電話が「つながっている」というメッセージを伝えているからだろう。2000年代初頭にウズベキスタンのタシケントで見かけたティーンエイジャーたちは、壊れて中身が抜かれた携帯電話をベルトに挟んで闊歩していた。役には立たなくても、かっこよく見えるからだろう。

3の3

1. 米国各州別の1人当たりGDPのばらつきは、160ページの地図にEUと並んで示したとおり、上下比2対1と、本文で触れたよりもわずかに大きい。

2. 以下参照。Rati Ram, "Interstate Income Inequality in the United States: Measurement, Modelling, and Some Characteristics," *Review of Income and Wealth* 38 (1992): 39–49.

3の4

1. ラテンアメリカは、南アメリカと中央アメリカ、すなわちスペイン語を話す国々にブラジルとガイアナをくわえた諸国と定義し、カリブ海諸国は含まない。西半球で最も貧しい国はハイチである。アジアに関しては、北朝鮮（極めて貧しい国である）のデータが欠けており、石油で豊かな西アジア（＝中東）諸国はアジアに含まない。

2. 言うまでもないが、香港は中国の一部である。

3の5

1. ジョージー・ミラノヴィッチ（Georgie Milanovic）のコメントに感謝する。

2. 近年のハイレベルな試合で、リバプールはスペインの人気チーム、レアル・マドリードを4対0で下した。しかし、両チームでは同じ人数のスペイン人選手（それぞれ4人）が出場しており、さらに言うと、リバプールのチームの要であるコーチたちは、全員スペイン人だった。つまり、スペインの人気チームを敗北させたのは、奇妙なことに、主としてスペイン人の手腕であり、スペイン人の足技だったわけだ。

3. 最初の2回のチャンピオンズリーグは、選抜大会だった。その後、チャンピオンズリーグの出場資格を得るためには、前回大会で優秀するか、ナショナルリーグで上位に入らなければならない。

4. 2008年度の最も裕福なヨーロッパのサッカークラブ20チームをリストアップしたのは、デロイト・スポーツビジネスグループである（2009年2月出版）。リストは以下参照。http://www.theoffside.com/world-football/the-20-richest-teams-in-the-world-in-2008.html.

5. もっとも、多くのサッカーファンは逆に、人生はまるでサッカーのようだと言っている。

3の6

1. 実質的に同じ文章が、イェール・グローバルオンライン（Yale Global online）のウェブサイトに掲載されている（2009年5月4日付）。本書に再掲載する許可を与えていただいたことに感謝する。

2. 以下参照。Thomas Piketty and Emmanuel Saez, "Income Inequality in the United States, 1913–2002," fig. 2, May 2005 version。次のサイトで入手可能。http://elsa.berkeley.edu/~saez/piketty-saezOUP05US.pdf.

3. Thomas Piketty and Emmanuel Saez（2006）, "The evolution of top incomes: a historical and international perspective," *American Economic Review*, vol. 96, no. 2, 2006, p. 200–205.

4. Charles de Montesquieu, *Lettres persanes*, letter 142〔邦訳　モンテスキュー『ペルシア人の手紙』大岩誠訳、岩波文庫、1951年、190頁〕。

3の7

1. ピーター・リンダートおよびジェフリー・ウィリアムソンとの共同研究に基づく。

2. 以下の文献の定義に基づく。Branko Milanovic, "An Estimate of Average Income and Inequality in Byzantium Around Year 1000," *Review of Income and Wealth* 52, no. 3（2006）: 449–470; Milanovic, Lindert, and Williamson, *Measuring Ancient*

Inequality（1 の 3　注 5 参照）。

3. これらの事例にはオスマン帝国の植民地 2 例も含まれている（1455 年の南セルビアと 1596 年のレヴァント）が、そのデータには植民地の推定所得が欠けている。

4. 今日の購買力平価ドルでの概数。

5. 2004 年の英国の所得分布データ。

3 の 8

1. John Rawls, *The Law of Peoples* (Cambridge: Harvard University Press, 1999), 39〔邦訳　ロールズ『万民の法』中山竜一訳、岩波書店、2006 年、52 頁〕

2.「正義に適った、良識ある政治的・社会的体制を有することを妨げるような、不幸な状況の下で生きている他国民を援助することは、人々の義務である」（同上、37）〔同上、49 頁〕

3. 同上、114〔同上、166 頁〕。自由でまともな社会は、2 種類の「秩序ある国民」から成っている。大雑把に言って、自由な社会は完全に民主主義的であり、一方、まともな社会とは、「協議型で階層的な社会」と言えるかもしれない。しかしいずれの社会においても、人々は互いの選択を尊重して、自発的に平和に暮らしている。

4. 同上、144。

5. Joshua Cohen, "Comments on Rodrik"（未刊行原稿）, 5.

3 の 9

1. 例えば、アルゼンチンはラテンアメリカであることを理由に、表面上は第三世界の一員とされていたが、アルゼンチン国民の大半は、自分たちはヨーロッパに連なる者だと思っていた。

2. 2005 年の購買力平価ドル換算によるデータ。

3. 購買力平価で 1 万ドルの所得があったアルゼンチンはこれより豊かだったが、アルゼンチンの状況の両面性にも留意すべきである。ベネズエラもまた豊かだったが、それは主に石油のおかげだった。

4. この引用文は、『国富論』のおよそ 10 年前に書かれたものであり、スミスの先見性を如実に示している。

5. 不思議なことに、アフリカに対する援助に賛成する人々も反対する人々も、ともに西欧諸国を非難する。賛成派は援助が不十分ではない、反対派は援助が過大だとして非難するのだ。しかし援助に適量などあるのだろうか。

6. 以下参照。Giovanni Arrighi, "The African Crisis: World Systemic and Regional Aspects," *New Left Review* (May-June 2002).

7. この詩の最初のスタンザ（節）"The Wise Perceive Imminent Events" は、1905

年から 1915 年の間に書かれた。詩の中で警句として引用されているのは、3 世紀のギリシアの著述家ピロストラトスの言葉「神は未来の事象を知り、死すべき者は現在の事象を知り、賢い者は差し迫った事象を知る」である。Constantine Cavafy, *Selected Poems*（New York: Penguin Classics, 2008）; translated by Avi Sharon, p. 27〔邦訳 『カヴァフィス全詩集』中井久夫訳、みすず書房、1997 年〕

参考文献

第 1 章

重要な著作

Kuznets, Simon. "Economic Growth and Income Inequality." Presidential address delivered to the sixty-seventh meeting of the American Economic Association, Michigan, December 1954. Published in *American Economic Review* 45, no. 1 (March 1955). 逆 U 字曲線の初出。

———. *Economic Growth and Structure: Selected Essays*. New Delhi: Oxford University Press and IBH, 1965. 不平等、産業構造、人口統計学に関する論文。

Pareto, Vilfredo. *Manual of Political Economy*. Translated by Ann S. Schwier. 1906. Reprint, New York: Augustus M. Kelley, 1971. パレートが著した経済学教本。

———. "On the Distribution of Wealth and Income." *Rivista di Politica Economica* (August–September 1997): 645–660. 原著は 1896 年にローザンヌ大学より出版された *La courbe de la répartition de la richesse*。所得分布に関する諸法則を論じ、パレート定数を定義している。

Rawls, John. *A Theory of Justice*. Cambridge: Harvard University Press, 1971.「公正としての正義」「格差原理」の定式化〔邦訳　ロールズ『正義論』川本隆史ほか訳、紀伊國屋書店、2010 年〕

クズネッツの仮説について

Anand, Sudhir, and Ravi Kanbur. "The Kuznets Process and the Inequality-Development Relationship." *Journal of Development Economics* (1993): 25–52. クズネッツ仮説を詳細に検証。

Li, Hongyi, Lyn Squire, and Heng-fou Zou. "Explaining International and Intertemporal Variations in Income Inequality." *Economic Journal* 108 (1998): 26–43. 各国のジニ係数が長期にわたって相対的に固定化していることを根拠として、クズネッツ仮説を否定している。

Milanovic, Branko. *Determinants of Cross-country Income Inequality: An "Augmented" Kuznets' Hypothesis*. World Bank Policy Research Paper 1246. Washington, DC: World Bank, 1994. 雇用に占める国有企業の割合と財政支出に当てはめる限りでは、クズネッツ仮説は有効である。

Snowdon, Brian. "Towards a Unified Theory of Economic Growth: Oded Galor on the Transition from Malthusian Stagnation to Modern Economic Growth." *World*

Economics 9, no. 2 (2008): 97–151. 経済発達の過程で「平等であること」の意味が変遷する理由を分析。

前世紀の不平等

Atkinson, Anthony B. "The Distribution of Income in the UK and OECD Countries in the Twentieth Century." *Oxford Review of Economic Policy* 15, no. 4 (1999): 56–75. 豊かな国々における不平等についての概観。

Atkinson, Anthony B., and John Micklewright. *Economic Transformation in Eastern Europe and the Distribution of Income*. Cambridge: Cambridge University Press, 1992. 1960 年代から社会主義が衰退に至るまでの間の、社会主義体制下の所得分配の拠り所となった原理原則と不平等な実態に関する優れた入門書。

Brandolini, Andrea, and Tim M. Smeeding. "Inequality Patterns in Western Democracies: Cross-country Differences and Changes over Time." In *Democracy, Inequality, and Representation: A Comparative Perspective*, edited by Paolo Beramandi and Christopher J. Anderson. New York: Russell Sage Foundation, 2008. 過去 50 年間、各国における不平等がどのように変遷してきたかを概説した良書。

Deaton, Angus, and Jean Dreze. "Poverty and Inequality in India: A Reexamination." *Economic and Political Weekly* (September 7, 2002): 3729–3748.

Fields, Gary. *Distribution and Development: A New Look at the Developing World*. Cambridge: MIT Press, 2001. 発展途上国における所得格差と所得階層移動を概説した良書。

Gasparini, Leonardo, Guillermo Cruces, Leopoldo Tornarolli, and Mariana Marchionni. "A Turning Point? Recent Developments on Inequality in Latin America and the Caribbean." *Economia* (2010). http://cedias.econo.unlp.edu.ar/eng/working=papers.php で入手可能。 過去 30 年間のラテンアメリカ諸国とカリブ海諸国における不平等と分極化についての概論。

Milanovic, Branko. *Income, Inequality, and Poverty During the Transition from Planned to Market Economy*. Washington, DC: World Bank, 1998. 旧共産圏諸国における所得格差の変遷とその影響。

Organization for Economic Cooperation and Development. *Growing Unequal? Income Distribution and Poverty in OECD Countries*. Paris: OECD, October 2008. 過去 20 年間の豊かな国々における格差拡大。

Piketty, Thomas. "Income Inequality in France, 1901–1998." *Journal of Political Economy* 111, no. 5 (2003): 1004–1042. 以前にフランス語で出版された著作に基づいて新規に作成された論文であり、ピケティの方法論と仮説が紹介されている。

———. "Top Income Shares in the Long Run: An Overview." *Journal of European Economic Association* 3, nos. 2–3 (2005): 1–11. 20 世紀の先進国における不平等に

ついての概論。

Piketty, Thomas, and Emmanuel Saez. "Income Inequality in the United States, 1913–1998." *Quarterly Journal of Economics* 118, no. 1 (2003): 1–39. フランスを対象とした研究と同じ手法で、米国のデータを分析した論文。

Ravallion, Martin, and Shaohua Chen. "China's (Uneven) Progress Against Poverty." *Journal of Development Economics* 82 (2006): 1–42. 1980 年代初頭の改革開放以降の中国における不平等。

不平等の他の経済変数への影響

Alesina, Alberto, and Roberto Perotti. "The Political Economy of Growth: A Critical Survey of the Recent Literature." *World Bank Economic Review*, no. 8 (1994): 350–371. 中位投票者定理についての考察。

Barro, Robert. "Inequality and Growth in a Panel of Countries." *Journal of Economic Growth* (March 2000): 5–32. 労作ではあるが、不確実なデータも多い。

Lundberg, Mattias, and Lyn Squire. "The Simultaneous Evolution of Growth and Inequality." *Economic Journal* 113 (April 2003): 326–344. 政策立案者は成長と不平等解消という 2 つの目標を同時に目指すことができるかを問う論文。

Perotti, Roberto. "Growth, Income Distribution, and Democracy: What the Data Say." *Journal of Economic Growth* 1 (1996): 149–187. 論文のタイトルである「成長」「所得分布」「民主主義」という 3 つのキーワードの関連性を実証的に検証している。

Rogowski, Ron. "What Changes Inequality and What Does Inequality Change?" 未刊行原稿、December 2008. http://www.sscnet.ucla.edu/polisci/cpworkshop/papers/Rogowski.pdf で入手可能。不平等が他の変数に与える影響、また、他の変数が不平等に与える影響を社会学的な視点から多角的に論じている。

Thorbecke, Erik, and Chutatong Charumilind. "Economic Inequality and Its Socioeconomic Impact." *World Development* 30, no. 2 (2002): 1477–1495. 不平等が他の経済変数に影響を及ぼす経路を網羅的に論じた概論。

1の1

Allen, Robert C. "Capital Accumulation, Technological Change, and the Distribution of Income During the British Industrial Revolution." Department of Economics Discussion Paper 239. Oxford: Oxford University, June 2005.

Lindert, Peter H. "Three Centuries of Inequality in Britain and the United States." In *Handbook of Income Distribution*, edited by A. Atkinson and F. Bourguignon. Amsterdam: Elvesier, 2000.

Lindert, Peter H., and Jeffrey G. Williamson. "Reinterpreting Britain's Social Tables,

1688–1913." *Explorations in Economic History* 20, no. 1 (1983): 94–109.

1の3

Baker, Peter, and Susan Glasser. *Kremlin Rising: Vladimir Putin's Russia and the End of Revolution*. New York: Scribner's, 2005. 特に 14 章を参照。

Chernov, Ron. *Titan: The Life of John D. Rockefeller*. New York: Vintage Books, 1998.

Freeland, Chrystia. *Sale of the Century: Russia's Wild Ride from Communism to Capitalism*. New York: Random House, 2000.〔邦訳　フリーランド『世紀の売却——第二のロシア革命の内幕』角田安正ほか訳、新評論、2005 年〕

Nasaw, David. *Andrew Carnegie*. New York: Penguin, 2006.

Wright, Lawrence. "Slim's Time." *New Yorker*, June 1, 2009, 58.

1の4

Goldsmith, Raymond W. "An Estimate of the Size and Structure of the National Product of the Early Roman Empire." *Review of Income and Wealth* 30, no. 3 (September 1984): 263–288.

Maddison, Angus. *Contours of the World Economy, 1–2030 AD*. Oxford: Oxford University Press, 2007.

Milanovic, Branko. *New Palgrave Dictionary of Economics*, edited by Steven N. Durlauf and Laurence E. Blume, s.v. "Preindustrial Inequality." Palgrave: McMillan, 2009.

Milanovic, Branko, Peter H. Lindert, and Jeffrey G. Williamson. "Preindustrial Inequality." *Economic Journal*, forthcoming. Previous version published as *Measuring Ancient Inequality.* National Bureau of Economic Research Working Paper 13550. Cambridge, MA: National Bureau of Economic Research, 2009.

Scheidel, Walter, and Steven J. Friesen. "The Size of the Economy and the Distribution of Income in the Roman Empire." *Journal of Roman Studies* 99 (2009): 61–91.

Schiavone, Aldo. *The End of the Past: Ancient Rome and the Modern West*. Cambridge: Harvard University Press, 2000.

Tacitus, Cornelius. *The Annals*. New York: Penguin, 1996.〔タキトゥス『年代記』国原吉之助訳、岩波文庫、1981 年〕

1の5

Atkinson, Anthony B., and John Micklewright. *Economic Transformation in Eastern Europe and the Distribution of Income*. Cambridge: Cambridge University Press, 1992.

Bergson, Abram. "Income Inequality Under Soviet Socialism." *Journal of Economic Literature* 22, no. 3 (1984): 1052–1099.

Brown, Henry Phelps. *Egalitarianism and the Generation of Inequality*. Oxford: Clarendon Press, 1998. 特に 10 章を参照。

Djilas, Milovan. *The New Class: An Analysis of the Communist System*. 1957. Reprint, New York: Harvest and Harcourt Brace Jovanovich.

Goldman, Emma. *My Disillusionment in Russia (1919–21)*. 1923. Reprint, Mineola, NY: Dover.

Milanovic, Branko. *Income, Inequality, and Poverty During the Transition from Planned to Market Economy*. Washington, DC: World Bank, 1998.

Redor, Dominique. *Wage Inequalities in East and West*. Cambridge: Cambridge University Press, 1992. 初版は 1988 年のフランス語出版。

Trotsky, Lev. *The Revolution Betrayed*. 1936. Reprint, Mineola, NY: Dover.〔邦訳　トロツキー『裏切られた革命』藤井一行訳、岩波文庫、1992 年〕

Yanowitch, Murray. *Social and Economic Inequality in the Soviet Union*. White Plains, NY: M. E. Sharpe, 1977.

1の7

Bassett, William, John Burkett, and Louis Putterman. "Income Distribution, Government Transfers, and the Problem of Unequal Influence." *European Journal of Political Economy* 15 (1999): 207–228.

Mahler, Vincent. *Electoral Turnout and Income Redistribution by the State: A Cross-national Analysis of Developed Democracies.* Luxembourg Income Study Working Paper 455. Luxembourg: Luxembourg Income Study, December 2006.

Meltzer, Allan H., and Scott Richard. "A Rational Theory of the Size of Government." *Journal of Political Economy* 89, no. 5 (1981): 914–927.

Milanovic, Branko. "The Median Voter Hypothesis, Income Inequality, and Income Redistribution: An Empirical Test with the Required Data." *European Journal of Political Economy* 16, no. 3 (2000): 367–410.

Scervini, Francesco. "The Empirics of the Median Voter: Democracy, Redistribution, and the Role of the Middle Class." *Scandinavian Journal of Economics.* Forthcoming.

1の9

Amalrik, Andrei. *L'Union soviétique survivra-t-elle en 1984?* Paris: Pluriel, 1977.

Aroca, Patricio A., Dong Guo, and Geoffrey J. D. Hewings. "Spatial Convergence in China, 1952–99." In *Inequality and Growth in Modern China*, edited by Gunghua Wan, 125–143. UNU-WIDER Studies in Development Economics. Oxford: Oxford University Press, 2008.

Kanbur, Ravi, and Xiaobo Zhang. "Fifty Years of Regional Inequality in China: A

Journey Through Central Planning, Reform, and Openness." *Review of Development Economics* 9, no. 1 (2005): 87–106.

Lin, Justin Yifu, and Peilin Liu. "Development Strategies and Regional Income Disparities in China." In *Inequality and Growth in Modern China*, edited by Gunghua Wan, 56–78. UNU-WIDER Studies in Development Economics. Oxford: Oxford University Press, 2008.

Milanovic, Branko. "Half a World: Regional Inequality in Five Great Federations." *Journal of Asia Pacific Economy* 10, no. 4 (2005): 408–445.

Popov, Vladimir. "China's Rise, Russia's Fall: Medium-Term and Long-Term Perspective." Paper presented at the Global Development Conference, Beijing, January 2007.

Ravallion, Martin, and Shaohua Chen. "China's (Uneven) Progress Against Poverty." *Journal of Development Economics* 82, no. 1 (2007): 1–42.

1の10

Aron, Raymond. *Main Currents in Sociological Thought*. Vol. 2. New York: Pelican, 1967. デュルケム、パレート、ウェーバーらの社会学に対する貢献についての概論。〔邦訳　アロン『社会学的思考の流れ』北川隆吉ほか訳、法政大学出版局、1984年〕

Creedy, John. *Dynamics of Income Distribution*. New York: Basil Blackwell, 1985. パレートの論文と研究成果についての詳細な議論を含む。

Fogel, Robert W. *Simon S. Kuznets, April 30, 1901-July 2, 1985*. National Bureau of Economic Research Working Paper 7787. Cambridge, MA: National Bureau of Economic Research, July 2000. 数量経済史の視点から書かれたクズネッツの伝記。

Kuznets, Simon. "Economic Growth and Income Inequality." 1954年12月にミシガンで開催された第67回アメリカ経済学会総会における会長就任演説。*American Economic Review* 45, no. 1 (March 1955) に掲載。有名な逆U字型不平等曲線に初めて言及した。

———. *Economic Growth and Structure: Selected Essays*. New Delhi: Oxford University Press and IBH, 1965. 不平等、産業構造、人口統計学に関する論文集。

Pareto, Vilfredo. *Manual of Political Economy*. Translated by Ann S. Schwier. 1906. Reprint, New York: Augustus M. Kelley, 1971. パレートが著した経済学教本。

———. "On the Distribution of Wealth and Income." *Rivista di Politica Economica* (August–September 1997): 645–660. 原著は1896年にローザンヌ大学より出版された *La courbe de la répartition de la richesse*。所得分布に関する諸法則を論じ、パレート定数を定義した著作。上記論文に加えて、*Rivista di Politica Economica* (August-September 1997) には所得分布に関するパレートの論文5本の英訳が掲

載されている。
Schumpeter, Joseph A. *History of Economic Analysis*. 1952. Reprint, New York: Oxford University Press, 1980. 経済思想史に関する最良の、そしておそらく最も博識な著作〔邦訳　シュンペーター『経済分析の歴史』東畑精一ほか訳、岩波書店、2005–06 年〕

第 2 章

書籍

Bairoch, Paul. *Victoires et déboires: Histoire économique et sociale du monde du XVIe siècle à nos jours*. 3 vols. Paris: Gallimard, 1997. 南北アメリカ大陸の征服からゴルバチョフの時代に至るまでの経済史を扱った 3 巻からなる大著。英訳が待たれる。特に 3 巻第 5 部参照。

Collier, Paul. *The Bottom Billion*. Oxford: Oxford University Press, 2007. アフリカの貧困の原因。〔邦訳　コリアー『最底辺の 10 億人』中谷和男訳、日経 BP 社、2008 年〕

Maddison, Angus. *Contours of the World Economy, 1–2030 AD*. Oxford: Oxford University Press, 2007. 過去 2 世紀以上にわたる各国の経済成長を数値化した概論。

Milanovic, Branko. *Worlds Apart: Measuring International and Global Inequality*. Princeton: Princeton University Press, 2005. 1950 年代以降、グローバルな不平等をめぐる三つの概念がどう変化してきたかを分析した入門書。

論文

DeLong, Brandford, and Steve Dowrick. "Globalization and Convergence." Chapter 4 in *Globalization in Historical Perspective*, edited by M. Bordo, A. M. Taylor, and J. Williamson. Chicago: Chicago University Press, 2003. なぜグローバリゼーション 2.0 では各国の所得が収束しなかったのか、という難問を扱う。

Grier, Kevin, and Robin Grier. "Only Income Diverges: A Neoclassical Anomaly." *Journal of Development Economics* 84 (2007): 25–45. すべてが予想通りに収束する一方で、所得だけが収束しない理由。

Milanovic, Branko. *Where in the World Are You? Assessing the Importance of Circumstance and Effort in a World of Different Mean Country Incomes and (Almost) No Migration*. World Bank Working Paper 4493. Washington, DC: World Bank, January 2008. 平均所得が国家間で不平等であることは、個人のチャンスもまた不平等であることを意味する。

Minoiu, Camelia, and Sanjay Reddy. "Real Income Stagnation of Countries, 1960–2001." *Journal of Development Studies* 45, no. 1 (2009): 1–23. 多くの低所得国や中所得国がキャッチアップに失敗した実態と原因。

Pritchett, Lant. "Divergence, Big Time." *Journal of Economic Perspectives* 11, no. 3 (1997): 3–17. 世界中で格差が拡大しつつあるときに、富裕国という小さな集団間の収束は取り上げるべき問題ではない！

Quah, Danny. "Empirics for Economic Growth and Convergence: Stratification and Convergence Clubs." *European Economic Review* 40 (1996): 427–443. 所得分布を国際比較すると「ふたこぶ」、すなわち高所得領域のピークと低所得領域のピークに二極化することを初めて指摘した論文。

Romer, Paul. "The Origins of Endogenous Growth." *Journal of Economic Perspectives* 8, no. 1 (1994): 3–22. 現実世界は経済学の主流である新古典派の理論から乖離しているとして、実情に対応した成長を模索する新たなアプローチを解説。

2の1

Bairoch, Paul. *Economics and World History: Myths and Paradoxes.* Chicago: University of Chicago Press, 1993.

———. *Victoires et déboires: Histoire économique et sociale du monde du XVIe siècle à nos jours.* Paris: Gallimard, 1997. 南北アメリカ大陸の征服からゴルバチョフの時代に至るまでの経済史を扱った3巻からなる大著。英訳が待たれる。

Bourguignon, François, and Christian Morrisson. "The Size Distribution of Income Among World Citizens, 1820–1990." *American Economic Review* (September 2002): 727–744. (49) グローバルな不平等の歴史を初めて実証的に検証した論文。

Hobsbawm, Eric. *The Age of Capital, 1848–1875.* 1975. Reprint, New York: Vintage Books, 1996. 著者ホブズボームが「難解な問題を平易に解説した」と自負する良書。4部作の第2部にあたり、第1部は「革命の時代 1789–1848」〔邦訳　ホブズボーム『資本の時代 1848–1875』柳父圀近ほか訳、みすず書房、1981年〕

———. *The Age of Empire, 1875–1914.* New York: Vintage Books, 1987. 上記4部作の第3部。〔邦訳　『帝国の時代 1875–1914』野口建彦ほか訳、みすず書房、1993年〕

Maddison, Angus. *The World Economy: Historical Statistics.* Paris: OECD Development Centre Studies, 2003. 必要不可欠な歴史統計。

———. *The World Economy: A Millennial Perspective.* Paris: OECD Development Centre Studies, 2001. グローバル経済史を概説した良書。100カ国以上のGDPの過去データを掲載しているのは本書のみである。〔マディソン『経済統計で見る世界経済2000年史』金森久雄監訳、政治経済研究所訳、柏書房、2004年〕

Marx, Karl. *The Communist Manifesto.*〔邦訳　『共産党宣言』大内兵衛ほか訳、岩波文庫、1971年〕

Milanovic, Branko. *Worlds Apart: Measuring International and Global Inequality.* Princeton: Princeton University Press, 2005. 1950年代以降、グローバルな不平等

をめぐる3つの概念がどう変化してきたかを分析した入門書。

2の2

Freeman, Richard. *People Flows in Globalization*. National Bureau of Economic Research Working Paper 12315. Cambridge, MA: National Bureau of Economic Research, 2006.

Milanovic, Branko. "Rules of Redistribution and Foreign Aid: A Proposal for a Change in the Rules Governing Eligibility for Foreign Aid." *Interventions* 5, no. 1 (2008): 197–214.

———. *Worlds Apart: Measuring International and Global Inequality*. Princeton: Princeton University Press, 2005.

2の3

Milanovic, Branko. *Global Inequality of Opportunity*. World Bank Working Paper 4493. Washington, DC: World Bank, January 2008.

Shachar, Ayelet. *The Birthright Lottery: Citizenship and Global Inequality*. Cambridge: Harvard University Press, 2009.

2の7

Bairoch, Paul. *Victoires et déboires: Histoire économique et sociale du monde du XVIe siècle à nos jours*. 3 vols. Paris: Gallimard, 1997. 特に3巻24章を参照。

Crafts, Nicholas. *Globalization and Growth in the Twentieth Century*. IMF Working Paper 2000/44. Washington, DC: International Monetary Fund, March 2000.

Harrison, Mark. *The Economics of World War II: Six Great Powers in International Comparison*. Cambridge: Cambridge University Press, 1998.

Lewis, Arthur. *Economic Survey, 1919–1939*. London: George Allen and Unwin, 1949.

Milanovic, Branko. "Economic Integration and Income Convergence: Not Such a Strong Link?" *Review of Economics and Statistics* 88, no. 4 (2006): 659–670.

第3章

書籍

Firebaugh, Glenn. *The New Geography of Global Income Inequality*. Cambridge: Harvard University Press, 2003. 諸国間の不平等についての概説書であり、世界の人々の間のグローバルな不平等も概算している。

Milanovic, Branko. *Worlds Apart: Measuring International and Global Inequality*. Princeton: Princeton University Press, 2005. 1988–2002年の家計調査に基づいてグローバルな不平等を算出。

Pogge, Thomas, and Darrel Moellendorf. *Global Justice: Seminal Essays*. Paragon Issues in Philosophy. St. Paul, MN: Paragon House, 2008. グローバルな正義と倫理に関する主要な論文を2巻にまとめた良書。

Rawls, John. *The Law of Peoples*. Cambridge: Harvard University Press, 1999. どうすれば公正なグローバル・コミュニティを構築できるかを論じた画期的著作〔邦訳　ロールズ『万民の法』中山竜一訳、岩波書店、2006年〕

Rothkopf, David. *Superclass*. New York: Farrar, Straus, and Giroux, 2008. 史上初めて登場した、真にグローバルな支配階級を解明した著作〔邦訳　ロスコフ『超・階級——グローバル・パワー・エリートの実態』河野純治訳、光文社、2009年〕

Singer, Peter. *One World: The Ethics of Globalization*. New Haven: Yale University Press, 2002. コスモポリタニズムの原則を強く主張する著作〔邦訳　シンガー『グローバリゼーションの倫理学』山内友三郎ほか監訳、昭和堂、2005年〕

論文

Anand, Sudhir, and Paul Segal. "What Do We Know About Global Income Inequality?" *Journal of Economic Literature* 46, no. 1 (2008): 57–94. (63). 出版時点までのあらゆるデータを詳しく検証。

Atkinson, Anthony B., and Andrea Brandolini. "Global World Inequality: Absolute, Relative, or Intermediate."　International Association for Research in Income and Wealth の第28回総会（2004年8月22–28日、アイルランド、コーク）で発表された論文。もっとも関心を払うべきは、個人間の絶対的不平等が拡大している問題だろう。

Bourguignon, François, and Christian Morrisson. "The Size Distribution of Income Among World Citizens, 1820–1990." *American Economic Review* (September 2002) : 727–744. グローバルな不平等の歴史を初めて実証的に研究した論文。

Milanovic, Branko. "Global Income Inequality: What It Is and Why It Matters." *World Economics* 7, no. 1 (2006): 131–153. グローバルな不平等の実態を実証し、可能な対応策を模索している。

———. "True World Income Distribution, 1988 and 1993: First Calculation Based on Household Surveys Alone." *Economic Journal* 112, no. 476 (2002): 51–92. 約100カ国の所得調査から見えてくる世界像。

Sutcliffe, Bob. "World Inequality and Globalization." *Oxford Review of Economic Policy* 20, no. 1 (2003): 15–37, 2003. グローバリゼーションとグローバルな不平等の関連性を論じ、その根拠を検証している。

3の2

Friedman, Thomas. *The World Is Flat: A Brief History of the 21st Century*. New York:

Farrar, Straus, and Giroux, 2006.〔邦訳　フリードマン『フラット化する世界』伏見威蕃訳、日本経済新聞社、2006 年〕
Milanovic, Branko, and Shlomo Yitzhaki. "Decomposing World Income Distribution: Does the World Have a Middle Class?" *Review of Income and Wealth* 48, no. 2 (2002): 155–178.
Pressman, Steven. "The Decline of the Middle Class: An International Perspective." *Journal of Economic Issues* 41, no. 1 (2007): 181–199.
Ravallion, Martin. *The Developing World's Bulging (but Vulnerable) "Middle Class."* Policy Research Working Paper no. 4816. Washington, DC: World Bank, January 2009.
Thurow, Lester. "A Surge of Inequality." *Scientific American* 256 (1987): 30–37.

3の5

Milanovic, Branko "Globalization and Goals: Does Soccer Show the Way?" *Review of International Political Economy* 12, no. 5 (2005): 829–850.

3の6

Atkinson, Tony. "Top Incomes in the United Kingdom over the Twentieth Century." 未刊行原稿, December 2003.
Guriev, Sergei, and Andrei Rachinsky. "The Evolution of Personal Wealth in the Former Soviet Union and Central and Eastern Europe." In *Personal Wealth from a Global Perspective*, edited by James B. Davies. UNUWIDER Studies in Development Economics. Oxford: Oxford University Press, 2008.
Piketty, Thomas, and Emmanuel Saez. "The Evolution of Top Incomes: A Historical and International Perspective." *American Economic Review* 96, no. 2 (2006): 200–205.
———. "Income Inequality in the United States, 1913–1998." *Quarterly Journal of Economics* 118, no. 1 (2003): 1–39.

3の7

Milanovic, Branko, Peter H. Lindert, and Jeffrey G. Williamson. "Preindustrial Inequality." *Economic Journal*, forthcoming. Previous version published as *Measuring Ancient Inequality*. National Bureau of Economic Research Working Paper 13550. Cambridge, MA: National Bureau of Economic Research, 2009.

3の8

Cohen, Joshua. "Comments on Rodrik." 未刊行原稿。

Pogge, Thomas. "An Egalitarian Law of Peoples." *Philosophy and Public Affairs* 23, no. 3 (1994): 195–224.

Rawls, John. *The Law of Peoples*. Cambridge: Harvard University Press, 1999.〔邦訳 ロールズ『万民の法』中山竜一訳、岩波書店、2006 年〕

———. *A Theory of Justice*. Cambridge: Harvard University Press, 1971.〔邦訳 ロールズ『正義論』川本隆史ほか訳、紀伊國屋書店、2010 年〕

Risse, Mattias. "How Does Global Order Harm the Poor?" *Philosophy and Public Affairs* 33, no. 4 (2005): 349–376.

Singer, Peter. *One World: The Ethics of Globalization*. New Haven: Yale University Press, 2002.〔邦訳 シンガー『グローバリゼーションの倫理学』山内友三郎ほか監訳、昭和堂、2005 年〕

Wenar, Leif. "Why Rawls Is Not a Cosmopolitan Egalitarian." In *Rawls' "Law of Peoples": A Realistic Utopia?* edited by R. Martin and D. Ready. Malden, MA: Blackwell, 2006.

著者略歴

(Branko Milanovic)

世界銀行の研究部門のリードエコノミスト．メリーランド大学教授．専門は所得分布，不平等の計測．著書 *Worlds Apart: Measuring International and Global Inequality* (Princeton University Press, 2005).

訳者略歴

村上彩〈むらかみ・あや〉翻訳者．訳書 ニコラス・G.カー『クラウド化する世界』(翔泳社，2008) ロビン・ベイカー『セックス・イン・ザ・フューチャー』(紀伊國屋書店，2000) 他.

ブランコ・ミラノヴィッチ
不平等について
経済学と統計が語る26の話
村上 彩訳

2012年11月22日　第1刷発行
2014年10月30日　第4刷発行

発行所 株式会社 みすず書房
〒113-0033 東京都文京区本郷5丁目32-21
電話 03-3814-0131(営業) 03-3815-9181(編集)
http://www.msz.co.jp

本文組版 キャップス
本文印刷所 萩原印刷
扉・表紙・カバー印刷所 リヒトプランニング
製本所 誠製本

ISBN 978-4-622-07691-9
[ふびょうどうについて]